ホロコーストと戦後ドイツ

ホロコーストと
戦後ドイツ

表象・物語・主体

高橋秀寿
Takahashi Hidetoshi

岩波書店

はじめに

ベルリンの象徴であるブランデンブルク門の南側、映画『ヒトラー〜最期の12日間〜』(O・ヒルシュビーゲル監督、二〇〇四年)の舞台となった旧総統官邸の近辺の「サッカー・グラウンド二枚分」の跡地に、高さの異なる二七一一本の石柱が海原のように立ち並んでいる。これが「虐殺されたヨーロッパのユダヤ人のための記念碑」、いわゆる「ホロコースト記念碑」である。すでに多くの観光客を引き寄せており、ガイドの案内に耳を傾け、地下に設けられた資料館の見学のために行列に並ぶその姿は、もうベルリン中心街の日常的な光景となっている。昼時になると、背の低い石柱に腰をかけてランチをほおばるサラリーマンの姿も見られる。陽光の穏やかな日にそこは昼寝の場にもなる。子供にとっては隠れん坊を楽しむことができる格好の遊び場だ。背の高い石柱のあいだを飛び跳ねるような危険行為がないかぎり、監視員が注意の声をあげることはない。この追悼の場をどのように利用するのかは、訪れる者に任されている。歴史的建造物を除けば、大都市の中心地に立つこれほど巨大な記念碑は稀有であるが、大量虐殺犠牲者への追悼のありかたもまた実にユニークである。

しかもその誕生は難産を経なければならなかった。この記念碑の設立が提案されたのは一九八八年であり、その意図や意義、形態などをめぐり長期間にわたって白熱した議論が展開されたのち、九二年になってようやく連邦政府とベルリン市がこの記念碑の設立に同意したからである。最終的に連邦議会での熱い論戦の末に設立が決定されたのは九九年であり、二〇〇五年の完成までさらに六年の月日が費やされた。ここで注目してもらいたいことは、「ホロコースト記念碑」が難産の末に誕生したことだけではなく、終戦から四〇年以上過ぎた後にようやく提案され、戦後六〇年目に完成されたことである。なぜ、ホロコーストの実態が発覚してからこれだけの歳月が経た後に、この記念碑は成立したのであろうか。この記念碑の建立をめぐる論戦に参戦していた歴史家のA・アスマンは一九九六年三月の日刊紙に掲載した論文のなかで、この現象を次のように指摘している。

「ホロコーストの出来事は時間の距離が遠ざかるにつれて精彩を失い、色あせていくのではなく、逆説的にますます接近し、具象的になってきた。〈私たちがアウシュヴィッツから離れていけばいくほど、この出来事とその犯罪の記憶はますます私たちに歩み寄っている〉といった言い回しを耳にすることが頻繁になっている。時間の隔たりが増すにつれてこの出来事が「政治－実存的な関連」を失わず、近年になってこの関連がいっそう際立ってあらわれているという事実は、年代記者と資料編者のロジックと嚙み合っていない。時間の経過の直線性に方向づけられるのではなく、その流れに逆らうロジック、遠ざかっていくものを突然、眼前に迫らせ、身近なものにしていくことができるロジック、このような記憶の気まぐれなロジックがここでは通用しているようだ[1]」(傍点は引用者)。

とくに一九八〇／九〇年代になってから、ホロコーストはさまざまな分野とジャンルにおいて――歴史から文学、映画などのポピュラー・カルチャーにいたるまで――非常に頻繁に取り上げられ、論じられているテーマになっており、その意味でホロコーストは現代史のなかでもっとも注目され、重要視されている世界史的事件となった。たとえば、九三年にS・スピルバーグ監督の映画『シンドラーのリスト』が公表されて以来、九七年の『ライフ・イズ・ビューティフル』や二〇〇二年の『戦場のピアニスト』などが世界的なヒットを記録し、〇七年には『ヒトラーの贋札《にせさつ》』がアカデミー賞の外国語映画賞を獲得している。また、一九七九年にアウシュヴィッツ強制収容所は世界遺産に登録され、二〇〇五年にその解放の日である一月二七日が国連によって「国際追悼デー」に制定された。ドキュメンタリー映画『ショア』、また四七年に刊行されながらも、八〇年に邦訳されたP・レーヴィの世界的ベスト・セラー『アウシュヴィッツは終わらない』や、八六年にノーベル平和賞を受賞した収容所経験者であるE・ヴィーゼルらの著作が高く評価されるようになったことからも示されているように、ホロコースト生存者の証言もいまや「世界遺産」的な価値をもつにいたっている。九三年にはアウシュヴィッツから遠く離れたアメリカの首都ワシントンに「ホロコースト記念博物館」が開館し、「極東」の広島県福山市にも「ホロコースト記念館」が九五年に開設している。

これは単なる文化現象ではない。九二年のユーゴ内戦のさなか、「九二年版のベルゼン」(イギリス軍が解放したナチ強制収容所)の大文字の見出しの下に「新しいホロコーストの恐怖」と書かれたイギリスの『デイリー・ミラー』紙の記事が、セルビアの収容所で有刺鉄線の背後に上半身裸で痩せこけたムスリム男性が中央に立つ写真をつけて掲載されたときに大きな衝撃が世界に走った。冷戦時代に反戦のスローガンとして語られてきたのは「ノーモア・アウシュヴィッツ」よりも、むしろ「ノーモア・ヒロシマ」であったが、いまや「アウシュヴィッツ」を阻止できなかった歴史的教訓から軍事介入が検討され始め、それは七年後のコソヴォ紛争のときに現実のものになったのである。九六年からフランス人のホロコースト犯罪者(M・パポン)が法廷で裁かれ、九〇年代末にポーランドでもホロコースト(イェドヴァブネでのユダヤ人虐殺)

が「発見」された。ホロコーストはドイツ人だけが直視して反省しなければならない過去ではなくなったのである。

誤解を恐れず言えば、八〇年代以来、私たちは「ホロコースト・ブーム」の時代に生きており、それは現在にいたるまでつづいている現象なのである。逆に言えば、この時期以前に私たちは「ブーム」ではない時代を生きていたことになる。アウシュヴィッツは好んで訪れる現代史の遺跡ではなかったし、その解放の日付を記憶している人も、ホロコースト生存者の証言に耳を傾ける人も、今日と比較するならばまったく少数であった。ドイツ人とユダヤ人を除いて、ホロコーストが自国民の歴史として認識されることはなく、遠い異国の歴史的事件を展示する博物館を建設しようと真剣にもくろむ者もいなかった。つまり、まさにアスマンが指摘している通りに、この歴史的事件から時間の距離が遠ざかるにつれてホロコーストの記憶は人びとの脳裏から薄れていくのではなく、さまざまなメディアを通していま、全世界の人びとの脳裏に焼きつけられ、政治的にも重要な意味をもつにいたっているのである。

戦後ドイツにおけるホロコーストの記憶に関して邦語の研究を見てみると、この事象はおもに「過去の克服」の脈絡のなかで取り上げられており[2]、とくに記念碑によるホロコーストの表象が注目されている[3]。確かにこれらの記憶研究は、どのように記憶文化が形成されてきたのかを詳細に論じており、たとえば石田勇治は『過去の克服』の「エピローグ」で、九〇年代以降にヨーロッパの諸国でホロコーストへの関与が問題とされ、それまでの国民的な神話――たとえばフランスの「国民総抵抗神話」やオーストリアの「国民総犠牲者神話」――が崩壊し、「ホロコーストはたんにドイツだけの問題ではなく、またたんにヒトラーが政権を握っていた一二年間だけの問題でもない」ことが明らかになったと指摘している[4]。また、武井彩佳は『〈和解〉のリアルポリティクス』のなかで「人権の擁護、政治的和解、紛争予防など、二一世紀の世界が重要だと見なすさまざまな価値の中に、ホロコーストの記憶の継承が位置づけられた」ことを「世界的記憶レジームの構築」とみなしている。(5) しかし、なぜこの時期になってホロコーストの記憶がグローバル化され、「世界的記憶レジーム」が構築されたのか、その構造的な背景と原因を知ることはできない。つまり、アスマンのいう「気まぐれなロジック」が解明されていないのである。ホロコーストの記憶が八〇年代以降に「ブーム」となった「なぜ」が問われることがなければ、その世界史的な意義は自覚されることなく、それはまさしく「ブーム」という現象としてのみ理解されるほかないであろう。そのときに多くの場合、ドイツとヨーロッパにおける「過去の克服」の試みに関する議論は、その試みが日本にとって見習うべき模範として道徳的に賞賛されるか、その不十分性が指摘されるか、あるいはあら探しのように問題点が列挙されるといったように、けっして生産的とはいえない議論に陥ってしまっている。つまり、「なぜ」を問わずに、ドイツやヨーロッパでの「過去の克服」を紹介し、論評してしまうと、歴史認識の差異を確認し、その認識の優劣を問題にするように議論が矮小化されてしまいかねないのである。ここに、本書が「気まぐれなロジック」の解明を目的とする理由がある。

ただ、本書はドイツ連邦共和国、すなわち統一前の西ドイツと統一ドイツをおもな研究対象にした。それは、東ドイツが西ドイツとは異なる政治・経済・社会体制を構築しただけではなく、独自の記憶文化を育成し、したがって別種の国民形成を推し進めようとしたため、この体制の歴史を扱うには異なる先行研究を駆使し、異なる史料を読み解くことが必要とされるからである。第二次世界大戦の敗戦国の後継国家である東西ドイツのうち、日本と同じ西側の政治・経済体制の陣営に属し、類似した復興と高度経済成長を体験した西ドイツの歴史的分析にエネルギーを集中した筆者には、残念ながら東ドイツ研究の蓄積はない。東ドイツに関しては必要のあるかぎりで触れるにとどめたい。

しかし、前述したようにホロコーストの「ブーム」はドイツにだけ見られるわけではない。ワシントンにまでホロコースト記念博物館が建造され、ヨーロッパにホロコーストに関する記念碑が散在しているように、この「ブーム」はヨーロッパ的、あるいは欧米的現象であるといえる。とくにホロコーストを題材にした映画やほかのポピュラー・カルチャーは各国で競い合うように製作されているだけではなく、国境をこえて受容され、それぞれの国と社会の歴史認識に大きな影響を与えており、実際に欧米で製作された非ドイツ系のホロコースト映画のほとんどがドイツで公開されている。したがって本書では、ドイツ以外のポピュラー・カルチャーや「過去の克服」も含めて分析を進めていくこととする。こうしてこのブームがドイツ的現象であると同時に、ヨーロッパ的現象でもあることの意味も明らかにされていくだろう。

では、ホロコーストの実態が世界に明らかにされた一九四五年にタイムスリップしてみよう。

目　次

目次

＊引用に際して，引用者による補足は〔 〕で記した。

本文で使用する略語一覧

ARD	Arbeitsgemeinschaft der öffentlich-rechtlichen Rundfunkanstalten der Bundesrepublik Deutschland＝ドイツ連邦共和国公共放送局連合体（ドイツ第一テレビ放送）
FAZ	*Frankfurter Allgemeine Zeitung*＝フランクフルト一般新聞
FR	*Frankfurter Rundschau*＝フランクフルト・ルントシャウ
SZ	*Süddeutsche Zeitung*＝南ドイツ新聞
WDR	Westdeutscher Rundfunk＝西部ドイツ放送
ZDF	Zweites Deutsches Fernsehen＝ドイツ第二テレビ放送

第1章

ホロコーストの発見と反応

第1節　アメリカとホロコーストの物語

一九四四年七月二三日、ポーランド東部にあるナチス強制収容所のマイダネクがソ連軍によって解放された。その収容者は大半がすでに撤退させられており、そこにはわずかな生存者とともに、焼却炉、ガス室、犠牲者の遺留品が納められた倉庫などが残されていただけだった。その後、ソ連軍はベルゼック、ソビボール、トレブリンカの強制収容所に到達するが、そこは親衛隊(以下、「SS」と略)によってすでに破壊されていた。そして四五年一月二七日に約三〇〇〇人の生存者とともにアウシュヴィッツが解放された。ソ連軍はマイダネク強制収容所を報道し、そこに西側報道陣も招いたが、ドイツ帝国内の強制収容所が英米連合軍によって解放されるまで、アウシュヴィッツに関する報道をほとんど行なっていない。英米側もソ連側の報道をさほど信用していなかったようであり、アメリカのメディアは戦況報道に集中していた。今日ではアウシュヴィッツ解放記念日として全世界で式典が催されているその日は、当時ほとんど誰も注目しない戦争末期の一日にすぎなかったのである(1)。

しかしアメリカ軍は自らが強制収容所を解放すると、その報道価値をすばやく認識した。アメリカ軍が最初に発見した収容所は、ブーヘンヴァルト強制収容所の外部収容所であるオーアドゥルフであったが、四五年四月一二日にそこを視察したD・アイゼンハワーは、今後どの強制収容所も写真と映像に残すように指示したのである。その前日にブーヘンヴァルト強制収容所がアメリカ軍によって、一五日にはベルゲン・ベルゼン強制収容所がイギリス軍によって解放され、一九日にアイゼンハワーはそれぞれ一二人からなる議員団と編集者の視察団を派遣するよう要請した。この派遣団は二二日にブーヘンヴァルトに到着し、五月一日にはノルトハウゼン強制収容所を訪問したあと、到着後の四月二九日に解放されたダッハウ強制収容所を五月二日に視察した。(2) こうして、このような視察団や従軍報道官によってナチス強制収容所の実態が報道され、全世界がその事実に驚愕することになる。

連合軍は解放を目的にして強制収容所を占拠したのではない。その発見はむしろ偶然であり、そういった事態を予期していなかった。それゆえに目撃者となった兵士たちの最初の反応はまず驚愕であった。彼らが驚いたのは、戦場とは量的にも質的にも異なる死と生のありよう、つまり、餓死と衰弱死、薪のように積まれた死体、極端にやせこけた飢餓状態の生存者の姿、そして死の遍在と日常化であった。「私たちは戦闘部隊に属していた。私たちは数カ月もほぼ毎日のように間近で死を見てきた。でも、ここはまったく違っていた」と米軍従軍ラビのE・A・ボーンネンはダッハウ体験を述べている。(3)

ブーヘンヴァルトを訪れた『タイム』誌の記者P・ノートは「死が普通の状態になってしまったために、死に対してまったく無感覚になり、何も、胃の痛みさえも感じなくなった」と、その死のありようのために自分の感覚が麻痺していることに気づいた。そこに彼が見出したのは理解不可能な光景だった。「ブーヘンヴァルトを理解しようとしてもとうてい無理である。たとえ見たとしても、それをあなたはまったく理解することはできない。頭脳と熟練の腕を、人生と運命と思考をもった人間が、盲目の本能によってのみ生き残ろうとするような状態にしてしまったことを見るのは恐ろしいことであり、理解をこえている」(4)。

そして、多くのジャーナリストはこの「理解不可能」な実態を報道する任務に困難を感じた。『ニューヨーク・タイムズ・マガジン』誌の記者H・デニーは「ジャーナリストはこれらのことを書こうとしたが、言葉を見出すことができず、できたとしても、その詳細な記述はあまりにもおぞましく、どこにも載せることができない」と述べ、写真もその恐ろしさを捉え切れていないと指摘した。写真は「強制収容所を訪れた後に数日間にわたって鼻にこびりついていた汚物と死の悪臭」を伝えられなかったからである(5)。

驚愕の後に目撃者に生じた感情は、犠牲者に対する同情よりも、加害者への怒りと憎悪だったようである。ダッハウの目撃者となった米軍従軍ラビのD・M・アイヒホルンによれば、米軍兵たちは「驚愕の涙」だけでなく、「憎悪の涙」も流したという。そして収容所の監視員が旧収容者から殴り殺され、その肉体が裂け、内臓が噴き出した姿を見ても、米軍兵はまったく同情しなかった。「この畜生どもは殺されてもまったく仕方がないと私たちは思った(6)」。

同じ従軍ラビのボーンネンも当時、頭を占めていたのは大量虐殺の犠牲者ではなく、「死刑執行人たち」のことであったというが、それは自分が人間であることの恥辱感のゆえであった。自分もまた「人間としてダッハウに責任をもつ者の種に属している」ために、彼は収容所にさらに足を踏み入れていくにつれて、自分が犬よりも劣っていることを感じていったという(7)。米軍に従軍した写真家のM・バーク＝ホワイトもまた、「私たちとほとんど同じ手と足、目と心臓をもった人間」がこのようなことを行なったことを考え、「人間の種であることを恥ずかしく」思ったという(8)。通常の戦争における死と生のありようをこえていたその姿を目前にして、この「犯罪」は人間の存在を問いかけるものとして感じられていた。

当初は驚愕、怒り、憎悪の感情に襲われていた従軍ラビのアイヒホルンは、ダッハウ強制収容所の解放から一週間後に催したユダヤ教礼拝式での演説で、この出来事の意味を語ることができるようになった。まず、「解放者」のアメリカ兵として彼は、米軍による強制収容所の「解放」がアメリカ史のミッションにもとづいていることを強調した。「自由を愛する独立した人民であるアメリカ人」は自らの自由と幸福をつねに全人類のものとして考えていたのであり、民主主義と正義と真実を破壊しようとする暴君が失脚させられないかぎりは、くつろぐことはなかったのだという。こうして強制収容所での出来事は「独裁」と「暴君」の所業として理解され、その解放は「自由」、「民主主義」、「正義」、「真実」の戦士としてアメリカ人がそのミッションを果たした英雄物語として語られた。

そして解放された収容者は彼にとって「戦友」であった。たしかに耐えがたい「苦悩」と「悲劇」を経験したが、この人びとは「権力亡者の精神異常者」の単なる犠牲者ではなく、「破滅に甘んじることなく、使えるあらゆる武器を用いて反撃し、肉体と精神と魂とともに」戦った「勇者のなかの勇者」である。ユダヤ教聖典のトーラーにはアメリカの世界史的ミッションと類似した文言（「全世界とそのすべての住民に自由を告げよ」）が書かれているが、収容者たちはまさにそのミッションを実行したのであり、敵がひれ伏すことで「神と人間性に対する皆さんと私たちの信念は立証された」のだという。ここにおいて収容者の死と苦悩の経験は「独裁」と「暴君」に対して戦い、勝利した英雄物語として語られ、その死と苦悩に意味が付与されている。

さらにこの従軍ラビは、「抑圧された人間は誰でもその存在を取り戻されなければならず、取り戻されるでしょう。そしてそれに値する場を取り返さなければならず、そうなるでしょう」と、アメリカ軍と「海の向こうのユダヤ人兄弟」からの約束と誓いを伝えている。つまりそれは、「抑圧」から「存在」へといたり、その存在に値する場であるイスラエルを回復する約束と誓いであり、ここにおいてユダヤ人の経験はシオニズムの物語と結びつけられている。(9)

アイヒホルンの演説のなかでは三つの物語が語られている。すなわち、アメリカ人と収容者による二つの「普遍主義的」な解放の英雄物語と、ユダヤ人の「特殊主義的」な国民国家樹立のための物語である。こうして、「言葉を見出すことができず」、「理解をこえた」驚愕の出来事は、これらの物語を通して表現が見出され、「理解」が可能になった。しかし、理解を可能にしたその物語は人間の存在の問題をもはや問い詰めてはいない。この出来事は、「普遍主義的」であれ、「特殊主義的」であれ、その人間が帰属するナショナルな存在の問題として語られることによって、その意味が与えられているのである。

さて、このような物語で語られた出来事はのちに「ホロコースト」と総称されることになるが、それがさまざまな歴史的な事実から成り立っていることはいうまでもない。ほかの歴史的出来事と同様に、ホロコーストもその多くの歴史的な事実や無根の「事実」の取捨選択にもとづく物語として構成されることによって歴史的な事件として記憶され、その意味が見出された。では、ホロコーストの記憶は、まずアメリカ人によってどのような「事実」から構成され、どのような物語にもとづいて形成されたのであろうか。

「アメリカ兵は何のために(for)戦っているのかわかっていないと私たちは聞かされた。いまやアメリカ兵は自分が少なくとも何に対して(against)戦っているのかを知るだろう」。

オーアドゥルフ強制収容所を視察したあとにアイゼンハワーはこのように語った。[10] たしかに開戦時の世論調査は、アメリカ人がドイツと戦う意味を容易に見出していなかったことを明らかにしている。一九四一年二月には対独伊戦争に参戦するかを問う投票があれば八六%が反対票を投じると答えており、[11] 八月にはこの戦争を「私たちの戦争ではない」と四割がみなしていた。[12] 開戦後の一二月でも三分の一のアメリカ市民が「何のために戦っているのかについて明確な見解をもっている」と感じていなかった。[13]「パールハーバー」のように忘れてはならない地名をアメリカ人は対独戦争のためにもっていなかったのである。つまり、アイゼンハワーの発言はまさに戦争目的の事後正当化であり、ここにアメリカが強制収容所の報道に価値を発見し、ソ連がその報道に熱心でなかった理由の一つが見出されよう。アイゼンハワーが撮影を指示した解放後の強制収容所の写真と映像は、アメリカ人同胞へのメッセージでもあった。帰国したジャーナリストの視察団も、その写真と映像をアメリカ人も見るべきだと訴えた。「アメリカ人のショックが大きければ大きいほど、アメリカ人はその恐怖をリアルに実感するであろう」と。(14)

こうして多くのアメリカの雑誌と新聞が強制収容所の写真を公表したが、(15)まずそれらの写真が示していたのは死の異常性であった。『ライフ』誌は一九四五年五月七日号で生きたまま焼かれた収容者の焼死体の写真を載せているが、ホロコーストの死者像を刻印することになったのは、餓死した骨と皮だけの死体が薪のように積み重ねられた姿であった。バーク－ホワイトがブーヘンヴァルト強制収容所で撮影した写真(図1－1)(16)は、その後も写真集などでくり返し用いられることになる彼女の「代表作」である。強制収容所の写真は同時に死の大量性も強調している。前掲の『ライフ』誌が掲載したノルトハウゼン強制収容所の写真はその典型であるといえよう。比較的整然と敷地に並べられた死体の列が階上から撮影された写真(図1－2)(17)は、遠近法的な構図をとることによって、死者の列があたかも消尽点の果てまで続いているかのような印象を与えている。

この写真ではアメリカ兵が死体の列のあいだを「解放者」として歩く「英雄像」も写し出されているが、ほかの報道写真にもアイゼンハワーなどの名前と所属の明らかな将軍がしばしば登場しており、(18)ドイツ人の加害者もしばしば実名で写真にあらわれている。(19)これに対して収容者はまったくの匿名の存在である。

今日にいたるまで生存犠牲者像を深く印象づけることになる写真(図1-3)[20]は四月中旬にブーヘンヴァルトで通信隊によって撮影され、新聞・雑誌に公表されたが、そこに写し出された収容者は、死者像と同様の姿で表象されている。つまり、従軍ラビのアイヒホルンのいう「勇者のなかの勇者」のような能動的犠牲者(Sacrifice)ではなく、「権力亡者の精神異常者」による受動的犠牲者(Victim)の姿である。デニーはそのような犠牲者像を次のように描写した。

「棚の上に横たわり、あるいはうずくまっている囚人たちは人間のようにはほとんど見えず、ある者たちは放心していた。ある者たちはしなびた顔から鋭い目で私をじっと見つめた。ある者たちは呆然と前方に目をやり、その目は何も見ておらず、その口はぽかんと開いていた。ある者たちは私に気づいて、着ていた衣服をちょっと動かし、自分のグロテスクな奇形を見せ、少数の者が冷笑的にほほ笑んだ」[21]。

図1-1

図1-2

図1-3

報道写真の被写体となったドイツ人は収容所関係者のような直接的な加害者だけではない。連合軍は強制収容所近隣の住民に収容所の見学を強制したが、そのときのドイツ市民とその驚愕する姿も多く写し出された。後述する強制収容所の記録映画と同様に、そこに登場しているのは、空襲などの戦争体験によって、あるいは敗戦後に一〇〇〇万人以上が旧帝国内外の東部地区の故郷から強制的に追放されたことによって困窮しているドイツ人ではなく、豊かな日常生活を享受している小市民たちである。このようにドイツ人の市民的日常性が強調されることによって、強制収容所のなかでの超日常性とドイツ人の罪深さが際立たされることになった。また報道写真や記事のなかでは、ドイツ人がこの惨劇に関心を示さず、エゴイスティックに行動していることが強調されている。たとえば、前掲の『ライフ』誌は「小さい子供がベルゼンの収容所の近くで死体の並んだ道を下りながら散策している」と解説を付けて、記事の冒頭に写真を掲載しているが、[22]『ニューヨーク・タイムズ』紙はこのような光景をダッハウ報道で記している。バイエルンの農民は収容所内の死体も惨事も無視して、アメリカ軍の占領の機会を略奪の「バカ騒ぎ」に利用し、「ドイツ人の子供でさえ一瞥することもなく死体のそばを走り、盗んだ衣服を運んでいった」と。[23]

このような報道では強制収容所の罪を直接的な加害者だけではなく、このようなドイツ人全体が負っていることが前提にされている。デニーはこの「集団的罪＝責任(Schuld)」テーゼを明確に述べている。

「ドイツ人が全体としてヒトラーの罪を共有しているのだから、ドイツ人がこの惨事を行なったのだと私は主張する。もし、たった一つや二つの収容所で、囚人が餓死し、死ぬまで働かされ、屈辱を与えられ、拷問され、いわれなく殺害されたのなら、〔……〕私たちはそのような残虐行為を異常な指導者個人のせいにして、その行為を例外として軽くみたかもしれない。しかし私たちは収容所という収容所で、まったく同じ光景を恐ろしく詳細にいたるまで隅々において見出したのであって、弁明できるほどの規模ではとうていない[24]」。

ドイツ人全体がその「罪」を負っているならば、その全体に「罰」も与えられなければならないことになる。『ニューヨーク・タイムズ・マガジン』誌や『ライフ』誌はアメリカ兵の監視のもとにドイツ人が強制収容所で死体の「後始末」の「罰」を強要されている姿を載せているが、視察団のジャーナリストたちも帰国後に次々とドイツ人全体への「罰」を訴えた。J・ピューリッツアは「ドイツ人に関して、公正であるが、とても厳しい和平条約になること」に賛成し、『ロサンゼルス・タイムズ』紙の編集者であるN・シャンドラーは「それが厳しすぎることはありえない」と断言。『ミネアポリス・スター・ジャーナル』誌の編集長であるG・セイモールは「今後二〇年間、私たちはドイツを管理しなければならない」と語ったのである[25]。

以上のような報道においてホロコーストは、〈解放者・告発者・刑罰者としてのアメリカ人〉、〈加害者・罪人・被告人としてのドイツ人〉、〈その受動的犠牲者〉という三者の登場人物によって展開された物語のなかで語られている。四月一六日にブーヘンヴァルトで通信隊によって撮影された写真[26]（図1－4）の構図――薪のように積まれた死体の姿の犠牲者、それを見ることを強要するアメリカ人、見ることを強要されたドイツ人――は、この三者の権力関係とアメリカ人のホロコーストの物語を明確に写し出している。解放後の目撃者が犠牲者への同情よりも、加害者への怒りと憎悪を真っ先に感じたように、その物語はドイツ人に向かって語られ、犠牲者とその死と生はドイツ人への告発と刑罰のための被写体と状況証拠となった。犠牲者の「展示」がすでに始まっていたのである。

強制収容所の解放後に撮影された映像をドキュメンタリー映画にまとめ上げるプロジェクトは四五年二月からすでに始まっていたが、最終的にドイツ系ユダヤ人のH・ブルガー監督のもとでアメリカ軍事政権によって製作された『死の碾《ひ》き臼《うす》(Death Mill/Todesmühl)』が一九四五年一〇月に完成した。[27] 二二分のこの短編映画には英語、ドイツ語、イディッシュ語の三種のナレーションが付けられた。映画製作の本来の目的は心理戦局の指針のなかで明確に述べられている。

(a) ナチスがその名のもとで犯した特別の罪を上映することで、ドイツ民族がナチ党に対して憤慨するようになり、連合国占領に対するテロあるいはゲリラ活動の試みに対処する。

(b) 当時そのような犯罪の遂行に暗黙に同意したことをドイツ民族に思い起こさせ、それに対する責任は免れえないことを意識させることによって、ドイツ人に連合国の占領処置を受け入れさせる。[28]

(a)の事態はほとんど生じなかったため、実質的に(b)だけがこの映画の目的になった。「集団的罪」テーゼにもとづくこの映画の流れを簡単に追ってみよう。

図1-4

十字架とシャベルを背負って犠牲者の埋葬に向かうドイツ人男性の隊列→解放者を歓迎し、解放を喜ぶ旧収容者の姿→収容所内の様子：食料に群がるやせこけた旧収容者、衰弱者の救護・診断→アイゼンハワー、カンタベリー主席枢機卿、調査委員会の視察→殺害施設・道具、おびただしい収集物→数々の死体のありさま→加害者（責任者、男女の看守、収容所医師）の姿→ふたたび数々の死体のありさま→死体のなかでの生存者の様子→責任者とワイマール市民の強制見学→ニュルンベルク党大会のシーン（映画『意志の勝利』より）とヒトラーに熱狂して挨拶するドイツ人→強制見学のドイツ人との二重映し→冒頭のドイツ人の隊列。

写真報道と同じ死者像、生存者像、権力関係、ドイツ人像がこの映画でも描き出されている。英米連合軍は「解放者」として犠牲者に歓迎され、アイゼンハワー、ブラッドレー、カンタベリー主席枢機卿などの「告発者」が登場する。ドイツ人も、ベルゲン・ベルゼンの収容所所長やハーダマー「安楽死」施設の医院長と看護婦長のような直接的な加害者の顔と、強制収容所の見学のために「まるでピクニックに行くかのように出かけ始め」（英語版ナレーション）、その後に強制収容所の惨劇に驚愕しているワイマール市民の姿が映し出されている。これに対して犠牲者は匿名の被写体であり、英語版のナレーションでは犠牲者の国籍や民族に関してまったく言及がない。ドイツ語版でも「ヨーロッパのすべての国々、ロシア人、ポーランド人、フランス人、ベルギー人、ユーゴスラヴィア人、ドイツ人、チェコ人、すべての宗教の人びと、プロテスタント教徒、カトリック教徒、ユダヤ教徒」と国籍と宗派が羅列されているだけである。

心理戦局の指針にあげられた目的の通り、この映画の物語を貫いているのは「集団的罪」テーゼである。ドイツ人男性の集団が十字架を背負って犠牲者の埋葬に向かう冒頭シーンは、ドイツ人が「罪」を負っていることをシンボリックに表現している。また、ホロコーストと「普通の人びと」との関連を示すために、強制収容所と日常生活との密接なかかわりも指摘されている。

「アウシュヴィッツ絶滅収容所だけで焼かれた人数は四〇〇万人と見積もられている。そして、その骨は碾いて粉にされ、化学肥料としてドイツ農民に売られた。／そう、死の碾き臼は採算の取れる商売だったのだ！」(ドイツ語版ナレーション)

映画の最後の部分では、「これらのドイツ人――自分は知らなかったと言った者たち――にも責任はある。ドイツ人は――喜んで――犯罪者と狂人のなかに身を投げ出したのだ」(英語版ナレーション)と、ヒトラーへの熱狂的な支持がホロコーストを招き、その意味で直接的な加害者でないドイツ人もその罪を負っていることが示唆されている。続くシーンでは、ヒトラーに熱狂するドイツ人と惨劇に驚愕するワイマール市民が二重に映し出されるが、その場面のドイツ語版ナレーションでは主語が「ドイツ人」の複数三人称から「私」の単数一人称に入れ替わることで、個人のナチ体制への関与と無為の罪が次のように問われている。

「そう、これが当時の姿である。ブランデンブルク門への突撃隊の凱旋で、私も一緒に行進していた。そう、私は覚えている。ニュルンベルク党大会で私は「ハイル」と叫んで、そのあとゲシュタポ(秘密警察)が私の隣人を呼び寄せたときに、私は背を向け、自問した。私には関係のないことではないのかと。憶えているだろうが――(ナチ党が権力を掌握した)一九三三年、(ラインラント進駐が決行された)一九三六年、(ポーランド侵攻で第二次世界大戦が始まった)一九三九年に私も賛成した。私は反対の行動を取ったのか？」

ラストシーンでは十字架を背負うドイツ人集団の姿が再現され、ドイツ人――「悪に歓声の声をあげ」、

「憎悪と復讐の歌に酔いしれ」、「自由の言葉と自由の精神に死と滅亡を宣言し」、「罪なき人間と無防備な民族に襲いかかり、殺害するためにその手を貸した何百万のドイツ人」――の「集団的罪」がふたたび問われて、この映画は幕を閉じる。

　このような物語にそってアメリカの世論も動いた。八四%が強制収容所報道を「誇張」ではなく「本当」であると信じ、ドキュメンタリー映画を全国の映画館で上映することを六割が支持した。「殺害と餓死」をドイツ人は「まったく是認」(三一%)、あるいは「部分的に是認」(五一%)していたと考え、ほぼ半数が「残虐行為」をドイツ人の「多くが知っていた」と推測している[29]。ほぼ四割が「多数が残虐で、野蛮」だとみなしたドイツ人に対して、厳しい「罰」も求められた。四五年五月に「再建・復帰、再教育、通商の奨励、再出発」などの寛大な処置を求める市民の割合は四三年の一七%から八%に減少し、「取り締り、武装解除、ナチ撲滅、重工業の管理」などの「監督と管理」の対応には四六%(四三年＝四四%)が、「小国家への分割、政治的統一体としての破壊、無力化」などを求める「非常に厳しい扱い」には三四%(二一%)が賛成した。四五年一一月に六割が対独占領政策を「生ぬるい」と感じていたのである[30]。

第2節　ドイツ人の反応――「犠牲者物語」から「犠牲者共同体」へ

　さて、アメリカ世論が推測したように、ドイツ人は「残虐行為」をその「多くが知っていた」のだろうか？　まず確認しなければならないことは、ドイツ人にとって強制収容所の存在は周知の事実であったということである。その存在は『ミュンヘン写真誌』や『ベオプアハター写真誌』などでナチス自身によって紹介されている。そこは「労働と規律のために人間を教育する収容所。教育されていつの日か、ドイツ・ナチズムの戦線に編入されることになる人間」を送り出すための人間形成と規律の場であったが[31]、ドイツ一般住民においても、強制収容所は反体制抑圧のための刑罰機関や規律の場として理解されていた。一九四六年にアメリカ軍心理戦局のM・ヤノヴィッツが行なった意識調査で二八歳の主婦は、囚人は勤勉に働き、十分に食料を与えられて、ぶたれたり、「ハイル・ヒトラー」と声をそろえて叫ばされたりしていると想像していたと発言している[32]。ユダヤ人の身分を隠してベルリンに生活していたI・ドイッチュクローンは回想録のなかで、「強制収容所」という言葉がその頃はまだ今日のような意味をもっておらず、「口に手を当てて「オラーニエンブルク」や「ダッハウ」の名が囁《ささや》かれていた」[33]と述べているが、噂そのものがドイツ住民の規律化の手段として機能していたといえよう。七〇人のドイツ市民を聞き取り調査したヤノヴィッツによれば、強制収容所の存在を知らない者は「ほんのわずか」であるが、その存在に関してわずかな見聞しかもたず、「そこでの残虐行為を知っていたことを否定」する者が「四分の三」を占めている。「強制収容所の正しい情報をもっている」と認識していたのは「たった四人」であった[34]。

ユダヤ人やスラヴ民族の大量虐殺に関して[35]、ドイツ人の大多数はその実態を正確に把握していたわけではないが、戦争後期になってその噂はかなり広がっていたようである。反ナチ抵抗運動の『白バラ通信』は「ポーランド占領以来この国において三〇万のユダヤ人が残忍きわまるやりかたで殺害されたという事実[36]」に言及しているが、こういった噂のおもな情報源は、東部戦線から一時休暇で帰省した兵士であった。たとえば、ツェレの機械工場で技師として働いていたK・デュルケフェールデンの日記には、そのような噂がいくつか綴られている。キールで橋の建設に従事して一時帰国した義兄からは、ユダヤ人の強制労働者が疲弊ののちに次々と射殺され、皆殺しのためにキールにはユダヤ人が存在しなくなったことを聞き、兵士としてリトアニアのヴィリニュスに駐留した会社の旧同僚からは、そこでユダヤ人が激減し、「占領国のユダヤ人がポーランドに送られ、一部は射殺され、一部はガス殺された」ことを耳にした[37]。このような噂をドイツ人の多くは外国のプロパガンダや、誇張されたものとして受け取っていたが、同時に「スラヴ民族とユダヤ人に犯した残虐行為に対する罪の意識」も抱いていたようである。アメリカ軍の諜報部兵として従軍し、ドイツ人の心理状況を調査したS・パドーファーによれば、そのために多くのドイツ人は大量虐殺の報復におびえ、敗戦後に外国で重労働が強いられ、あるいはドイツの若者がシベリアに送られるのではないかと恐れていた[38]。

このような心理状態のなかで、ドイツ人は連合軍から強制収容所の「現実」を突きつけられることになった。西部戦線でアウシュヴィッツの写真を載せたビラを見たヘルムート・Nは四五年三月に手紙で「こんなことが起こりうるはずなんてないんじゃないか。でもこれはほかのこととぴったり当てはまっていて、すべてそろったイメージを生み出している。なぜ僕がそれを信じるのか、その訳を君に説明できない。疑うことでそのイメージをぬぐい消すことができないのだよ」と困惑を妻に伝えた[39]。広まっていった噂と徐々に明らかになっていった「現実」とがしだいに重なり合いながら、ドイツ人はその「現実」のイメージを作り上げていったのである。

その情報は占領以前に聴覚メディア、すなわちラジオによって伝えられた。禁止にもかかわらず、多くのドイツ人がBBC放送とラジオ・ルクセンブルクのドイツ語放送を聴いており、BBCは四二年一二月からガス殺を含む情報のキャンペーンを展開している。ドイッチュクローンはすでに四二年一〇月にBB

図 1–5

C放送によって「ガス室での殺害や銃殺」について耳にしたが、信用することはできなかったという。(40)

すでに空軍によって写真入りのビラが撒かれていたが、占領後に連合軍は視覚メディアによって広報活動を展開することができるようになった。四月二三日に英米連合軍は、強制収容所の写真を載せたポスターを「住民が出かけ、帰宅するときに見ざるをえない場所に置かれた大きな掲示板」に貼り付けることを決定した。(41) 図1－5(42)はその一枚である。「この恥ずべき行為――お前たちの罪だ！」の見出しの下には、おもにダッハウ強制収容所で撮られた七枚の写真が掲載されている。そのメッセージは明快である。

「おまえたちは騒ぎ立てることなく傍観し、無言のうちに黙認した〔……〕／なぜおまえたちは抗議の声と怒りの叫びをあげてドイツ人の良心を呼び覚まさなかったのだ／これはおまえたちの大きな罪だ。この残虐な犯罪に連帯責任を負っている」。

「集団的罪」テーゼにもとづくこのようなメッセージは、もう一つの視覚メディアである映画によっても伝えられた。前述の『死の碾き臼』が四六年一月二五日から英米占領地区で公開され、一一四本がドイツの映画館に配給されたのである。その鑑賞率は、アメリカ軍将校によるベルリンでの四六年四月の調査では一六％であった(43)。

聴覚メディアではまだ疑念をぬぐいきれなかったが、視覚メディアによってドイツ人の大半がこの報道を「事実」と認めた。ヤノヴィッツによる七〇人の聞き取り調査によれば、五〇人以上が「主要な点について信じ」、その程度などに留保をつけて信用した者は一五人で、「強い疑念」や「不信」を表明した者は「ほんの少数」であった(44)。この見せつけられた「事実」にドイツ人はどのように反応したのだろうか。空襲の影響を調査するためにアメリカ政府から派遣されたJ・スターンは、強制収容所の写真が載ったポスターを見つめるドイツ住民の様子を次のように伝えている。

「その群集から発せられた言葉を私は一言も聞かなかった。時々、女性が手で顔を覆い、あるいは、うめき声や驚愕の叫びを飲み込もうとしているかのように、ハンカチを口に当てた。また、年長の男たちは催眠術にかけられたようにぽかりと口を開けて、数分間それを凝視した。しばらくしてこの人たちはゆっくりと、押し黙ったまま立ち去り、他の人たちがそこにやってきた(45)」。

また、作家のE・ケストナーは『死の碾き臼』の上映後に示された観客の反応を次のように記している。

「大半は沈黙していた。押し黙って帰宅した。青ざめて出てきて、空を見上げ、「ごらん、雪が降っている」と言う人たちもいた。また、「プロパガンダだ！　アメリカのプロパガンダだ！　かつてもプロパガンダで、またもやプロパガンダだ！」とぶつぶつ言う人たちもいた。この人たちはそれで何を言おうとしていたのか？　プロパガンダの嘘なのだとはっきり口には出そうとはしていない。なんといっても、撮影されたものをこの人たちは見ていたのだから」[46]（傍点は原文）。

驚愕と沈黙――これが、「事実」を突きつけられたドイツ人の最初の反応だったようである。しかし、「誰の罪なのだ？」の問いかけにドイツ人は答えを準備しなければならなかった。この問いかけに多くのドイツ人は、まず「集団的罪」テーゼの前提を否定した。つまり、無知の強調である。

「私たちは何も知らなかった！　私たちは何も知らなかった！」――バーク‐ホワイトはこの言葉を何度も、同じ調子で聞かされたために、それがドイツ国歌のように思われたという[47]。ダッハウ住民の意識調査を行なったＰ・ラックリッジも、「そう、収容所の状態は恐ろしいものですが、それについて私たちは何も知らなかったということをあなた方は理解しなければなりません」と、住民から説得されている。彼女はこのような人物と何度も出会うことになる。彼女が会話した「どのドイツ人も、ダッハウにおいてだけでなく、ブーヘンヴァルトやオーアドゥルフ、ベルゼンでも、収容所の知識やそれに対する責任をすべて否定した」という[48]。

知らなかったことには責任は取れない――これが当時のドイツ人の弁明であった。『死の碾き臼』上映後のベルリンにおける意識調査で九一％がこの映画を全住民に見せるべきであると答えたが、七〇％が「ドイツ民族全体がこの残虐行為に共同責任を負っているわけではない」と主張している[49]。ヤノヴィッツの調査でも、七〇人のうち「ドイツ人全体の罪」を認めたのは三人だけで、その罪はナチス幹部に転嫁された[50]。デニーはこのような責任転嫁の一例として、「ヒトラー少女隊」員としてナチ体制に「誓いを立てた支持者」であった少女を紹介している。戦後に強制収容所の見学を強いられ、その陰惨な状況にほとんど狂乱状態になった彼女は、「やつらはこの人たちになんて恐ろしいことをしたのでしょう」とうめき声をあげたという[51]。ブーヘンヴァルト強制収容所のドイツ人収容者であったE・コーゴンは、連合軍の「ナチスの恥ずべき行為に全員が共同責任を負っているという告発」はドイツ人の良心の力ではなく「拒否反応を呼び起こした」とその失敗を宣言した[52]。

さらにこの「告発」に対する「無関心」もアメリカ人によって報告されている。前述したように、アメリカの強制収容所報道はその近隣住民が惨劇に無関心を装い、エゴイスティックに行動していることを指摘していたが、ダッハウを調査したラックリッジも、「普通の市民とダッハウの町はまったく無関心であった」と、収容者の痛ましい状況に個人も市民団体も少しの関心も示さず、自分たちドイツ国民にさえ援助が提供されなかったことを確認し、自己憐憫の涙を流していたことを伝えている。「平均的なドイツ人はここ一三年間に行なってきたどんなことにも積極的に遺憾に思っていない。この人たちはただ戦争に敗れたことを遺憾に思っている。この人たちが流した涙は偽善者の涙である」と[53]。ドイツ人とユダヤ人の関係を観察したアメリカ人将校のM・モスコヴィッツは「ポジティヴなものであれ、ネガティヴなものであれ、ドイツ人がユダヤ人に対していかなる感情的な反応も欠如している」（傍点は原文）ことに衝撃を受けた。ナチズムの悪行を非難し、強制収容所の恐怖を語るときにも、犠牲者に対する共感の言葉が聞かれることはなく、その声を聞くことはショッキングなことであったという[54]。

驚愕、沈黙、無知の強調、「集団的罪」の否定、無関心――もちろんすべてのドイツ人がこの反応を示したわけではない。それは、「集団的罪」を負うとされたナチスの「民族共同体」に自己同一化していたドイツ人多数派を構成する加害者・加担者・同調者・傍観者の反応であった。ヤノヴィッツ調査で「ドイツ人全体の罪」を認めた三人は神学部教授と二人のマルクス主義者であったが、このようなドイツ住民の少数派を構成する抵抗者・犠牲者は異なる反応を示したのである。パドーファーは「自己憐憫に浸らず、泣き言を漏らさず、自分が取るに足らないものであれ、罪はないと言い立てることがなかったドイツ人」にその時点で二人しか出会えなかったが、その一人が三年のあいだ強制収容所を経験した社会民主主義者であった。彼はドイツ人民自身が徹底的な粛清を試みなければならず、犯罪に責任ある者は無慈悲に駆除され、若者は再教育されなければならないと主張したという。[55] ラックリッジのダッハウ調査でもそのようなドイツ人が見出されている。[56] フランス人の強制労働者を援助した廉《かど》で収容所に収監され、解放後に軍事政権から市長に任命された男性はドイツ人であることを恥辱に感じ、「ナチスが政権を取り、このような犯罪を長続きさせたのは、あるドイツ人たちは積極的に賛成し、残りのドイツ人が犯罪的に言いなりだったからだ。いまや私たちはすべてを償わなければならない」とドイツ人全体の責任を糾弾した。また、夫が軍事命令に従わなかったことから収容所に入れられ、そのためにハンブルクからダッハウへ移り住んだ女性は、強制収容所に対する「ドイツ人の罪」をラックリッジから問われ、「はい、これはすべて私たちが行なったことです。私たちの大半は起こっていたことを知っていましたが、私たちは何もしませんでした」と答えている。

反対や抵抗、犠牲によって「民族共同体」に対して距離をとることができたこの少数派は解放者の物語を受け入れることができ、責任追及、償い、再教育、そして未来の構築という「もう一つのドイツ」の物語を語ることができた。これに対して多数派はその「事実」に対して物語を構築できず、呆然と驚愕し、沈黙と拒否と無関心の殻になかに閉じこもらざるをえなかったのである。

しかしドイツ人多数派も、ホロコーストを含む戦争体験を語る物語を徐々に形成していった。以下のモスコヴィッツの観察は、その物語と、それにもとづいて西ドイツが「犠牲者共同体」として構成されていく過程を暗示している点で興味深い。

「六〇〇万人のユダヤ人に対する罪の意識をドイツ人大衆が回避するためにもっとも共有されたメカニズムは、ドイツ人自身も、ことによってはどの人びとよりも甚大なナチズムの犠牲者であると確信していることである。／〔……〕ドイツ人は、他の抑圧された人びとと同様に自分は非難されるのではなく、同情されるに値すると考えるにいたっている。自分をも「脅かしていた」犯罪者が行なった犯罪にやましさを感じることなど、どうしてできようか？　自分たちはだまされ、裏切られたとドイツ人は口をそろえて釈明している(57)」。

ドイツ人自身がナチズムの犠牲者であるとすれば、いったい誰がナチスだったのだろうか。パドーファーは「私たちはもう二カ月もこの仕事に就いて多くの人たちと話し、たくさん質問して、一度も、一度たりともナチスを見つけなかった」と、ドイツ社会から「ナチス」が消えてしまったことに驚いた。「ドイツ人は全員が反ナチで、全員がナチスに反対していた」という(58)。バーク－ホワイトは「ドイツ人は、ナチスが北極からやって来て、なんらかの方法でドイツに侵入してきたエスキモーの異人種であるかのような顔をしている」というアメリカ軍少佐の発言を紹介している(59)。しかし、パドーファーが質問したドイツ人のなかにはナチスの組織に積極的に加わっていた者は少なくなかった。たとえば一九歳のある少女は、ナチ組織であったドイツ女子同盟の活動的なメンバーだったが、その組織も自分も「非政治的」だと言い張っている。[60]「総統の人生」の読み物を教材に使っていた国民学校の女性教師は、その読み物を「非政治的な子供の物語」とみなし、自分も「非政治的」であることを強調している。[61]一九三三年からナチ党員であったある医師は入党の理由を「開業医としてやっていくうえでの障害を取り除く保証」であると述べ、同様に自分が「非政治的」であると主張した。[62]「商売上の手段」として三三年に入党し、ユダヤ人財産の剥奪で利益をあげたある不動産ブローカーは、自分自身を反ユダヤ主義者ではなく、「いい人たちだったからとても好かれていた」ユダヤ人から富を得ただけだったという。[63]アメリカ諜報部員のD・レーナーは四五年四月の報告のなかでこの「ムス・ナチ」の論理と弁明にあきれた。

「ナチスで「なければならなかった(＝ムス)」ということだ。いまや占領ドイツのいたるところでふたたび口を開いた「なければならなかった」、あるいは「強制された」このナチス全員を粘り強く尋問して、彼らが明らかにしたことは、経済的地位を改善し、その地位を保持し、あるいはかかわりをもつためにはナチスで「なければならなかった」ということである。ある者たちは、地方の党役員が入党を促したから、ナチスになら「なければならなかった」。拒否して、その結果を引き受けるという考えにはほとんど誰も行き着かなかった」。[64]

すなわち、「ナチス」とはその世界観を共有する政治的な集団であって、社会・経済的な理由で入党し、あるいはその組織にかかわった者は「非政治的」であるがゆえに、「ナチス」ではなかったのである。「ナチス」、あるいはその一部の集団だけがホロコーストの責任者であった。デニーによれば、強制収容所の惨劇の責任をヒトラーに転嫁した人びとが、「でもあなたは行進し、ナチスに敬礼し、「ハイル・ヒトラー」と叫んだだろう」と詰問されると、そのなかの若い女性は「でも、そうしなければならなかった」と応答した。「もし私たちがそうしなかったら、ゲシュタポは私たちを逮捕し、強制収容所に送り込んだでしょう」[65]。

ふたたび「ムス・ナチ」の論理と弁明が展開されたが、ここではナチズムとの関係を弁明するだけでなく、自分を犠牲者として認識するためであった。パドーファーが調査したある上級官僚も、強制収容所の犯罪に対する道徳的な責任を問われ、「私は危険なことにかかわることを望んでいなかった。もし私が政府を批判するようなことをあえてしたならば、強制収容所でくたばっていたでしょう」と答えている[66]。彼は個人が犠牲者になる可能性を語っていたが、ヤノヴィッツ調査ではドイツ人全体が強制収容所の犠牲者であることを示唆する発言が紹介されている。「あなた方アメリカ人は、私たちがどのような状況のなかで生きていたのかを理解することはほとんどできない。ドイツのすべてが強制収容所であるかのようだったのだ」[67]。

この見解に違和感を覚え、自分を強制収容所の犠牲者とみなさないドイツ人も、自らの戦争被害、とくに連合軍による空襲被害が強制収容所の惨劇に匹敵するものであることを感じていた。バーク－ホワイトは、強制収容所の写真公開にドイツ人が「無辜《むこ》の女子供が爆撃されたというのに、こんな人心を乱すことをやってどういうつもりなのだ」と反応していることを伝えている[68]。コーゴンによれば、空襲で妻や子供の黒焦げになった姿を見ていたドイツ人は強制収容所の写真に心を揺さぶられることはできなかった。その写真の犠牲者に対して、ドイツ人は焼死した親や子供ほど同情心をいだくことなく、それどころか多くの人びとがその写真をドイツ人の空襲被害のものだとみなしていたのだという[69]。実際に、ブーヘンヴァルトは空襲犠牲者の埋葬のために使われていたという噂が広がっていた[70]。

そして、強制収容所での犯罪がドイツ人の名誉を傷つけたという理由でも、ドイツ人は自らをその責任者の犠牲者とみなした。先ほどの上級官僚はドイツ人による「残虐行為」を遺憾に思ったが、それは「そのことでドイツは汚名を着せられたから」であった。看護奉仕のために強制収容所の惨劇を目の当たりにしたE・ヴァルターは、それが国民的矜持の問題であることを五月四日の日記に簡潔に記している。「私はこの瞬間、ドイツ人であることをいかに恥じたことか！　私たちは何ということをしでかしたのか！　そして母は、ドイツ人がそんなことをするなんて信じていなかった[71]」。

その悲惨な光景はドイツ人にとってトラウマになったようである。バイエルンでの『死の碾き臼』鑑賞者調査で、七割の者がこの映画のシーンは将来も「脳裏に焼きついたまま」だろうと答えている[72]。ナチ党大会の記録映画を監督したL・リーフェンシュタールはそのようなトラウマ経験を回想している。アメリカ当局から尋問を受けた彼女は強制収容所の写真を見せられて衝撃を受け、部屋に連れ戻された。そのとき「陰惨な映像が私を激しく苦しめ、私はベッドでのたうちまわり、まんじりともできなかった」という[73]。彼女はこうして強制収容所の犠牲者であると感じることができたのである。

一九四五年一一月二〇日に始まり、翌年一〇月一日に一二人の死刑、三人の終身刑、四人の懲役刑、三人の無罪の判決で終了したニュルンベルク裁判はドイツ人に「犠牲者物語」を確認する機会を与えた。判決直後の世論調査を見るかぎり、ドイツ人の大半は裁判とその判決を受け入れたようである。裁判の開始から終了までドイツ人の約八割がその裁判を「公正」と判断し、その判決を五五％が「正当」、二一％が「寛大すぎる」とみなしていた。判決を聞いたときの感情を問われ、半数以上が肯定的な感情（満足＝二六

％／正義が行われた＝一二％／歓喜＝三％)を抱き、否定的な感情の一一％(憤慨・反抗心＝七％／怒り＝三％／悲嘆・悲しみ＝一％)を圧倒した。ほぼ七割がニュルンベルク裁判報道を信頼し、ほぼ八割が裁判で提出された証拠から新しいことを学んだが、その大半は強制収容所(八四％)とユダヤ人殺害(一三％――四五年一二月調査)についてであった(74)。アメリカ軍事政権によってニュルンベルク裁判のドキュメンタリー映画『ニュルンベルクとその教訓』(S・シュルバーグ監督、一九四八年)が製作されたが、この映画は比較的観客を集めて、五〇年代まで上映されている。強制収容所の映像も含む記録映像を使用しながら、証人と被告人の発言を中心にまとめられたこの映画は、被告人が自らの罪を認め、改悛し、あるいは総統に責任を転嫁していく姿を有罪判決まで追っていたが、ドイツ人からこの「物語」は承認されたといえよう。その点で、あからさまに「集団的な罪」を告発し、ドイツ人には受け入れがたい「物語」を提示したがゆえに、当時もっとも不評であり、短期間で打ち切られた映画『死の碾き臼』に対する反応とは対照的である(75)。

外部者の見たドイツ人の裁判観は少々異なっていた。ニュルンベルク市民の裁判観を調査した『ニューズウィーク』誌のベルリン支局長J・オドンネルは、「おそらくニュルンベルクほど、世界のこの規模の都市のなかでこの裁判が市井の人びとに議論されていない所はないだろうし、ドイツほどこの裁判が知られていない国はないであろう」と、ドイツ人の無関心さにあきれた(76)。たしかに誇張されてはいるが、ドイツ人の裁判に対する当事者意識が外部の観察者の期待を大きく裏切るものであったことが、ここには表現されている。ナチスによってアメリカに亡命を余儀なくされ、アメリカ検事当局のスタッフとして帰国したR・M・ケムプナーも「裁判がまったく効果をもたず、敗戦以来、自分の殻に閉じこもり、公的活動のどんな展開も無視した」ドイツ人が異常に多いと嘆き(77)、同じく帰国したジャーナリストのF・E・ヒルシュは、この裁判がドイツ人の再教育を第一の目的としていたのならば、その試みは成功しなかったことを確認した。

「心から民主的な人びとでさえ裁判にさほど関心がない。人びとはわずかの食料と燃料を集め、仕事のようなものを探そうと忙しいために一〇カ月ものあいだ法的な裁判に集中することができなかった。あるいはこの人たちは、〔……〕自分自身はどんな形でもナチ党といままでかかわってこなかったし、その専制政治でしばしば苦しめられたのだから、いつも憎んでいた者たちの犯罪が自分たちとまったく関係がないと感じていた(78)」。

強制収容所の映画が法廷で上映されたときの様子をフランクフルト・ルントシャウ紙(以下、「FR紙」と略)で伝えたP・コールヘーファーは、その惨状がドイツ人によって引き起こされたことに激しい恥辱感を覚えたが、その感情を克服する論理をすぐさま見出している。つまり、そのような犯罪を行なった被告人たちは「本当にドイツ人だったのか」と問い、「いや、違う、それはナチの獣であり、地獄の番犬であり、どんな人間的な感情ももたない悪魔のような人物なのだ。しかしこの人たちはドイツ人の名を永遠に穢し、この醜悪なる汚点はもはや何によっても消し去られない」と彼らを「非国民」に仕立て上げたのである(79)。また、オドンネルによれば、ニュルンベルクの歴史的建造物の破壊を「二〇世紀が一七世紀(の建造物)に対して行なった犯罪」と呼んだ二七歳の旧国防軍兵士は「多くの国での貧困と破壊」を思い起こし、敗北した祖国を見て、「これらの被告人たちに五プフェニッヒほどの誠実、あるいは品位があったのなら、彼らは世界の前に立って有罪！　有罪！　有罪！と大声で叫んでいたでしょうね」とつぶやいたという(80)。このように、ドイツ人は自分にかかわりがないかぎりで裁判とその判決を受け入れ、被告人たちをドイツ人の名に消し去れない「汚点」を残し、ドイツの歴史を破壊した「非国民」とみなし、自分をその「犠牲者」と認識したのである。「非国民」たちだけを葬り、その「犠牲者」の責任を問わないことが、この裁判と判決を受け入れる条件だったといえよう。(81)

それゆえに、裁判の被告以外の「戦争犯罪人」に関する問いかけに、ドイツ人はあいまいな態度をとらざるを得なかった。一九四六年二月の調査で、七割のドイツ市民がニュルンベルク裁判の被告以外にまだ戦争犯罪人が存在することを認めており、その数字はニュルンベルク裁判の被告だけが「唯一の有罪者である」と答えた市民の割合(一七%)を大きく上回った。しかしこの七割の市民のうち、その「戦争犯罪人」として二三%が「指導者、地区のボス、政治家」をあげているが、四割は「無回答」であった。(82)また その七割の市民うちの約六割がこの「戦争犯罪人」を裁判にかけるべきだと考えているが、この問題にも四分の一が回答を保留している。判決後の四六年一〇月になると、ドイツ市民は「ほかの戦争犯罪人」に寛容になっていた。「もっと下級の指導者が裁判にかけられるべき」と「この刑罰で十分」と考える市民の割合はまったく同数(四三%)になったのである。(83)この傾向はニュルンベルク裁判以降も続き、表1-1(84)が示しているように、建国期になると裁判や被告人に対する評価はまったく逆転してしまった。ここには占領期の経験が大きくかかわっているように思われる。

五〇年の調査でロシア(九五%)だけでなく、アメリカ(四九%)の占領政策にも多くが「不快」を感じているように、ドイツ人は占領政策にかなり批判的であった。(85)「戦争犯罪裁判」はニュルンベルク裁判で終わったわけではなく、ニュルンベルク継続裁判やダッハウ裁判など、その後も継続して裁判が開かれており、多くの死刑判決が下されている。もちろんその対象になったのはドイツ人のわずかな部分ではあるが、

表 1-1

	ニュルンベルク裁判は		ニュルンベルク裁判の判決は		
	公正	不公正	正当	厳しすぎる	寛大すぎる
46年10月	78%	6%	55%	9%	21%
50年10月	38%	30%	30%	40%	6%

52年 8月	まだ収監されている将軍は	
	どんな罪も犯していない 63%	有罪である 9%
	*「無罪」なのに投獄されている理由 • ドイツに対する憎悪と復讐の感情をぶちまけるため　11% • 連合軍が将軍の影響力と「鋭い軍事的心性と質」を怖れているから　11% • ドイツが敗北したから　10% • 将軍たちは命令を遂行し，その義務を果たしたから　8% • 連合軍はスケープゴートを必要としているから　6%	

(准)公職からの追放などの措置を含む非ナチ化政策においては、四八年一一月の調査で一六％の市民がその「被害」を受けたと答えている。四八年と五三年の調査で、非ナチ化政策の目的が達成されたと判断したドイツ人は二割にも満たず、まったく否定的な見解、すなわち「非ナチ化は必要なく、その実施は誤っていた」(四八年＝三一％／五二年＝二六％)と「非ナチ化は占領軍の嫌がらせにすぎなかった」(九％／一四％)に四割の市民が首肯した(86)。五一年の調査で「占領国が一九四五年以来ドイツで行なったもっとも大きな過ち」として八％が「戦争犯罪裁判」、六％が「非ナチ化」をあげているが、一一％が「ドイツ人への中傷と不当な非難」を最大の過ちとみなしているように(87)、このような占領政策は、少なくとも自らを「犠牲者」とみなしていたドイツ人から不当なものと感じられていた。この「ドイツ人への中傷と不当な非難」とはいうまでもなく「集団的罪」テーゼであるが、少なくともニュルンベルク裁判の時点でこのテーゼはもはや連合国の占領

政策の指針から消えていた。この裁判のジャクソン主席検察官は「私たちは全ドイツ民族をとがめる意図はない」と明言していたし、その判決も一括ではなく、個々の犯罪構成要件にもとづいて個別に下されている。それにもかかわらずドイツ人はこのテーゼの不当性を訴えつづけていたが、歴史家のＷ・ベンツとＮ・フライは、占領政策の不当性を根拠づけ、それを拒否する口実をつくり、自らの苦悩を強調するためにこのテーゼはドイツ人によって「発明」されたと論じている[88]。正鵠を射た議論であるといえよう。つまり、裁判と被告人に対する立場の大きな転換は、占領政策による「犯罪人」の拡大をできるだけ食い止め、このような過去の追及に「終止符(Schlußstrich)」を打とうとする願望の現われとみなすことができる。

一九四九年九月二〇日に行なわれた所信表明演説[89]でＫ・アデナウアー首相は、「ナチス時代と戦時中に行なわれた犯罪に本当に責任・罪のある者」と「政治的に非の打ちどころのない者」と「そうではない者」とに西ドイツの国民を区分する三分法を克服しようとした。「本当に責任・罪のある者」は「厳罰に処分されるべき」だが、新たに形成された西ドイツ国民共同体において、それ以外の区分は「即座に消え去らなければ」ならなかった。アデナウアー政権が最初に行なった政策はナチス期と占領期に犯された罪に対する「恩赦」であったが、「過ぎ去ったことを過ぎ去らせることを正しいと認める」態度をアデナウアーは取り、戦争と戦後の混乱がもたらした「非常に厳しい試練と誘惑」のために犯された「多くの過失や違反行為」に理解を示した。彼は「本当に責任・罪のある者」を「非国民」として排除することで、「政治的に非の打ちどころのない者」と「そうではない者」から構成された新たな西ドイツ国民共同体を築こうとしたのである。それは、ナチズムとそれが引き起こした戦争、敗北、そして占領政策による犠牲者の共同体であった。この「犠牲者共同体」はアデナウアーの独創にもとづいていたのではなく、強制収容所の解放以来、ドイツ人の多数によって形成された「犠牲者物語」の上に成り立っていたのであった。米軍従軍ラビのアイヒホルンはダッハウでの礼拝式で三つの物語を語り、解放者の「普遍主義的」な物語が「ホロコースト」の表象を深く刻印することになったが、ホロコーストとその犠牲者はこの物語とドイツ人が形成していった「犠牲者物語」のなかでどのような役を与えられたのであろうか。

強制収容所の現実は十数年にわたる歴史的変遷のなかでけっして一様であったわけではなく、また強制収容所によって、あるいはその犠牲者の国籍や民族範疇によってもその現実は大きく異なっていた。そして強制収容所だけが大量虐殺の現場ではなかった。しかし、英米軍が解放し、その時点で撮られ、語られた強制収容所の現実がホロコーストの「現実」となったのである。ナチスはホロコーストの痕跡をできうるかぎり消却しようとしたが、英米軍によって発見されたその「現実」は、ナチスが消しきれなかった痕跡のいわば「残滓」であった。東欧圏の強制収容所からナチスは「残滓」をほとんど消却して撤退することができたが、連合軍の進軍のスピードが増すにつれて、「残滓」の量は増し、アメリカ軍はオーアドゥルフの解放以来、大量の「残滓」を発見することができたのである。マイダネクやアウシュヴィッツの解放が報道の価値を見出されなかったのは、その「残滓」の姿が驚愕を与えるに十分ではなかったからでもあった。ブーヘンヴァルトは撤収命令が下された五日後に解放され、大量の「残滓」を残したが、それは強制収容所の「現実」そのものというよりも、その最後の姿だった。つまり、四五年一月にアウシュヴィッツやほかの強制収容所が撤収されていくなかで、収容者の一部は西の強制収容所への「死の行進」を強いられ、途上で大量の犠牲者を出し、生存者も到着後の劣悪な状況のもとで次々と死亡していった。ブーヘンヴァルトでは三月まで死体の焼却作業が行なわれたが、燃料不足のために大量に墓地に埋められることになり、埋め切れなかった死体がバラックや貨車に放置された[90]——これが、解放者がその物語を形成する題材となった「現実」だったのである。この物語では、ゲットー（ユダヤ人居住区）で衰弱死や餓死を余儀なくされ、ガス殺や野外射殺で命を奪われたユダヤ人や、「うなじ撃ち」で射殺されたソ連の赤軍捕虜、数十万人の犠牲者を出したロマ（蔑称で「ジプシー」）、「安楽死」の名のもとに殺害された知的障害者などの生と死の「現実」が語られることはなかった。

時期によって異なるが、英米軍が解放したドイツ帝国内の強制収容所において、ユダヤ人収容者はむしろ少数派であった。ブーヘンヴァルトでは四二年にユダヤ人収容者率は一一％にすぎず、解放された時点でも、生存者のなかでユダヤ系の占める割合は二割程度であった[91]。大半のユダヤ人犠牲者は、ナチスが「残滓」を残さず、そのために報道価値を見出さなかった絶滅収容所に送られ、殺害されたのである。西側の報道や『死の碾き臼』でユダヤ人が多くの犠牲者集団の一集団としてしか言及されなかった理由の一つがここにある。そして「ホロコースト」は一九八〇年代以降に市民権を得た概念であって、当時この出来事に固有名詞は与えられず、それはたいてい「残虐行為」という一般概念、あるいは「絶滅」というナチ用語で呼ばれていた[92]。このことはホロコーストが「戦争犯罪」というカテゴリーのなかで理解されていたことにもかかわっている。ニュルンベルク裁判では犯罪構成要件として「戦争犯罪」、「平和に対する罪」、「人道に対する罪」が上げられたが、裁判は「戦争犯罪」に集中し、ホロコーストはその犯罪のカテゴリーのなかで捉えられた。解放者の物語のなかでホロコーストは、ナチス・ドイツの残虐性を示す象徴的な出来事ではあったが、その犠牲者がユダヤ人に特化されない多くの戦争被害の一つにすぎず、その世界史的意義はまだ見出されていなかったのである。冷戦を始めたアメリカにおいて、世界史的意義を見出されたのはむしろ「ヒロシマ」であった。アメリカにとってホロコーストは、いまや同盟を結ぶことになるドイツ国家に対して、新たな敵となったソ連とともに戦った過去の戦争の出来事となり、反共的な全体主義論のなかで語られたにすぎなかったが、「ヒロシマ」は核戦争の未来を予示する歴史的事件になったのである。[93] その意味でホロコーストはまだ「ホロコースト」にはなっていなかったといえよう。固有名詞を与えられ、今日のような世界史的な意義を獲得する紆余曲折の道のりをホロコーストはまだ歩み始めたばかりだった。

〈解放者・告発者・刑罰者としてのアメリカ人〉、〈加害者・罪人・被告人としてのドイツ人〉、〈その受動的犠牲者〉の関係のなかで展開されていく物語によって語られたホロコーストにおいて、その犠牲者はナチ犯罪糾弾のための証拠物であった。勝者が〈撮る主体〉であり、敗者のドイツ人が〈撮られる客体〉となったとすれば、犠牲者は敗者の犯罪を糾弾するための〈匿名の被写体〉であり、敗者の残虐性を世界に示すための「展示品」となった。[94] 実際に、ブーヘンヴァルトを目撃したあるアメリカ軍将校は「残った囚人は展示品として陳列されている」と嘆いた。「ぼろきれの姿で、肉体の奇形などで。〔……〕このことは、これらの人びとの災難の正当化できない悪用(Prostitution)である」ように彼には感じられたのである。[95] またパッサウのP・ゼーヴァルトは、告発されるべきドイツ人の罪をその存在に刻みつけられた犠牲者の嘆きを聞き取っている。

「人類にこの残虐性と苦悩を見せつけるために、私たちは収容所からやってきたのだ。今や世間の目には、私たちは穢れ(Makel)に取りつかれているように見えている」。[96]

アイヒホルンの二つめの物語である犠牲者の「普遍主義的」な英雄物語が語られる余地は、このような解放者の物語のなかには残されていなかった。犠牲者たちは哀れむべき存在であっても、アイヒホルンのいう「独裁」と「暴君」に対して戦い、勝利した「勇者のなかの勇者」ではありえなかったのである。そして、解放者の物語ではホロコーストは解放によって終結したが、解放された者にとってその悲劇はまだ終わっていなかった。生存者の多くが解放後に衰弱死し、終戦時における旧ドイツ帝国に生存した約五万人のユダヤ人は、数週間で約三万人に減少したのである。生き残った人びとの多くも難民（DP）として収容所などでの生活を余儀なくされ[97]、しかもトラウマと情緒不安定の症状に悩まされつづけた。難民ユダヤ人の収容所を調査したK・S・ピンソンはその精神状態を次のように報告している。

「解放された年の大部分の期間に難民ユダヤ人が落ち着かずに、歩き回っていた理由の多くは、ほとんど常軌を逸していたような家族と友人の捜索であった。／難民ユダヤ人はまた、努力と集中を維持する能力の欠如を示している。この人びとは数時間働いた後、あるいは知的に集中した後に、疲れてしまう[98]」。

このような状況のなかでは、生存ユダヤ人がホロコーストの過去から「普遍主義的」な英雄物語を自ら見出すこともほとんど不可能であった。ホロコーストの体験が残したのはアイヒホルンの第三の物語、つまりディアスポラの過去を否定し、パレスチナの未来に希望を見出す「特殊主義的」なシオニズムの物語であった。ピンソンによれば、シオニズムは難民収容所におけるユダヤ人生活の「支配的な哲学」になり、唯一の救済であると認められ、パレスチナとシオニズムの外部で思考することは感情や心理においてだけでなく、現実の物理的な意味においても危険であるとみなされたという。そして解放後の収容所に入り込んだシオニストたちは、パレスチナのユダヤ人旅団の「民族と共に生活し、民族のために働いた」英雄物語も持ち込んだ。「シオニストたちはこの破局ののちに意味があるように思われた綱領をもつ唯一の人びとであった」という。[99] 結局、ホロコーストは否定的な意味しかもてない経験だった。

ホロコーストから「普遍主義的」な英雄物語を作り上げ、建国神話に仕立て上げていったのは建国後の東ドイツであった。[100] これに対して西ドイツでは、アイヒホルンが示した三つの物語とは異なる「犠牲者物語」を形成していったが、やがてそれは、ナチズムと共産主義を同一視する全体主義論的な「普遍主義的」な物語と結合し、西ドイツはナチズムと共産主義の犠牲者から構成された共同体となっていく。この「犠牲者共同体」においてホロコーストは「犠牲者」の外部に位置づけられた「非国民」たちの仕業であった。かつての「民族共同体」で加害者・加担者・同調者・傍観者であったドイツ人多数派からなるこの国民共同体は、ホロコーストに積極的な意味を与えないまま、復興を遂げていくことになる。

しかし「ホロコースト・ブーム」が始まるはるか以前の一九五〇年代に、ホロコーストにまつわるひとつの「ブーム」が生じている。「アンネ・フランク・ブーム」である。いったいこの現象とは何か、次節で検討してみよう。

第３節　アンネ・フランク現象

アンネ・フランクが世界でもっとも著名なホロコースト犠牲者であることに異を唱える者はいるまい。『アンネの日記』は六〇以上の言語に翻訳され、これまで二〇〇〇万部以上の売り上げを記録した稀有のベストセラーとなり、演劇化・映画化された『アンネの日記』も全世界で華々しい興行記録をあげた。かつての隠れ家は一九六〇年に博物館「アンネ・フランク・ハウス」として保存され、毎年五〇万人のツーリストが訪れるアムステルダムの観光名所となっている。周知のように、フランク一家を含む隠れ家生活を送った八人のユダヤ人のうち、生存者は父親のオットー一人だけであり、アンネと姉はドイツ国内のベルゲン・ベルゼン強制収容所で病死した。母親もアウシュヴィッツで死亡したが、その収容所から帰還したオットーはアンネの死を確認した後、残されていた彼女の日記の出版を決意する。しかし、一九四七年にオランダ語の原文が修正と省略を加えられて出版され、五〇年にはドイツ語版とフランス語版が刊行されたものの、いずれも中小出版社から数千部ほど発行されただけだった。オットーは英語版の刊行も試みるが、アメリカのいくつかの出版社から拒否されたのち、ようやく五二年に *The Diary of a Young Girl* として出版することができた。その当時の出版社と読者からの反応は、その後の灼々たる成功からは想像できないほど鈍かったのである。(101)

しかし、当時の状況から判断して、この反応はけっして驚くべきことではない。すでに前節で確認したように、解放者としてのアメリカ人にとって、ユダヤ人犠牲者は、ナチ犯罪糾弾のための匿名の受動的な被写体、あるいは「展示品」にすぎず、犠牲者は痩せこけて死に絶えた屍《しかばね》、あるいは食料と医療を解放者に求める衰弱者として表象されたのである。そのためユダヤ人犠牲者、あるいはユダヤ人全般に「屠《ほふ》られた羊」のイメージが付きまとうことになり、ここには自ら自由を勝ち取っていくレジスタンスの「普遍主義的」な英雄物語が展開される余地は残されていなかった。生存したユダヤ人もホロコーストに否定的な物語しか構成できず、ディアスポラ状態が惨劇を可能にしたという教訓をそこから引き出して、英雄物語の舞台を過去の強制収容所ではなく、未来のイスラエル国家に求める「特殊主義的」なシオニズムにこの人びとは希望を託したのである。欧米社会にマイノリティとして生活する選択肢を選んだユダヤ人もまた、それぞれの国民国家に統合されることを望んだため、その国家のナショナルな物語に組み込まれえないようなエスニシティ特有の歴史的体験に対して距離をとり、ホロコーストの体験を物語る価値を見出さなかった。[102] 一方、加害者のドイツ人の大半も、ホロコーストの意味を解釈する物語を形成することができず、その後、自らもナチズムの独裁とテロ、その独裁者が引き起こした戦争の犠牲者であるという物語を形成していった。この「犠牲者共同体」においてホロコーストは、空襲被害や追放などの「戦争犯罪」が引き起こした多くの惨劇の一つにすぎず、特化されるべき歴史的事件とみなされてはならなかったのである。冷戦が進展し、戦勝国が新たな敵をもつと、第二次世界大戦はもはや過去の戦争となった。解放者の国際政治の関心も変化して、いまやドイツ人は糾弾すべき民族から、互いの体制が囲い込もうとする対象となったのである。こうしてホロコーストは、現在の敵と同盟し、現在の同盟国と戦った過去の戦争における一齣となった。

すなわち、解放者、加害者、犠牲者のいずれも、ホロコーストを国民の物語に組み入れる意義を見出しえなかった。そのような物語を欠いたホロコーストは、見聞きするのもおぞましいグロテスクな出来事となった。このような政治・社会的状況のなかで、当初『アンネの日記』はホロコースト犠牲者の日記であるから受け入れられなかったのである。したがって、むしろ問われるべきは、ホロコースト犠牲者の日記であるにもかかわらず、『アンネの日記』が世界的ベストセラーへの道を歩んでいったのはなぜなのか、ホロコーストの過去の事実に目を閉じようとした当時のドイツ人にも、その日記が受け入れられたのはなぜなのかであろう。この問いを通して、読者と視聴者を魅了しつづけることになるアンネ・フランク現象の秘密を探ってみよう。

アンネ・フランクの価値はまずアメリカで見出された。前述したようにアメリカ版の『アンネの日記』は数社から拒否されたのちにようやく刊行されたが、M・レーヴィンが一九五二年に『ニューヨーク・タイムズ・ブック・レビュー』に載せた書評「秘密のドアの後ろの子供」[103]がベストセラーへの助走を後押しすることになる。この書評が公表された直後に一万五〇〇〇部が、数日後には四万五〇〇〇部が第三版として刊行されたのである。[104]たしかにレーヴィンは「アンネ・フランクの声は消えた六〇〇万ユダヤ人の霊の声になっている」と、この本がホロコースト犠牲者の声を代弁していることを伝えた。しかし、ホロコースト関連の刊行物に関する読者の拒絶反応を意識してレーヴィンは、この日記が「哀れをそるゲットーの物語でもなければ、恐ろしい出来事の実録でもない」と、そのような拒絶心理を和らげようとしたのである。アンネを含むその日記の登場人物は異常な経験をしたにもかかわらず、日常生活から隔絶された存在なのではなく、「隣の部屋に住んでいたかもしれないような」親近感を覚える人たちなのであり、「この人たちの家族のなかでの感情、その張り詰めた関係、その充足感は、人格と成長があるところならどこにおいても見出しうるものなのである」と、その物語の普遍性が強調された。そしてこの書評では、絶望と諦念のなかでも希望を抱きつづけ、人間の本性が「善」であることへの信念を述べているために『アンネの日記』のなかでもっとも有名になるフレーズ――「たとえいやなことばかりでも、人間の本性はやっぱり善なのだということをいまでも信じています」――が引用されている。この楽観主義に同調したレーヴィンは、『日記』が読み広められることでアンネの死が克服されることを次のように予測した。

「アンネは日記を通して生きつづけている。オランダからフランス、イタリア、スペインへ。ドイツでも彼女の本は出版された。そしていま、彼女はアメリカにやってくる。まちがいなく彼女は広く愛されるであろう。この賢明で、すてきな少女は、人間の無限の魂に響きわたる歓喜(delight)を呼び戻すのだから」。

ハケット夫妻によって書かれた戯曲が一九五五年にニューヨークのブロードウェイで初演され、それ以来この演劇は全世界で上演されたが、さらに映画版がG・スティーブンス監督によって製作されて一九五九年から上映されたこと(105)で、『アンネの日記』の存在は全世界に知れ渡ることになった。そして、レーヴィンが示した『アンネの日記』の普遍主義的・楽観主義的な解釈はその演劇版と映画版にも引き継がれることになった。しかもこの演劇版と映画版では、日々の出来事と思いが脈絡を欠いたまま綴られている日記そのものに一貫したストーリーが付与されることによって、この解釈もまた一貫性をもつことになったのである。この解釈が明確に現われるのは第二幕四景からであり、ドイツ語(106)版を用いてそのメッセージを分析してみよう(傍線は引用者)。

第二幕四景で、階下で鳴り響く電話をきっかけに大人たちが混乱し、喧嘩を始めると、アンネは同世代の同居人のペーターと会話を始める。

アンネ：ペーターったら、…信じるもの(Glauben)があるといいと思うわ。
ペーター：そんなもの僕には役に立たないよ。
アンネ：厳格に信仰を守れって(strenggläubig)いっているわけではないの。天国とか地獄とか、煉獄だとか、そういうことじゃないの。何かを、…何でもいいから信じるのよ。〔……〕
ペーター：そりゃすばらしいことだ！　でも、僕は考え始めると、気が狂いそうになってしまう！

僕たちの状況を考えてごらんよ！　こんな隠れ家に二年もいて、動き回ることができず、この落とし穴にうずくまって、連れて行かれるのをひたすら待つ――いったいみんな何のために？

アンネ：そういうことは私たちだけじゃないわ。苦しまなければならない人たちはたくさんいる。いつもいるわ…ある人種(Rasse)であったり…他の人種であったり…あるいは…

ペーター：そんなこと慰めにならないよ！

アンネ：まだ何かを信じるってことが恐ろしく難しいことだってことはわかっているわ…こんなにも悲惨なことが起こり、…そんなことをする人間がいるんですものね…でも、時々私はこう思うのよ。〔……〕そんな時期は通り過ぎていく、数百年後かもしれないけど、明日かもしれない。それでも私は人間のなかの善を信じています(Trozt allem glaube ich noch an das Gute im Menschen)。

この会話の途中でゲシュタポが隠れ家の戸を叩き、隠れ家生活は終わることになる。そして、オットーは「二年間私たちはびくびくしてきました。いま私たちは希望をもっていいのです」と呟く(ただし映画版ではこの台詞はない)。つづく第二幕五景はオットーが帰還してきたシーンで始まる。隠れ家の提供者から手渡された娘の日記を読み終えた彼は、「奇妙に聞こえるかもしれませんが、強制収容所では幸せでありえたのです――私たちが連れて行かれたオランダの収容所でアンネは幸せでした。この狭い部屋に閉じ込められた二年の後にあの娘はふたたび外に、あの娘が欲しがっていた日光と新鮮な空気のある外に出ることができたのです」と述べる(この発言も映画版にはない)。そして「それでも私は人間のなかの善を信じています」という力強いアンネの声が響き、演劇・映画は幕を閉じるのである。

傍線（――）部は実際の日記においては「苦しまなければならないのは私たちユダヤ人だけではありません。全時代を通してユダヤ人は存在し、苦しまなければなりませんでした」と、アンネたちの苦悩は民族性に由来していることを語っているのだが、演劇・映画版では「人種」一般の問題に書き換えられている。また、ユダヤ教にとってクリスマスに相当するハヌカ祭の祈禱がオリジナルのヘブライ語ではなく、英語で行なわれるなど、演劇・映画版は観客の登場人物への感情移入を促すために、隠れ家生活からユダヤ色をできるだけ払拭している。ユダヤ人犠牲者の物語を人類一般の運命の問題に「普遍主義」化することが試みられているのである。

演劇と映画のなかでアンネはペーターに「信じるもの（Glauben）」をもつことを提案するが、あえてそれが「厳格に信仰を守る（strenggläubig）」こととは関係のないことが強調されている。この物語では、アンネが「信じる」べきものとして訴えているのは、ユダヤ教信仰ではなく、「人間のなかの善」であると解釈された。この演劇と映画を通して「それでも私は人間のなかの善を信じています」のフレーズは、その前後の脈絡からまったく切り離されて独り歩きを始めて、アンネの中心的なメッセージに仕立て上げられ、彼女は民族性を超越して人類の「善」を信じようとする少女として描かれたのである。こうしてアンネの経験はユダヤ人だけではなく、人類一般の苦悩を、あるいは思春期一般に特有の苦悩を代弁することになる。演劇・映画版はその日記を人間に対する信頼と希望のメッセージを伝える物語に翻訳したのである。そして、楽観性と未来志向が強調されたがゆえに、その物語は奇妙な「ハッピー・エンド」で閉じられている。隠れ家から連行されたアンネは実際には悲惨な最期を遂げるのだが、観客は痩せこけて死に絶えていくアンネではなく、「日光と新鮮な空気」のなかで幸福なアンネの姿、その「笑顔」をイメージして劇場や映画館を後にすることができたのである。

西ドイツでは一九五五年に『アンネの日記』の演劇が西ベルリン、ハンブルク、デュッセルドルフなどで、さらには東ドイツのドレスデンでも初演され、五〇年代末だけでも数十万人の観客を動員したが、この演劇は新たなヴァージョンで今日でも上演されている。映画版は六〇年に四〇〇万人に鑑賞されているが、その後も教育映画として学校でくり返し上演されているから、演劇と同様にその鑑賞は次世代にもわたっているといえよう。[107] この演劇と映画がもたらした影響は大きかった。ブロードウェイにおける初演の年に西ドイツの大手出版社であるフィッシャー社が『アンネの日記』のペーパーバック版を刊行し、これをきっかけにドイツでも『アンネの日記』はベストセラーとなっていく。五年間で一八回増刷されて七〇万部を売り上げたが、九二年までに総数二五〇万部の売り上げを記録しており、この日記は今日でも書店にならぶ古典的な文学作品となったのである。

アンネ・ブームは出版現象やメディア現象をこえて、社会現象にもなった。一九五〇―六〇年代にアンネ・フランクにちなんで多くの学校が命名され、アンネが眠っているベルゲン・ベルゼン強制収容所跡や「アンネ・フランク・ハウス」への見学旅行にたくさんの学童が参加した。五七年三月には土砂降りにもかかわらず約二〇〇〇人の若者がハンブルクからベルゲン・ベルゼンへと「巡礼」して、アンネ・フランクの追悼式を行なったが、「加害者」の子息たちによるこのような催しは国外でも注目を浴びたのである。[108] 七九年には生誕五〇周年を記念して、アンネ・フランクがほほ笑む姿の切手がドイツ連邦郵便から発売されている。その五〇年前にフランクフルトに生まれたが、ナチスによってオランダに追い立てられ、ドイツの強制収容所で短い生涯を閉じたアンネは、アメリカを経由して「笑顔」でドイツへ帰ってきたのである。

もちろん誰もがアンネの「帰還」を歓迎したわけではない。N・ムーレンの調査[109]によれば、ある旧ドイツ兵は「ロシアの収容所でゆっくりとやせ衰えていくよりも、ガス殺されるほうがずっとましだった」と、ホロコーストの罪を新たに問われることに嫌悪感を示し、アンネたちの惨劇に自国民の苦境を対峙させた。しかし『アンネの日記』を読み、あるいは鑑賞した多くのドイツ人は、彼女の運命を他者化せず、むしろそこに自己の過去あるいは現在の姿を重ね合わせたのである。劇場の支配人はその演劇の成功を「多くがこんなにも心を動かされたのは、この演劇が私たちに自分自身の運命を思い出させるからだ。結局、私たちも戦争中に非常に多くを失ったのだ」と解説している。『日記』を読んだ女子生徒を観察した教師によれば、「問題が共有されているために、彼女たちはアンネを自分たちのなかの一人なのだと考えていた」のだという。「アンネは彼女たちの心のなかで生きつづけている」。

アンネの物語にもっとも共感したのはそのような青少年であったが、ナチ時代を体験した大人世代が自己の犠牲にアンネの悲劇を重ね合わせたのに対して、ナチス時代の過去を知らないこの世代の多くは、その物語に思春期の問題を読み取った。教育学者のI・リュッテナウアーは『アンネの日記』が青少年たちを揺り動かす二つの要因を見出している。それは「この少女に負わされた苦悩と、間接的ではあるが、この苦悩に対する共同責任の意識」と「苦悩のなかで成熟している若者としての自分自身がこの日記で表現されていること」であるが、後者の重要度のほうが高かったという[110]。実際に、「無関心で、いがみ合っている大人の世代」に立ち向かったアンネのなかに「私たちは若者すべての悲劇を身にしみて感じ、経験している」とある若い女性は発言し、またある若い男性は「若者は多くの問題を共有しており、よくよく検討してみれば結局のところ、胸に秘めていることは同じなのだということをアンネ・フランクから学んだ」という。彼によれば、「罪のない人びとがファシストやサディストによって迫害され、殺害される時代だけがこの演劇の舞台背景」なのではなかった[(111)]。

アンネの苦悩の民族性と歴史的脈絡を背後に潜めて、その物語を「普遍主義」化した『アンネの日記』のアメリカナイズ版は、アンネへの感情移入を容易にしたが、その効果はドイツでも発揮されることになったのである。しかし演劇・映画版が物語のユダヤ色を薄めた一方で、『アンネの日記』のドイツ語訳は反ドイツ的な部分を意図的に修正・削除することで「普遍主義」化を実行していた。たとえば、オリジナルの言語であるオランダ語の「戦争における、ドイツ人に対する英雄的行為」の部分は「戦争と、抑圧に反対する戦いにおける英雄的行為」と訳され、「〔隠れ家のなかでは〕いつでも小声でしゃべることが求められ、すべての文化的な言葉が許された。つまりドイツ語はだめだった」が「すべての文化的な言葉が、……でも小声で!!」と修正され、「私たちはこの人たちの大半が殺害されていると臆断している」は省略されたのである。こうして『アンネの日記』はドイツにおける市場的価値を増した[(112)]。

人間の「善」への信頼は演劇・映画版ではアンネの中心的なメッセージとして解釈されたが、それもドイツにおける『アンネの日記』の受容に貢献した。フィッシャー社のペーパーバック版の『アンネの日記』の表紙に「私は人間の善を信じます」のフレーズが印刷されているように、ドイツでもこのフレーズが日記全体の脈絡から離れて独り歩きした。ムーレンは、ある若い女性が「そのようなひどい苦悩を経験した少女がそれでも「私は人間の善を信じます」と言うことができたって、すばらしいことだ」と述べながら、実際には日記を読んでも、演劇を観てもいなかったというエピソードを伝えている[(113)]。西ドイツでもアンネは、民族的な「特殊・個別主義」を超越して人類の「善」を信じる未来志向の少女として解釈されたのである。

アンネは「心のなかで生きつづけている」のだから、演劇・映画版と同じように、彼女の陰惨な死のイメージは払拭されなければならなかった。一九五八年にE・シュナーベルは、『日記』以後のアンネの足跡を目撃証言の収集によって追求したドキュメンタリーを『ある子供の足跡――レポート』(原田義人訳『アンネのおもかげ』みすず書房、一九五八年。以下、引用は邦訳)と題してフィッシャー社から刊行した。この本もアンネ・ブームに乗って売り上げを伸ばしたが、そこでは、戯曲の最後におけるオットーの言葉を裏づけるような証言が紹介されている。「食事は粗末で、いつも走らなければならず、しかもいつも、もっと早く走れ、もっと早く走れ、と言われるのでした。それでもアンネは幸福で、まるで自由になったようでした」(一八八頁)と、拘束後に送られたオランダの強制収容所でアンネは「幸福」だったという。アウシュヴィッツに送られても、アンネはオランダの強制収容所のときよりも「もっと美しく」思われ、「アンネの快活さは消えてしまっておりましたが、まだいきいきとして愛らしし」(一九九―二〇〇頁)かった。「そして(姉の死の)すぐそのあとで彼女も、物静かに、また自分には何もわるいことは起らないのだという感情を抱きながら、死んでいった」(二二三頁)のだと、ベルゲン・ベルゼンにおける彼女の最期の描写も陰惨さを免れていたのである。

本来は歴史的なドキュメントである『アンネの日記』はアメリカナイズされることによって、歴史的な脈絡が切り離された物語を構成することになった。そこではホロコーストは強制収容所ではなく、隠れ家生活を舞台に展開され、ユダヤ人の歴史的な惨劇というよりも、人類が普遍的に経験しうる悲劇として表現された。加害者が暗示的にしかあらわれないこの物語では、ホロコーストの犯罪からナショナリティが薄められ、「悪」もまた脱歴史化された。母親との軋轢や恋愛の体験を通しておてんば娘から精神的・肉体的に成熟していく少女の「普遍的」な青春ドラマとしてもこの物語は解釈され、ホロコーストはこの少女を成長させた「逆境」を作り出す「舞台背景」になったのである。しかしこうしてこの物語は、ナチスによるユダヤ人迫害・殺害という歴史的脈絡をこえた「普遍的」なメッセージをもつことができ、ナショナルな枠組みをこえた世界的なベストセラーになった。アンネ・フランクは無抵抗で無垢の子供に対する戦争暴力や人権侵害を告発するイコンとなり(114)、その告発の矛先も「普遍主義」化した。ナチス・ドイツの犯罪だけではなく、ソ連の「捕虜収容所」や「収容所群島」も含むあらゆる戦争犯罪と人権侵害に対する告発がアンネのメッセージとなった。「普遍主義的」な平和を主張しようとした広島平和記念公園が誰の「過ち」であるのかを不問に付して「繰返しませぬから」と誓ったように、「普遍主義的」に解釈されたアンネのメッセージもホロコーストが誰の「過ち」であるのかを問い詰めることはなかったのである。

解放者や加害者とは異なり、アンネが「登場」するまでホロコースト犠牲者は匿名の存在であり、その存在は「六〇〇万人」といった無味乾燥な数字によってあらわされた。前述したように、犠牲者がどのナショナリティに属しているのかも、あえて強調されることはなかったのである。ある民族集団に属していたという偶然性のために、凶暴な権力によって死を強いられた受動的犠牲者(Victim)であり、この偶然性からその死に意味を作り出すことはできず、その犠牲者はグロテスクな死体としてしか表象されなかったのである。『アンネの日記』によってはじめて、名前と顔をもつことになったこの犠牲者はその姿も変えた。痩せこけた死体というグロテスクな姿のイメージを払拭するかのように、その犠牲者は快活な笑顔を見せたのである。そして、その笑顔の意味は「それでも私は人間のなかの善を信じています」というメッセージによって解釈された。それは、絶望のなかでも人間の善を信じる楽観的な未来志向のヒューマニスティックな少女の笑顔であり、過去に対する憎悪や怨念、断罪の思いからは生じえないものであった。「笑顔」がアンネ・フランクというイコンを形象したのである。こうしてアンネはその身を人類に能動的に犠牲(Sacrifice)にした殉教者のイメージを帯びることになり、その死は偶然・受動性から解放され、意味を与えられた。それゆえに彼女は、戦後復興と高度成長期に成長し、過去の重荷を直接的に背負っていない青少年の偶像《アイドル》になった。そんなアンネが痩せこけて陰惨な最期を迎える姿がこの時期に描出されていたならば、それはまさに偶像破壊の行為であっただろう。

その意味で、アメリカのポピュラー・カルチャーによって「普遍主義」化された『アンネの日記』の物語は、ファシズムとナチズムを同一視する全体主義論によって解釈された人道主義・進歩主義的なホロコースト解釈であり、冷戦期におけるアメリカの「普遍主義的」な国民形成のためのホロコースト表象であるといえよう[115]。アメリカナイズされたアンネとその物語を通したホロコースト解釈は、西ドイツの国民形成にとってもまた好都合であった。アデナウアーのいう「ナチス時代と戦時中に行なわれた犯罪に本当に責任・罪のある者」と共産主義者を排除した西ドイツの国民共同体の構成員は、「戦争犯罪」の犠牲者であるアンネに自己同一化することで、ホロコーストの過去を罪意識なく解釈することができたからである。そして、「それでも人間のなかの善」を信じるアンネのほほ笑みは、旧ナチ党員や、ナチズムに同調・共感していた人びとにとって赦しの「笑顔」でもあった。アメリカナイズされた『アンネの日記』は同盟国の西ドイツに送られた「非軍事援助物資」であったといえよう。

Ｈ・アーレントはアンネ・ブームを「とてつもない破局」の現実を無視した「安っぽいセンチメンタリズム」と酷評したが、[116] ナチ強制収容所から帰還したユダヤ人心理学者のＢ・ベテルハイムは、このブームでユダヤ人を受動的な「無辜《イノセント》の犠牲者」とみなすイメージが広がることを憂慮し、オットー・フランクが逃げ道を準備することも、武器を調達することもせずに、ゲシュタポが入り込んだときに死を覚悟して抵抗して妻子の命を救わなかったことを非難した。彼はオットーの態度を、ユダヤ人以外の世界に関心を抱かず、「無辜であり続けていることを許され、知識の樹木から収穫を得ることを拒否し、敵の性格に無知のまま」である「ゲットー・シンキング」にもとづいているとみなした。[117] たしかにアンネ・ブームは、恐ろしい数字や悲惨な姿の死体であったがために感情移入することができなかったホロコースト犠牲者に具象的な名前と顔と人格を与えたが、「屠られた羊」としてのユダヤ人犠牲者のイメージを変えることはなかった。そのため、レジスタンスの英雄物語を求めるユダヤ人は、この物語にナショナルな意味を見出すことはできなかったのである。

第2章

一九六〇年代以降におけるホロコーストの記憶・表象・物語

第1節　啓蒙活動――写真集・ドキュメンタリー・歴史ドラマ

1　背　景

ユダヤ人の大量虐殺の事実が発覚して以来、ドイツ人の多数はこの衝撃的な事件を積極的に意味づける物語を形成することができないままであった。この多数派は自らをナチズムの犠牲者に位置づけ、ホロコーストもこの「非国民」の仕業とみなし、発覚当初に連合軍が糾弾した「集団的罪」を頑なに拒否した。たしかにアンネ・フランクというホロコースト犠牲者の日記がベストセラーとなり、その演劇と映画は加害者の国でも爆発的にヒットしたものの、それはホロコーストの悲劇を訴える物語としてではなく、その逆境に抗して成長していった少女の思春期の物語として受け入れられた。この少女の運命は自らのものとして感じとられ、このホロコースト犠牲者にむしろ共感が示された。復興がすすむ一九五〇年代に、ホロコーストがもった当初の衝撃は薄れていき、そこから政治・社会的教訓が引き出されていくこともなくなっていったのである。しかし、この生ぬるい雰囲気に冷水を浴びせる二つの事件が五〇年代末に起こった。その一つがツィント事件(1)である。

オッフェンブルクの高等学校正教諭で、かつてSS保安部に所属していたL・ツィントは、五七年四月に織物商を営むユダヤ人のK・リーザーと居酒屋で出会い、近年、ユダヤ人墓地が冒瀆されていることに関して議論するなかで、「ガス殺されたユダヤ人の数は少なすぎた」と発言した。リーザーがユダヤ人としてかつて強制収容所にいた事実を告げると、「じゃあ、あなたはガス殺され忘れたのだな」とツィントは言いかえし、もし可能であれば強制収容所にぶち込んで、妻と一緒に殺すだろうとまで言いたてた。さらに、戦争中に仲間と数百人のユダヤ人を殴り殺したことを誇りに感じており、「イスラエルは消し去られて当然だし、消し去られる」とまくし立てたのである。リーザーはこの会話を記録して、それをユダヤ人組織とバーデン゠ヴュルテンベルク州文化大臣に送り、ツィントの謝罪と解雇を求めた。これに対してツィントは、酔った勢いでの行動であったと釈明することも、発言を撤回することも拒否し、撲殺したのが「ユダヤ人」ではなく、「ロシア人」であったことを修正しただけだったが、彼に解雇処分は下されなかった。しかし、一地方都市における居酒屋での暴言と教育者としての資格の問題で済んでもおかしくはなかったこの事件は、『シュピーゲル』誌の一二月一八日号に取り上げられたことで広く知れわたることになり、バーデン゠ヴュルテンベルク州議会でこの問題をめぐって論争がくり広げられた。(2) 五八年四月には名誉棄損などで訴えられたツィントの裁判が始まり、彼は有罪判決を受けたが、国外に逃亡した。こうしてこの事件はメディアによって大きく注目されることになったのである。

この事件がこれほど大きなスキャンダルへと発展した理由は、何よりも彼が教員だったことにある。四月一一日付のＦＲ紙は見出しで「まだどれくらいのツィントたちがドイツの学校で授業をしているのか？」と問いかけ、この「危険な教師」が偏狭な狂信者などではなく、何から何まであまりにも「平均的」な人物であることを強調し、あのような過激な反ユダヤ主義発言が「恐ろしく「平均的」である男の口から出た」ことを問題にしている。(3) こうして「ツィント」は、過去から学ぼうとせずに、過去の世界観を保持しつづけ、若者に悪影響を与える大人の代名詞となった。ポストナチズムの国家と社会が新たな歴史観を構築できていないだけではなく、過去のイデオロギーが学校教育を通して再生産されていることに対する危機感がこの人物に投影されたのである。

この事件以上に大きな論争を巻き起こし、国際問題にまで進展することになったのが、青少年による反ユダヤ主義的行動である。(4) その発端となったのは、一九五九年のクリスマスの晩にケルンのシナゴーグ（ユダヤ教の会堂）の外壁に「ドイツ人の私たちは要求する、ユダヤ人出ていけ」という反ユダヤ主義的スローガンと鉤十字が落書きされ、ナチ体制犠牲者に捧げた記念板には黒ペンキが塗りたくられた事件であった。犯人は極右政党、ドイツ帝国党の党員であった二五歳の二人の若者で、すぐさま警察によって逮捕された。このケルン・シナゴーグ事件はテレビやラジオのニュースを通して伝えられたが、その報道はむしろ大量の模倣犯を生み出し、反ユダヤ主義的な落書き行動の波は西ドイツ全土に広がっていった。さらに西ドイツ発のこの波は国境をこえて西欧各国を襲い、西ドイツ以外でも一四件の犯行が確認されている。(5) その後も反ユダヤ主義の波はむしろ勢いを増し、アメリカやオーストラリアにまで拡大した。西ドイツ国内では六〇年一月二八日までに六八五件の反ユダヤ主義事件が西ドイツ政府の白書に記録されており、しかもその犯人の半数以上が二〇歳以下の若者であった。(6)

西ドイツにおける反ユダヤ主義の危険性を警告する声は、東側の政府やユダヤ人の団体だけではなく、西側の国家と国民からも喧《かまびす》しく発せられ、世界各地に反ドイツ感情が沸き起こった。たとえば、一月一四日にドイツの各紙は、イギリスで反ドイツの風潮が高まり、反ユダヤ主義事件を理由に企業がドイツ製品をボイコットし、ドイツ人の従業員を解雇しているという情報がイギリス国内で飛び交っていることを伝えている。とくに当時は野党だった労働党系の組織が反ドイツの急先鋒に立ち、党首脳部は「驚愕をもってドイツにおけるナチスの影響の復活」を確認し、厳しい対抗措置を要請した。ある鉱山労働者団体は反ユダヤ主義の波が収まるまで西ドイツとの外交関係を中断することを政府に要求し、労働党系の『デイリー・ヘラルド』紙はドイツ人に強制収容所と六〇〇万人のユダヤ人犠牲者を忘れるなと呼びかけ、「ナチの悪を学校と権力の座から遠ざけ、あなたたちが共産主義者を抑圧したと同じように精力的にこの悪を抑圧せよ」と訴えた(7)。こうした風潮に煽られて、語学研修に外国人の若者を受け入れていたイギリス人ホスト家族の三分の一がドイツ人の受け入れを拒否したのである(8)。

国際問題にまで進展したこれらの事件を契機に、青少年たちにホロコーストの実態を伝えようとする啓蒙活動が盛んになっていった。つまり、西側陣営の一員としてもつべき歴史観を、とくに青少年において形成するために、ホロコーストの記憶と表象が政治・社会的課題としてあらためて認識されるようになったのである。ではホロコーストはどのように記憶・表象され、それはどのような物語にもとづいていたのであろうか。これから写真、映像、ドキュメンタリーの分野で展開された啓蒙活動の分析を通してこの問題を具体的に検討してみよう。

2　写　真

このような啓蒙活動における影響力といった観点でまず取り上げなければならないのは、一九三一年生まれのG・シェーンベルナーが編集した『黄色い星――一九三三年から一九四五年までのヨーロッパにおけるユダヤ人迫害』(9)と題する解説・史料つきの写真集である。総数一九六枚の写真を駆使して一九六〇年に刊行された『黄色い星』は、翌年以後に次々と版を重ね、八三年からはフィッシャー社のペーパーバック版としてさらに版を重ねた。改訂が加えられたものの、この写真集は現在でも店頭に並ぶロングセラーである。英訳や仏訳も出版され、日本では七九年に自由都市社から、〇四年には松柏社から翻訳本が出されている。また八〇年には同名のドキュメンタリー映画がD・ヒルデブラント監督によって製作された。

編者のシェーンベルナーによれば、[10]ツィントのような教育者による露骨な反ユダヤ主義的な発言は、ナチズムの犯罪を排撃しながら、同時にナチズムの理念を冷戦のプロパガンダによって評価・正当化していたという「ここ一五年間の再教育と復活教育のグロテスクであり、また理屈に合う結果」にほかならない。ケルン・シナゴーグ事件の若い実行犯は大人から学んだことを実現した「後継者」にすぎないが、「同じ考えをもつ支持者」の数はこの実行犯よりもずっと多かったのだという。シェーンベルナーにとってツィント事件やケルン・シナゴーグ事件およびその余波は、反ユダヤ主義が西ドイツ社会に構造的に温存されており、「「克服されていない過去」は現実には克服されていない現在である」ことを明らかにした。このような彼の危機意識から『黄色い星』は誕生したのである。

『黄色い星』の構成を見てみよう。まず序文で本書を読む際の心構えが語られ、第一章「ヒトラーのドイツで」では、一九三三年にベルリンのグルーネヴァルト競技場でナチ式敬礼をする数千の支持者たちの写真[11](図2－1)が最初に掲載されたあと、反ユダヤ主義的落書き、ユダヤ人商店でのボイコット行動、ユダヤ人の書物の焚書、ユダヤ人との性的接触者の弾劾、シナゴーグとユダヤ人商店の破壊、ユダヤ人の亡命などの写真が並んで、ドイツ国内での差別と迫害の姿が示されている。そして第二章「実験場　ポーランド」から第六章「絶滅収容所」においては、ナチス・ドイツ軍のヨーロッパ侵攻にともなうユダヤ人差別の拡大と急進化、ゲットー建設とそのなかでの極限的な生活、大量銃殺、処刑、強制移住、絶滅収容所への収容と「選別」、絶滅収容所の施設と収容者、人体実験、衣服や靴などの大量の遺留品の写真を通して、日常的な差別から絶滅政策とその実行へといたる反ユダヤ主義の急進化の過程がほぼ時系列的に説明されている。第七章「抵抗」では一九四三年のワルシャワ・ゲットー蜂起が扱われ、終章の「解放」では強制・絶滅収容所を解放した連合軍によって明らかにされたナチ収容所の実態と被害者・犠牲者と加害者の姿を、この写真集の読者は目の当たりにする。そして、強制収容所で生き抜くことができ、寄り添いながら遠くを見つめる二人の女性犠牲者の写真(図2－2)で『黄色い星』は締めくくられている。[12]

図 2-1

図 2-2

映画『死の碾き臼』では、ナチ式敬礼によってナチ指導者を熱狂的に支持する市民たちの姿と、強制収容所に横たわるおびただしい痩せこけた死体を前にして呆然とする市民たちの姿とが二重映しにされることによって、この犯罪に対する責任をドイツ国民全般に負わせようとした。これに対して『黄色い星』では、最初の写真(図2－1参照)だけがナチズムへの市民の熱狂と人種主義的犯罪との関連を間接的に示しているにすぎず、日常的な差別も含めて、この犯罪に一般市民が直接的に関与していることを示す写真は一枚もない。しかし、焚書の写真に「あれは序幕にすぎなかった／本を焼くところ、そこではついには／人間もまた焼くのだ」というハイネの言葉が添えられ、序文では「この本で示されていることは私たち自身が行なったことである。私たち自らがそれを犯したのではないにしても、それは私たちを通して行なわれたのである。私たちはこの行ないを黙認したのであり、私たちの問題となっているのである[13]」と断言されることで、ナチ幹部の罪だけではなく、「黙認」した一般市民の責任が問われ、ナチスとそのユダヤ人差別の支持・黙認とホロコーストとの因果関係が暗示されている。つまり『黄色い星』は、ドイツ人全体の「集団的罪」を告発することを目的としていないが、ホロコーストを「私たち」とは無関係な歴史的観察の対象とすることもまったく意図していない。この写真集は、この犯罪に責任を取りようのない若者も含めた「私たち」がナチズムとその犯罪を自らの問題として歴史的に理解するために編集された啓蒙書であるといえよう。

ドイツ人の罪を告発・弾劾することを主眼としていた『死の碾き臼』では、犠牲者はナチ犯罪糾弾のための匿名の被写体にすぎず、英語版では犠牲者のエスニックな帰属さえ明確にされておらず、ドイツ語版でもユダヤ人が最大の犠牲者であることは言及されていなかった。これに対して『黄色い星』では、ホロコーストの犠牲者がユダヤ人によって表象＝代表されている。そして終戦後のアメリカ人の物語においてユダヤ人犠牲者は、〈解放者・告発者・刑罰者としてのアメリカ人〉が〈加害者・罪人・被告人としてのドイツ人〉の残虐性を世界に示すための「展示品」である〈受動的犠牲者〉として位置づけられていたが、『黄色い星』では――序文で「この本は死者の書(ein Buch von Toten)である」[14]と述べられているように――ユダヤ人に主役の地位が認められている。さらに、ユダヤ人の「抵抗」をテーマにした独自の章が設けられ、この写真集ではユダヤ人はもはや受動的犠牲者としてだけではなく、歴史のなかで能動的な役割も演じているのである。

また、『死の碾き臼』ではナチズムのユダヤ人に対する人種主義的な犯罪は、解放後に「発見」された強制収容所での犯罪、すなわち最終段階における犯罪に限定されて「実態」とされたが、『黄色い星』ではその犯罪が一九三三年から四五年までの差別・迫害・追放・強制労働・殺害の包括・体系的な実践として多面的に理解できるように構成されていて、ホロコーストは直接的な加害者だけの問題に還元されることなく、第三帝国の政治・社会体制全体がかかわる構造的な問題として扱われている。

『黄色い星』はその写真に写し出されている人びとの大半が命を奪われ、迫害者だけが生き残っていることを強調している。数少ない生存犠牲者であり、生きる決意を示すために未来を見つめているかのような二人の女性を写し出した写真(図2‐2)を――標題も解説も付けずに――最後に添えることで『黄色い星』は、もはや取り戻すことができない生命の代わりに、生き残った者たちにこの死者たちが託したであろう希望を差し出している。

3 映　像

五回シリーズの歴史ドラマ『シュプレー河の緑の岸辺で』(F・ウムゲルター監督)が一九六〇年三月二二日から放映され、第一回の「ユルゲン・ヴィルムスの日記」ではナチスによるユダヤ人の大量射殺のシーンがほぼ二〇分にわたってテレビ画面に映し出された。このシーンが引き起こした衝撃の大きさと、このようなテーマに関してテレビがもつ可能性を『シュピーゲル』誌は放映の一週間後に次のように指摘している。

「テレビは映画ができないことを行なうことができる。テレビは、観客席がガラガラになったり、悪臭弾や白鼠の活動範囲に陥ったりする(映画上映を妨害するものが投げ入れられる)ような危険を冒すことなく、政治的に面倒なこともできる。少なくともテレビは、数百万人の殺害を算数の問題とみなしている人びとの想像力を生き返らせることができる(15)」。

映画は膨大な製作費を必要とするために商業的な成功に対する依存度が高く、したがって大衆の欲求に対して迎合することを余儀なくされているため、映画界は五〇年代にホロコーストのテーマを取り上げる実験にあえて手を出そうとはしなかった。ホロコーストをテーマとする実験映画に精力と資金を注ぎ込《つこ》むことは、映画産業の財政的基盤を揺るがしかねない冒険だったからである。そしてそのような映画は実際に「政治的に面倒な」ことでもあることを、ナチの強制収容所の歴史を取り上げたフランスの短編ドキュメンタリー映画『夜と霧』(A・レネ監督、一九五五年)は明らかにした。

強制収容所に関する写真や映像などの史料を構成することで製作されたこのフランス映画は、五六年のカンヌ映画祭で初公開されることが映画祭の委員会で決定されたが、パリの西ドイツ大使は外務省の要請を受けてこの映画を受賞対象から外すようにフランス政府に圧力をかけた。その結果、『夜と霧』は審査対象から外されて上映されることになったのである。これに対してフランスでは反ファシズム団体や知識人を中心に憤激が巻き起こったが、西ドイツの外務省次官は干渉の事実を認め、『夜と霧』がドイツ人への憎悪を復活させるという議論でこの干渉を正当化した[16]。しかしドイツでも批判的な論調は多くみられた。たとえば『ツァイト』紙は、ドイツ人が過去を瑣末化・忘却したがっているかのような印象、あるいは「正しかろうが、間違っていようが――わが祖国！」という原則にしたがってヒトラーの恥ずべき行為を不適切な国民的連帯のマントで覆い隠そうとする衝動を私たちが感じているかのような印象」が呼び起こされたなら、ドイツ人の威信はもっと損なわれなければならなかっただろうと指摘した[17]。またＦＲ紙は、ドイツ人と同一視されない「ＳＳの国家の犬」だけが姿をあらわすこの映画がドイツ人の国民感情を傷つけることはできないのだから、西ドイツ政府の抗議は「バカげている」と批難した[18]。このように政府も、それを批判する側も、ドイツ人の国民感情や威信を問題にしていることは興味深い。

ともかく、このことによって『夜と霧』は世間に知られることになった。ドイツではナチ労働収容所を体験したユダヤ系詩人のＰ・ツェランによってナレーションが翻訳されて[19]、五六年七月にベルリン映画祭でドイツでの初公開が実現し、翌年の聖木曜日にはテレビ放映もなされた。さらに青年団体や労働組合などにもこの映画は貸し出され、上映されている。第三帝国崩壊の前後に撮影された写真と映像を用いて、一九三三年から四五年にいたる強制収容所の実態を描き出そうとしたこのノンフィクション映画は、たしかにナチの犯罪を強制収容所における残虐行為に限定し、また解放後に連合軍によって撮影された映像を使用してナチ時代の強制収容所の日常の実態を表現するなど、多くの問題をはらんでいる。しかし、痩せこけたおびただしい数の死体が敷地に拡がり、あるいはブルドーザーで運び入れられて埋葬されている映像が用いられたこの『夜と霧』は、とくに多くの若者の心に――『アンネの日記』とともに、しかしそれよりもずっと衝撃的に――この歴史的事件を深く刻みつけることになった。

とはいえ、ホロコーストをテーマとする映画がドイツ人の手によって製作されることはきわめてまれで、『夜と霧』は外国のドキュメンタリー映画だったから成立しえたといえよう。第三帝国に関する古典的なドキュメンタリー作品であり、今日でもＤＶＤ化されて観ることができる『我が闘争』が六〇年に西ドイツで公開されたが、この映画もドイツ製ではなく、『夜と霧』のナレーションのスウェーデン語訳を担当したドイツ系の亡命ユダヤ人のＥ・ライザー監督によってスウェーデンで完成されたのである。

西ドイツでこの点に関してイニシアティヴを取ったのは、やはりテレビであった。この新しいメディアは、映画よりも安価に作品を製作することが可能で、映画館に動員した観客の数に運命を委ねる必要がなく、公的空間で公開されることがないために政治的圧力にさらされることも少なかったからである。五五年から六五年までの一一年間のテレビ番組を調査したＣ・クラッセン[20]によれば、この期間にナチ時代を扱った番組は、ナチ時代の娯楽映画の放映（一〇七本）を除いても五六四本を数え、その数は五八年から上昇し、六二年に激減したあとにふたたび回復・上昇していった。ナチズムの「犠牲者」を扱った番組の三分の二がドイツ人の犠牲者、その大半が戦没・戦傷者を対象としていたのに対し、三分の一がドイツ人による迫害をテーマとし、おもにユダヤ人迫害、強制移住、テロ機構が扱われた。ユダヤ人迫害を取り上げた番組の約六割がフィクション、約四割がノンフィクションだったが、まずはフィクション部門でもっとも反応の大きかった前述の「ユルゲン・ヴィルムスの日記[21]」のストーリーを追ってみよう。

一九五四年に西ベルリンの酒場で旧友が再会するシーンからこの物語は始まる。遅れてロシアから帰還した男性は、まだ捕虜としてロシア領土に残っているヴィルムスから日記を密かに持ち出すことを依頼され、成功した。その日記が酒場で読み上げられ、ドラマの場面は四一年の東部戦線に移っていく。国防軍兵士ヴィルムスらは、飢餓状態のユダヤ人の子供に食糧を与えようとしたが、ナチ的な下士官はそれを取り上げるよう命令し、反抗すれば処罰すると脅迫した。これに対してヴィルムスらは「国防軍は党員養成学校ではない」と命令を拒否し、ほかの兵士もヴィルムス側についた。そこに二人の将校が介入し、命令は絶対であるが、住民の餓死は戦闘行為にならないと、それぞれを諭すことで、この件は収まった。そのときにヴィルムスは若いユダヤ人女性と出会い、恋心を抱いてしまう。その後、激しい戦闘のなかで敵軍の戦車を爆破するなど功績をあげたヴィルムスは、ＳＳから禁止された区域に無許可で入り込み、集団射殺の現場へ連れて行かれるユダヤ人の長い隊列に出くわした。そこで彼は一目惚れしたユダヤ人女性の姿を発見してしまうのである。彼は彼女にこの隊列から抜け出す策を提案するが、彼女は家族から離れることを拒否し、死に向かう列へ戻ってしまう。こうして彼女を含めた数百人のユダヤ人が大きく掘られた穴のなかに押し入れられ、ＳＳの命令で次々に射殺されていった。それを目撃してしまったヴィルムスは憲兵に発見されたが、逃走し、戦友に守られて帰還することができた。そして、東部戦線でのラストシーンでヴィルムスは日記を通して次のように呟いている。

「私は戦車の下に円盤型地雷を投げ入れる勇気をもっていたが、しかし穴のそばで行動を起こすにはあまりにも臆病だった。私は恥ずかしい。しかし私は生きている。〔……〕私たちが生きているかぎりは、まだドイツは敗れていない」。

ここにおいて西ドイツ史上初めてホロコーストがドラマとして映像化されたが、その衝撃ゆえに評価は分かれた。前述の『シュピーゲル』誌以外でも、『ターゲスシュピーゲル』紙が「驚愕の真実、恐ろしくて、あまりにも早く忘れ去られた真実がテレビ画面から人間に襲いかかった」、『南ドイツ新聞』(以下、「SZ紙」と略)が「いままでテレビはこんなにも心をかき乱し、こんなにも目覚めさせ、同時にこんなにも議論を引き起こすような作品がテレビ画面に映し出されたことはなかった」といった肯定的な論評を出した[22]一方で、「ただもう耐えられない」(『マンハイム・モルゲン』紙)や「とにかくもうひどいもの」(『ヘア・ツー』誌)といった酷評も見られた。また、『ヴェルト』紙はこのドラマを「過去の克服」と関連づけて、「ようやく私たちは、自分たちの過去と真剣に取り組んでいないと私たちに絶え間なく浴びせかけていた外国からの批難に対して、罵られてきた私たちの態度は清算されたのだといえるようになった」と肯定的に論じている[23]。『夜と霧』のカンヌ映画祭上映をめぐる議論の場合と同じように、ここでも過去を直視する態度が国民的な威信にかかわる問題として求められており、この作品が国民的な自尊心の回復に役立ったことが評価されているのである。

4　ドキュメンタリー

ノンフィクション部門で特筆すべきテレビ界の試みは、一九六〇年一〇月二一日から六一年五月五日まで放映された一四回にわたるドキュメンタリー番組『第三帝国』である。この番組は毎週金曜日の夜に放映され、週明けの月曜日に再放送が流された。放送局の企画提案者の説明によれば、『第三帝国』はナチズムの過去と精神的に対決するための「支援」をドイツ国民に提供することを目的とし、視聴者がその歴史を自ら判断できるように客観性を重視したという。[24] また、「厳密な年代記にしたなら、強制的同一化やユダヤ人迫害のようなテーマは断片的に扱われ、体系的に示されなかっただろう」[25]という理由で、第三帝国の歴史は年代ごとに追跡されず、「ヒトラーの政権掌握」から「降伏」まで、いくつかのテーマに分けて構成されている。

ホロコーストを直接的に扱っているのが第八回の「ＳＳ国家」であり、この放送が視聴者に与える衝撃は予想されていたようで、開始時間が他よりも深夜にずらされた。ここではＳＳの成立、「安楽死」行動、反ユダヤ主義の歴史、ナチズムの反ユダヤ主義・人種主義の理論、ユダヤ人迫害（ボイコット、商店破壊、公職追放、差別立法、「帝国水晶の夜」、法的保護の剝奪、職業活動の制限・禁止、ユダヤ名と徽章の強制）、国外強制移住、強制収容所の成立とその構造・システム、収容者の労働と生活、拷問と人体実験、占領地でのユダヤ人迫害、東部への強制移住、ユダヤ人絶滅政策とその犠牲、ワルシャワ・ゲットーと蜂起・鎮圧といったように、ホロコーストはイデオロギーや組織から政策とその実行まで包括的に取り上げられ、日常的差別から絶滅政策の実行にいたるまで体系的に説明されている。

『第三帝国』の平均視聴率は五八％であり、とくに第一回は六九％という異常な視聴率を獲得し、一二〇〇万人がその夜にブラウン管の前に座ったことになる。[26] そしてこのドキュメンタリー番組は六一年のベスト政治放送に選ばれ、第八回の「ＳＳ国家」はテレビ番組賞であるアドルフ・グリメ賞を受賞した。第一回には半数の、全体の平均では三分の一の新聞がこの番組を取り上げて論評したが、その多くは好意的なものであった。[27] たとえばＳＺ紙は「西ドイツのテレビがいままで挑戦し、計画し、実行したなかでもっとも重大な企て」[28]であり、「テレビはまたもや火中の栗を、それどころか当分冷めそうにもない栗を拾っている[29]」と評価し、『フランクフルト一般新聞』(以下、「FAZ紙」と略)は「私たちがヒトラーに騙された隠れた事情が完全に探り当てられることはけっしてないだろうが、きわめて多くの人たちをこのことに関して愕然とした気分で熟考させたこの番組は称賛に値するものである[30]」ことを認めている。今日でも評価は高く、テレビ史の研究者は『第三帝国』を「テレビのなかに移された公民教育」であり、「今日においてもまだ西ドイツのテレビでナチ時代をテーマにしたキイ作品である[31]」と紹介している。

一般視聴者も全体として『第三帝国』を好意的に受け止めたようであり、このドキュメンタリー番組を否定的に捉えた者の割合は一割にも満たなかった[32]。しかし、第八回が放映された後に行なわれた調査では、この番組で得られたイメージはヒトラー時代の現実に合致する正しいものであるのかとの質問に、「正しい」と答えた割合が三九%、「部分によりけり」と「正しくない」の割合がそれぞれ二〇%であったのだから、『第三帝国』に対する反応はけっして一様ではなかった。もっとも関心を示したのは終戦時に一〇代半ばから二〇代後半の年齢層であった三〇歳から四四歳までの人びとであり、その二人に一人がこのシリーズを一回以上視聴していた。それより上の年齢層、すなわち投票によってナチ党の政権掌握に関わり、その後は第三帝国を担っていた年齢層を中心とする世代は、この番組にもっとも否定的な見解を示した[33]。第一回の「権力掌握」を論評した『ツァイト』紙によれば、この番組は大量失業やヴェルサイユ条約のような歴史的背景を説明していないことから、ヒトラーが自由な選挙で選ばれた理由を理解することが困難であったため、若者は「私たちの父親は正真正銘の間抜けだったにちがいない」という感想を漏らしたという[34]。年長世代は「当時、私たちは緊急に小悪を選択しなければならなかった」、「当時、私は九〇〇万人の失業者の一人だった」と弁明したのに対し、若者はこの世代が沈黙していたことを『第三帝国』で見ようとしたのである。[36]

第2節　啓蒙活動におけるホロコーストの表象と物語

1　『夜と霧』における表象と物語

フランス映画『夜と霧』の最初のシーンでは、撮影当時のアウシュヴィッツ強制収容所の跡地を撮影したカラー映像が流れる。かつては張り巡らされていたが、いまや寸断されてしまっている有刺鉄線の鉄条網が並び立つ敷地を背景にして、ナレーションは「血は流され、口は閉じられ、いまこのブロックの並びを見物にやってくるのは一台の撮影機だけだ。さんざん踏みつけられた地面を、もともとそこに生えていた草花がふたたび覆い隠している」と語る。こうして『夜と霧』は、一〇年前に多くの強制収容所の明らかにされた悲劇がすでに忘却されていることを観客に示し、その記憶を蘇らせようと強制収容所の歴史を振り返っていく。映画が終わりに近づいていくと、解放後の強制収容所に残されたおびただしい数の痩せこけた死体の映像が流され、画面はもう一度一〇年後のアウシュヴィッツのカラー映像に戻る。敷地内にできた水たまりを映しながら、ナレーションはこの水が「死者たちの墓室」にいまも滲み込み、それは「われわれの悪しき記憶のように」冷たく、濁った水であると語り、この悲劇が忘却されていることをまた強調する。「戦争はただ忘れ去られている。点呼場とブロックの周りにはふたたび草が住みついている。人気のない村——なお一段と災いをはらんで」いるのだと。

そのあと、残骸と化したアウシュヴィッツのガス室の廃墟が「九〇《マ》〇《マ》万人の死者の光景」として映し出されるなか、『夜と霧』は「新しい死刑執行人・暴君(Henker)がやってくるときに、ここで私たちの誰が目を光らせ、誰が私たちを戒めるというのだろうか」(傍点は引用者)と問う。さらに、「運のいいカポ(SSの手下の囚人)、ふたたび雇用された名士(収容所の監視人・虐待者)、素性のばれていない密告者」がいまなお健在であり、「この出来事をけっして信じようとしなかった――あるいはときどきしか信じようとしなかった――人びと」がいたことが語られる。このようにレネ監督にとって強制収容所は、「死刑執行人・暴君」がいまなお潜伏し、ふたたび出現しかねないことを警告する記憶の場であるはずなのである。『夜と霧』は強制収容所の存在を「私たち」が忘却していることを嘆き、この健忘症の「私たち」にその過去を記憶すべきことを訴えている。

しかしこの「私たち」は、ナチスを熱狂的に支持し、結果として大量殺戮をもたらしたために「集団的罪」を負うとされたドイツ人ではない。この「私たち」とは、強制収容所の廃墟のなかに「人種妄想」は永遠に埋められたと信じている「私たち」、新たな希望を手に入れ、「これらすべてのことはある時代のある国だけのものなのだと本気で信じているかのように振る舞っている私たち」(傍点は引用者)なのである。したがって、『死の碾き臼』とは異なり、『夜と霧』はある国民全体を加害者として弾劾することを目的とはせず、強制収容所での惨劇を「普遍主義的」に解釈し、その歴史的空間を「私たち」＝人間全体の警告の場にしようとしていたのである。

そのためこの映画では、ナチズムへのドイツ国民の熱狂とホロコーストとの繋がりを暗示させる手法は用いられていない。加害者は「カポ」と「SS(の医師・看護婦)」、「ヒムラー」などとして登場するが、これらが「ドイツ人」の名で総称されることもない。この映画は「自分には罪はない」と裁判で叫ぶ「カポ」と「将校」を登場させて、「だったら誰に罪があるのか」と問いかけているが、その答えを自ら提示することなく、観客に委ねている。カンヌ映画祭への干渉を「バカげている」と西ドイツ政府を批判した前述のFR紙が出した答えは、ドイツ人に同一視されない「SSという国家の犬」であった。つまり、ずっと衝撃的だったとはいえ、『夜と霧』は『アンネの日記』と類似した「普遍主義的」な物語とメッセージを内包していたのである。たしかにこの映画はドイツ社会に衝撃を与えたが、ナチズムの犯罪を「本当に罪・責任ある者」だけに負わせようとした当時の国民感情を逆なでするものでもなかった。この映画が五〇年代においてもドイツ公衆から受容されていった理由の一つも、そこに見出すことができよう。

一方、『夜と霧』では連合軍の兵士や国民が解放者として英雄視されることもなかったが、犠牲者がどの国籍や民族、人種に属しているのかという問題も副次的であった。ホロコーストの最大の犠牲者である「ユダヤ人」がこの映画で言及されるのは、収容所建築を強要された専門家の「アムステルダム出身のユダヤ人学生」だけである。収容所内の集団も「政治犯」や「職業犯罪者」、「抵抗集団」、「売春婦」といった民族や人種とは無関係のカテゴリーで語られている。したがって、強制収容所で虐待・殺害された人びとは民族差別や人種主義の犠牲者としてはあらわれていない。たしかに「人種妄想」という言葉が使用されているが、それはドイツ語に翻訳したツェランが「収容所という老いた怪物」という原語を意訳して用いたためであって、フランス語のナレーションにその言葉は出てこない(37)。むしろ強調されていたのは、クルップやイー・ゲー・ファルベン、ジーメンスなどの大企業が強制収容所の囚人に労働力として関心を示し、独自の収容所を所有したことであり、その意味で強制収容所との関係で問題とされていたのは人種主義よりも、資本主義であった。この映画では犠牲者もまた「普遍主義」化されたのである。カンヌ映画祭の審査委員会は、国民感情を傷つけてはならないという条項にこの映画が違反していないことを根拠づけるために、強制収容所の大半の犠牲者はドイツ国籍の人間だったという議論を持ち出した[38]というが、たしかに『夜と霧』はそのような誤謬も招きかねない内容をもっていた。その意味で、あるギムナジウムで上映された『夜と霧』に対する学生の次のような反応は、一般的なものとみなすことはできないし、その隠された意味を推し量ることは困難であるにもかかわらず、この映画が内包している問題を露呈しているといえよう。

「何と言ったらいいのか、この映画は大きな笑い（集団嘲笑）を引き起こした。まったく本当のことだよ。うんざりだったんだ。どのクラスでも私たちはこの映画をからかった。関心はあったけど、驚愕することはなかった[39]」。

2　啓蒙活動における加害者像

『夜と霧』のようにホロコーストを「私たち」＝人間の問題として「普遍主義的」に解釈するだけではなく、「私たち」＝ドイツ人の問題として「特殊主義的」に捉え、その現実を次世代に伝えていかなければならないことが、反ユダヤ主義事件をすでに経験していた六〇年代の西ドイツで意識されていった。『黄色い星』や『第三帝国』を中心とする啓蒙活動はまさにそのような「過去の克服」の試みである。「人間」としてだけではなく、「私たち」＝ドイツ人の課題として「私たち」の過去と正面から向き合い、「私たち」の責任を意識する重要性は、『黄色い星』の序文に明言されている。

「あとから道徳的に批難しても、人間として遺憾の意を表明しても十分ではない。歴史的な事実を心にとどめ、それを可能にした社会的な原因を理解し、私たちのまわりで起きていることに自らの責任を負っていることを意識することが重要である。私たちの過去を記憶から排除することで、その過去から逃れることはできない。過去と正面から向き合い、あの時代の教訓を理解することによってのみ、私たちはヒトラーの野蛮の遺産から解放されることができる」[40](傍点は引用者)。

これらの啓蒙活動を通して、終戦直後に公開された写真や『死の碾き臼』、そして『夜と霧』でも帰属が明確ではなかったホロコースト犠牲者はユダヤ人によって表象=代表されるようになった。受動的犠牲者(Victim)であれ、能動的犠牲者(Sacrifice)であれ、それまで記憶された第一の犠牲者はドイツ人であったが、いまやユダヤ人がナチズムとナチス時代のもっとも記憶すべき最大の犠牲者とみなされるようになったのである。さらに、ホロコーストはもはや「戦争犯罪」に矮小化されることも、強制収容所とその最終段階における犯罪だけに限定されることもなくなった。この歴史的事件は、日常的な差別から迫害、強制移住と強制労働、虐待、殺害にいたるまでの多面的で、包括・体系的な歴史的犯罪であることが認識されていったのである。同時に、ホロコーストは何よりも人種主義にもとづく犯罪として描き出された。『黄色い星』ではユダヤ人迫害は、ナチスが犯した数多くの罪の一つであるが、そのなかでもっとも恐ろしい犯罪であると位置づけられ、「何百万という罪なき人たちの殺害は、ナチズムが堕落したのではなく、その独自の原理が首尾一貫して適用された結果にすぎない[41]」と捉えられている。

このような理解は、ホロコーストを歴史的状況のなかで理解する「機能派」ではなく、ナチス指導部の意図が貫徹された結果とみなす「意図派」の解釈にもとづいているといえよう。その結果、反ユダヤ主義はナチズムのもっとも基本的な思想・イデオロギーとして描かれ、本質的に非人間的であるナチ体制が必然的に引き起こした結末としてホロコーストは捉えられている。『第三帝国』でも、「強制収容所においては「第三帝国」のほんらいの性格、すなわち人間自体に何の価値もなく、人種がすべてであるというSSとSS国家の支配が現実になった」[42]と述べられ、ホロコーストはナチズムのイデオロギーと実践の結果として「意図派」的に理解されている。

『第三帝国』ではこの「意図派」的な理解はナチ体制の政治・政策全般に敷衍された。このドキュメンタリーで第三帝国は、絶対的権力者としてのヒトラーとその側近が自らの「意図」とイデオロギーを実現していった体制とみなされ、国民には抵抗する余地がまったく残されていない一枚岩的な全体主義国家とテロ体制として描かれている。「この強制国家におけるヒトラーの独裁は無制限で、絶対的なもの」であり、「「総統条例」と「総統命令」が法律になり代わった」のである。このような絶対的権力を獲得したヒトラーによってドイツ国民は「強制的同一化」され、「自分が望むように振る舞い、統治できる意志なき大衆」に改造された。全員が同じ褐色の布地を身につけ、スカートに同じ徽章をつけ、「フォルクスワーゲン(＝民族車)」という同じ車を運転し、「民族受信機」というラジオを聴くべきとされ、「同じこと、すなわち上からたたき込まれたことを考え、信じ、行なうべきとされた」のだという[43]。

こうして『第三帝国』の物語の主役もまたヒトラーとなった。政権を獲得したのちに、ヒトラーは自らが「意図」したことを実行に移し、それが第三帝国の歴史を積み上げていったかのように描かれている。ドイツ国民を「強制的同一化」しただけではなく、他国の主権を侵害し、戦争を開始したのもヒトラーであり、民族支配が実践されたのも、ヒトラーが東欧の民族を「彼と彼の戦争のために労働しなければならない劣等で、法の保護を受けない奴隷の群れとしか見ていなかった」からだった。「意志なき大衆」と化したドイツ国民も彼の「意図」のために悪用され、「全面戦争」に女性や子供までが投入され、工業や農業での労働だけではなく、軍事的な任務にも従事した。この戦争にかかわることを避け、あるいは抵抗しようと試みた者は強制収容所にぶち込まれ、処刑されなければならなかった。ヒトラーが「意図」した戦争が遂行された結果、総数五五〇〇万の人びとが犠牲となり、数多くの故郷喪失者を生んだ。そして彼が始めたことは、戦後もつづいていったのだという。ドイツは東部領土を失い、東欧は領土を変更され、全世界がその様相を変えた。これらすべてが、ヒトラーの「意図」から生じた結果として描かれているのである。(44)

ホロコーストがそれを「意図」した者の思想とイデオロギーの実現であるとすれば、『夜と霧』の「だったら誰に罪があるのか」という問いに、『第三帝国』は「ヒトラーとその側近」と答えるしかない。「この「第三帝国」の歴史のもっとも暗い章であるユダヤ人迫害は、ドイツ民族全体の仕業でもなければ、党全体とその共感者の仕業であることも一度もなかった」のだが、一方「この党の指導者たち、なかんずくヒトラーは、「ドイツよ、目覚めよ」という闘争の呼びかけが「ユダヤ人、くたばれ」という別の闘争の呼びかけと表裏一体に結びついていることを初めからけっして疑うことはなかった(45)」からである。

たしかに『黄色い星』ではヒトラーは一度しか登場しないし、ナチ党幹部もめったにあらわれない。アウシュヴィッツを視察した時のヒムラーと、ニュルンベルク裁判の被告席に座る政府と軍のかつての要人以外では、R・ハイドリヒ、A・アイヒマン、アウシュヴィッツ所長のR・ヘスとその「後継者」のJ・クラーマーの顔写真が載っているだけである。この写真集に加害者としておもに登場するのはSS隊員、その大半は直接的に手を汚した下級隊員や作業労働者である。しかし、ヒトラーを写した唯一の写真で彼

図 2-3

があたかも戦争と大量虐殺の号令をかけているかのような姿で写し出されているように(図2－3参照)[46]、彼やナチ幹部は「事務机にとどまっていて、自分たちの計画の現場にはめったに姿を見せなかった」黒幕であり、彼らの「意図」は「下っ端の加担者、追い立て人、殺害者」によって忠実に実行されたかのように紹介されている[47]。前節ですでに指摘したように、『黄色い星』には日常的な差別も含めて、この犯罪に一般市民が直接的に関与していることを示す写真は一枚もない。たしかにナチズムを支持したかぎりでホロコーストに間接的に関与していたことは示唆されているが、民衆の下からの反ユダヤ主義や、ユダヤ人迫害からの受益、その行為への傍観といった一般市民がホロコーストとかかわっていた事実を示唆する写真も見出せない。ユダヤ人商店の前でボイコットをしている三人のナチ党員の写真には、その右端の党員に話しかけている女性市民が写っている(図2－4)[48]が、ペーパーバックの改訂版ではその右側の部分が切り取られ(図2－5)[49]、反ユダヤ主義行動に一般市民がかかわっていた事実を隠すかのように二人の姿は消えている。実際にそのような意図が働いて写真が切り取られたのかは不明であるが、この一般市民を「ドイツ国民」とみなすならば、受動的な役割しか与えられていないドイツ国民はホロコーストの責任を免れ、その責任はナチ幹部に帰せられている。序文でユダヤ人迫害を「黙認」していたドイツ人全体の罪が指摘されていたものの、写真に込められた物語においてホロコーストは「私たち」の罪ではない。

ユダヤ人の大量銃殺を描いたテレビ映画「ユルゲン・ヴィルムスの日記」では、このような責任主体はもっと明確かつ具体的に峻別されている。一九五〇年代に盛んに製作された戦争映画の場合と同様に、こ

図 2-4

図 2-5

のドラマでもヴィルムスをはじめとする一般の国防軍兵士は勇猛に戦闘行為に加わり、実際にヴィルムスは戦果をあげている。しかしそれ自体が否定的に扱われることはまったくなく、そこで傷つき、倒れた兵士は能動的犠牲者(Sacrifice)として描かれているのである。彼らはナチス・SS集団のユダヤ人に対する差別・迫害に怒りを表現し、「国防軍は党員養成学校ではない」と叫んで、国防軍がナチズムとは無関係の集団であることを強調する。そして、大量殺戮の現場は国防軍にとって異空間であり、ヴィルムスはそこに偶然にも侵入し、他者としてその犯罪を目撃し、その異空間から追われて、国防軍の領域に逃げ帰ることになる。こうしてホロコーストはナチス・SS集団だけの犯罪として描かれ、そこでは国防軍とその兵士は「清潔」を保ちつづけているのである。

3　啓蒙活動における犠牲者像

写真集やドキュメンタリー番組、テレビ映画に内包されていた物語のなかで、ドイツ国民は受動的な役割しか与えられていなかったが、ユダヤ人犠牲者の場合にはさらにそうであった。この点でホロコーストに関する写真や映像は権力関係の構造的な問題を内包している。強制収容所が解放されるまで犠牲者をカメラと映写機に収めた大半は加害者側のドイツ人であり、その意味でユダヤ人犠牲者は加害者の受動的な被写体でありつづけたからである。解放後でも、たしかに撮影者は加害者から解放者に替わったが、犠牲者自身による写真と映像はやはり残されていない。したがって、他者のフィルターを通して映し出され、死によって声を封じられたユダヤ人犠牲者は、加害者の物語のなかにのみ登場せざるをえないのである。そのため、ホロコーストに関して残された写真と映像は、反ユダヤ主義者のユダヤ人像を戦後社会に「現

実」として刻みつける可能性をはらみつづけている。(50)

この問題は『黄色い星』では自覚されており、ユダヤ人犠牲者の写真は自らの意志とは関係なく撮られ、そのさいに「ナチスの反ユダヤ主義的なプロパガンダが刻み込まれた歪んだユダヤ人像に近い外面的特徴」が被写体として慎重に選び出されていることが序文で指摘されている。そのためシェーンベルナーは撮影者が意図したものとは異なる物語を写真から読み取り、「真実がくり返し浮き出てくるのを見る」ことを読者に要請している。その「真実」とは、「途方もない屈辱と無力感」にありながら保たれている犠牲者の「人間としての品格」、そして「思い上がってふんぞり返っている粗野と暴力」のあさましさと卑劣さである。そして『黄色い星』は、犠牲者たちが敵のカメラに向けた「恐ろしいことを予期し、どうしようもなく絶望し、怯えつくし、自分の運命に屈服しているまなざし」を感じ取るよう「私たち」に訴える。というのも、このまなざしは二〇年後に写真を見る「私たち」に衝撃を与え、「私たち」を殺人者として配役するからである。(51)換言すれば、このまなざしを通して「殺人者」の歴史的犯罪を「私たち」のものとして自覚することが求められている。

当時このような写真や映像はドイツ人の読者からどのように読み取られたのであろうか。この読者は「まなざし」を通して殺人者の立場に身を置いたのであろうか。あるいは逆に撮影した者の意図にそって反ユダヤ主義的な視点からこれらの写真は読まれたのであろうか――この問題に答えることは非常に困難であるが、『黄色い星』で用いられたワルシャワ・ゲットー蜂起（一九四三年四月一九日―五月一六日）に関連する写真を分析することでアプローチしてみよう。

『黄色い星』が「抵抗」と題された章で使用した写真一六枚の出所はほぼすべて『シュトロープ報告書』

図 2-6

である。ワルシャワ・ゲットー解体の作戦を命じられたＳＳ中将のＪ・シュトロープが上司に実績を伝えるために作成されたこの報告書は、作戦行動の経緯を総括し、上位機関の指揮官に日々送られていた電子通信文の写しを掲載した後に、ワルシャワ・ゲットー蜂起とその鎮圧、ゲットー解体に関連する約五〇枚の写真を載せている。これらの写真の撮影者は明記されていないが、作戦行動の関係者であることは間違いない。この報告書は『ワルシャワにはユダヤ人居住区はもはやない』という題名をつけられて三部が作成され、一部がシュトロープ本人の手元に残され、残りの二部が上司のクリューガーとヒムラーに送られた。終戦後にアメリカ軍によってこの報告書は発見され、ニュルンベルク裁判などで資料として使用されることになる。その写真の一部はすでに一九四六年に雑誌に公表されていたが、六〇年に原題をつけて出版されている。[52]

『黄色い星』が選択したすべての写真は、作戦行動中のＳＳ隊員だけが写っている二枚の写真と、火だるまとなって建物から落下していく蜂起者の写真を除くと、すでにＳＳの手中に落ちたユダヤ人が両手をあげて連行されたり[53]（図２－６参照）、壁にそって整列させられたり、地下室から引きずり出されたり、あるいはすでに射殺されている姿を捉えたものである。つまり鎮圧後の降参したユダヤ人の姿が大半を占めているが、それは蜂起の鎮圧とゲットーの解体の成功を報告する目的で作成された出典の『シュトロープ報告書』がユダヤ人をそのような姿でしか写していないからである。しかもワルシャワ・ゲットー蜂起に関する他の写真は現存せず、したがってユダヤ人側からカメラに収められた蜂起者の姿は存在しない。たしかにシェーンベルナーは解説文でワルシャワ・ゲットー蜂起がユダヤ人の能動的な英雄行為であったことを強調している。しかしシュトロープが織り込んだ物語を内包している写真においては、ドイツ側の軍事的に圧倒的な優位にもかかわらず鎮圧まで一カ月近くを要したユダヤ人の激しい闘争や、それによるドイツ人犠牲者の姿は登場しえない。蜂起は鎮圧された形でしか、蜂起した者は敗北・降参した者としてしか写し出されておらず、ユダヤ人にはここでも受動的な役割しか与えられていない。

図 2-7

『黄色い星』が『シュトロープ報告書』から取り上げた写真のなかから、現在では世界的に知られている一枚の「世紀の写真」が生み出された。SS隊員が構える銃に怯えながら、一人の少年を先頭に両手をあげたまま建物から列を作って追い出されているユダヤ人の姿をとらえた写真（図2-7）[54]である。ワルシャワ・ゲットー蜂起の、のちにはホロコーストの「現実」をも表象＝代表することになるこの写真を、本書では「ゲットー蜂起写真」と呼ぶことにしよう[55]。

「ゲットー蜂起写真」は『黄色い星』によって大きく注目を浴びるようになったが、そこで初めて取り上げられたわけではない。

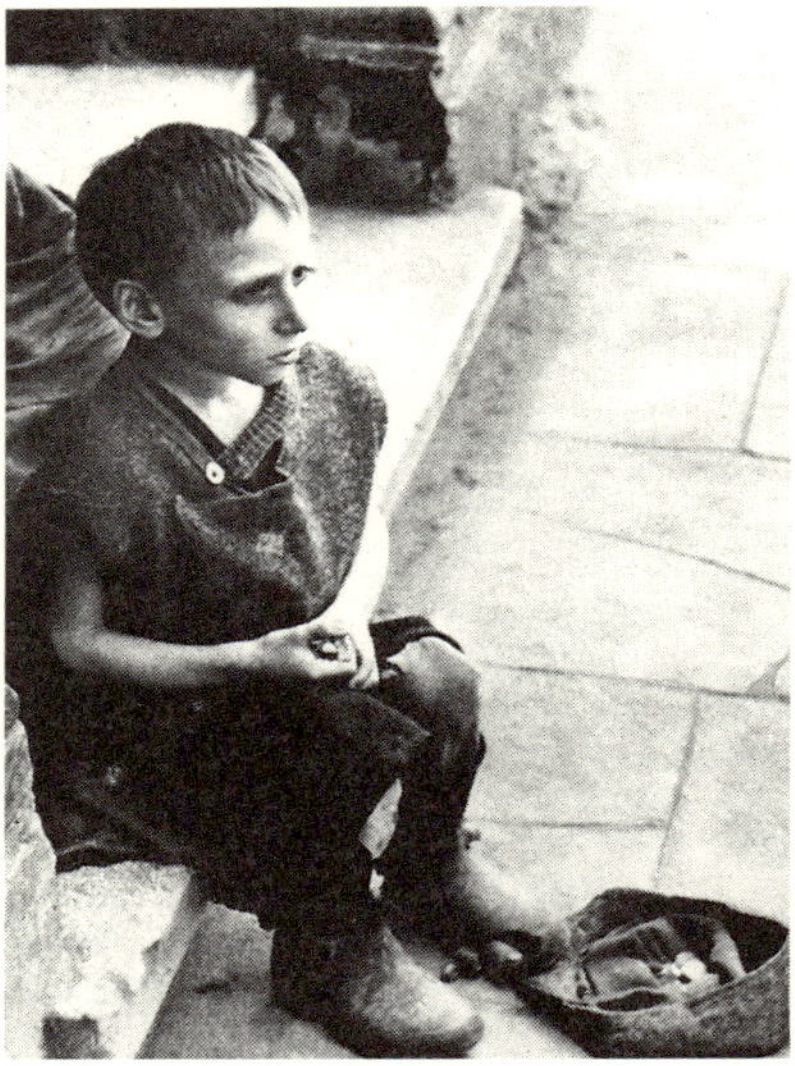

図 2-8

この写真は『夜と霧』で大きくスクリーンに映し出されていたし、五八年に歴史教科書に登場していることが確認されている[56]。しかし『黄色い星』が刊行された六〇年に『シュトロープ報告書』が出版され、またその年に封切られた『我が闘争』にもこの写真は使われ、その後に教科書に頻繁に掲載されるようになったので、この写真があまねく西ドイツ人の脳裏に焼きつけられていったのは六〇年代以降のようである。では、ホロコースト関係のあまたの写真のなかで、なぜ「ゲットー蜂起写真」は特別な価値をもちえたのであろうか。

「ゲットー蜂起写真」の第一の特徴は、両手をあげた子供を焦点にして写真の構成ができあがっていることにある。『シュトロープ報告書』の他の写真にはほとんど子供の姿は見出せないが、「ゲットー蜂起写真」では四人の子供がその表情まではっきりと写し出されている。また、たしかに数人の成人男性の姿も確認できるのだが、前面に出ている女性たちの頭部や手の背後に隠れて、その存在感は薄い。こうして「ゲットー蜂起写真」では最終的には大半が殺害されていったユダヤ人犠牲者は、抵抗する術を何らもたない「女子供」として表象＝代表されているのである。

しかし『黄色い星』全体を見てみると、とくにゲットー生活や強制移住の場面で子供は頻繁に登場する。

たとえば、すでに初版本の表紙にその姿があらわれており、[57]とくに「ガス室への道」とタイトルのつけられた写真や、親指の出た靴を履いてゲットーの路上で物乞いをする痩せこけた少年の姿（図２-８）[58]などは「ゲットー蜂起写真」と同様に痛々しい印象を深く与えるものであろう。しかしこれらの写真に欠けているが、「ゲットー蜂起写真」に写し出されているものが存在する。それは加害者の具象的な姿である。写真の焦点をなしていて、「女子供」を代表している少年の背後から銃口を向けているＳＳ隊員は、この少年と同様に視線をほぼカメラの方向に向けている。そのため、怯えながら手をあげている少年の不安なまなざしと、口を結んで銃を手にしているＳＳ隊員の無慈悲なまなざしが同時に、この写真から見る者の目に飛び込んでくる。ここでは、〈無力の怯えたユダヤ人の犠牲者＝「女子供」〉と〈武装した威圧的なドイツ人の加害者＝「ナチ／ＳＳ」〉との絶対的な権力関係が二人の生々しい姿を通して可視化されているのである。

図 2-9

このような写真がイスラエル建国後のユダヤ人にとってけっして好ましいものではなかったことは、臼杵陽[59]が指摘しているとおりである。これまで述べてきたように、生存したユダヤ人は自らの運命を切り拓こうとする能動的な英雄の物語をホロコースト体験からつくり出すことができず、その後もユダヤ人犠牲者には受動的犠牲者としての

「屠られた羊」のイメージが付きまとった。ワルシャワ・ゲットー蜂起は英雄物語を生み出しうる数少ない歴史的経験の最大のものであったが、「ゲットー蜂起写真」はこの歴史的経験にも「屠られた羊」のイメージを塗りつけることになった。当地に建てられた記念碑（図２－９）の英雄像こそが、建国を勝ち取ったイスラエルのユダヤ人にとって、ワルシャワ・ゲットーで蜂起したユダヤ人の姿でなければならなかった。ではなぜ、西ドイツ人は受動的犠牲者のイメージにむしろ執着したのであろうか。この問題を、啓蒙活動のおもなターゲットであった若者層の反応を検証することで考察してみよう。

４　啓蒙活動への反応

一九六四年に刊行されたＬ・フォン・フリーデブルクとＰ・ヒュープナーの研究によれば、「ＫＺ（強制収容所の略語）／強制収容所」と聞いて何のイメージも湧かない一〇代後半の職業学校生と高等学校生は二％にすぎず、そこで何が起こったのかという質問に九割以上が「大量殺戮」と答え、その半数がそこで殺害された人数をほぼ正確に答えた。歴史の授業では反ユダヤ主義がナチズムの代表的な特徴として学習されており、ヒトラーは反ユダヤ主義政策をどのように根拠づけたのかという質問に二〇歳前の第一三学年生の九割以上が正確に答えたという。この研究は第三帝国に関する知識量がとくに高等学校生と大学生においてすでに大人を凌駕していると指摘しており[60]、その意味で啓蒙活動は大きな成果をあげていたといえよう。むしろ、「映画でも第三帝国、テレビでも第三帝国、学校でも、つまり宗教の授業、ドイツ語、社会科、歴史でも第三帝国なんて、もう十分だと思うよ[61]」という発言から推察できるように、多くの青少年は歴史的な啓蒙教育にいささか食傷していたようである。一九四一年生まれの当時二三歳の若者を対象にしたE・プファイルの調査（六四年）でも、全体の八割以上が啓蒙活動によって第三帝国に関する知識を得たと答えている。その知識量は学歴の上昇にしたがって増しているが、プファイルはこの点に関して父親の影響も強調している。つまり知識量は高学歴の公務員やサラリーマン、自由業に従事する父親の子供においてもっとも多く、父親が旧中間層や単純労働者に属している場合にもっとも少なかったからである。「ナチ期の知識に関して、父親の階層帰属は本人の階層帰属よりもずっと重要な役割を果たしている」のだという。(62)

四一年から四六年生まれの当時一五―二〇歳の若者を対象にした六一年のW・ヤイデの調査では、ヒトラーの歴史的評価が調べられている。ヒトラーには「悪い面よりよい面が多い」とみなした若者の割合が七％だったのに対し、「よい面より悪い面が多い」と「全面的に悪い」がともに三七％だった。失業問題の解決のような社会・経済政策が肯定的に評価されているが、全体として否定的評価が多数を占めたのである。(63)とくに「悪い面」として「ユダヤ人問題、人種妄想」（四五％）、「誇大妄想、征服欲」（一九％）、「戦争扇動」（一九％）、「独裁、帝国の悪用」（一八％）、「強制収容所、殺害、犯罪」（一二％）といった政治・外交・イデオロギー的な側面が弾劾されている。(64)人種主義によるユダヤ人大量虐殺がヒトラー体制の最悪の側面としてあげられているが、ヤイデによれば若者にとってこの犯罪は「メタ歴史的な永続的現実性《アクチュアリティ》」をもっているのだという。(65)

さらにヤイデの調査は、第三帝国の記憶をもたないこれらの若者がこの犯罪に対する親世代の責任を問わず、当時の時代状況に理解を示していることを明らかにしている。

「私たちはユダヤ人迫害と関係ないけれども、そこから距離をとることはできません。当時私たちが生きていたならば、私たちも親と同じようにヒトラーのプロパガンダに圧倒されていたことはほぼ間違いありません。時代状況もここでは原因としてからみ合っていました。私たちは親世代を当時の態度のゆえに非難する権利はないのです」[66]。

この女子高等学校生の発言はそのことを示す典型的な例であるが、これらの若者はこの犯罪の歴史的相対化を試みているのではない。むしろ、この犯罪を「私たち」＝ドイツ人の過去として直視し、その責任を親世代と共有しうる「私たち」の問題として捉え、そうすることで親世代とともに「私たち」の共同体を歴史的に構成しようとしている。このことは以下の発言から理解できよう。

「私たちは、自分が個人的にかかわっていない私たちの民族の偉大な行為に誇りをもっています。同様に私たちは醜態に対しても責任を負わなければなりません。それを他人事としている人は、ドイツ史の偉大な行為に誇りをもつ権利はないのです」(男子職業学校生)[67]。

「私たち全員が今日でもユダヤ人に対する罪悪感をもたなければなりません。若い世代もそこに含まれます。なぜなら私たちも私たちの歴史における重大なことに関与しているからです」(男子高等学校生)[68]。

「もちろん私たちは若い世代として過去のことに対してもともに責任を負っています。私たちは歴史的にともに関連しているのです」(女子高等学校生)[69]。

これらの若者の発言は、ナチズムの犯罪を直視することによって若者が過去との繋がりを回復し、「私たち」の歴史を再構築していくという、五〇年代末の事件が提起した課題が啓蒙活動によって果たされていたことを実証しているといえよう。しかし、「私たち」の犯罪が問題にされるかぎりで、ユダヤ人犠牲者は「私たち」にとって「彼ら／彼女ら」＝他者のままであり、この犠牲者に「私たち」が自己同一化することはない。その存在は「私たち」の罪と責任の証であり、その惨劇の規模は罪と責任の重さを実証する。加害者が絶大な強者で、犠牲者が無力な弱者であるほど、その重さは実感されうる。[70] 加害者が武装した成人男性で、犠牲者が銃口を向けられ、両手をあげた「女子供」として写し出された「ゲットー蜂起写真」が西ドイツ社会で受け入れられた理由は、そこに見出されることができよう。

とはいえ、この「私たち」は加害者にも自己同一化していない。すでに加害者像で見てきたように、啓蒙活動における物語では、絶対的権力者としてのヒトラーとその側近が自らの「意図」を達成するために終戦までナチス時代の歴史を牽引した主役として登場し、ホロコーストもその「意図」の結果であった。第三帝国は一枚岩的な全体主義国家とテロ体制として描き出され、ここにおいてドイツ国民は抵抗の余地のない受動的な存在にすぎない。私たちはここでふたたび、映像と写真が内包する問題を確認することができよう。この章で取り上げたすべての映像は――『死の碾き臼』のような連合国のプロパガンダ映像と同様に――ナチス支配、とくにその厳格な国民統制や民衆の熱狂的なナチス支持の「現実」を伝えるために、L・リーフェンシュタール監督の『意志の勝利』(一九三四年)やナチ時代のプロパガンダ映像を使用しているからである。また啓蒙活動で取り上げられた写真もプロパガンダを目的として撮影されたものが頻繁に用いられている。つまり、ナチスが自己演出したイメージが戦後に現実のものとして再現され、ナチスが望んだ一枚岩的な全体主義国家が戦後になってイメージのなかで実現されているのである。[71] このような歴史像を第三帝国時代の記憶をもたない若者も共有していたことを、先述のフリーデブルクとヒュープナーの調査は明らかにしている。

「ヒトラーはドイツ民族の大多数を自分の側につけた。「総統は私たちを自由にする！」の呼びかけで最初はうまくいった。のちにスローガンが拡がった。「総統が命令し、われわれが従う！」強い国民感情をふたたび手に入れ、使命感がほかの民族のものよりも高くなったドイツ民族を戦争に導くことは容易だった(72)」。

このようにヒトラーの「男性」的な行動が第三帝国の歴史そのものであり、「ドイツ民族」は彼の行動を補完する「女性」的な受動的な役割しか与えられていない。歴史の動因は「偉人」の意図と行動に還元されているが、歴史空間の全体を占拠しているとみなされている「偉人」をフリーデブルクらは「超越した主体(übermächtige Subjekte)」と呼んでいる。低学歴層はヒトラーだけをこの「主体」としてあげる傾向にあるが、学歴が上昇するにつれ、ゲッペルスやゲーリング、ヒムラーといった名前もあげられ、生命を賭してナチ体制に抵抗したC・シュタウフェンベルクやショル兄妹といった英雄的な能動的犠牲者もこの「主体」として認められている(73)。

第三帝国の歴史を動かした能動的な「超越した主体」も、その主体の受動的犠牲者となったユダヤ人も、「私たち」＝ドイツ国民の他者であるならば、この物語に「私たち」は第三者として登場するしかない。この二つの他者の絶対的な権力関係の領域に入り込んだ「ユルゲン・ヴィルムスの日記」の主人公は、まさにその第三者としてあらわれている。ホロコーストを目撃した彼は、この殺戮が自らの国民の政府によって行なわれていることに憤慨し、その行為を阻止できず、犠牲者を助けることができなかったことに悩む。そして犠牲者の苦しみと死を「私たち」のものとして感じているというよりも、むしろ第三者として同情・憐れみのまなざしを差し向けている。このような目撃者としての位置から向けられた憤慨と同情・憐れみのまなざしこそが、啓蒙活動で使用された映像と写真に向けられた「私たち」の視線であったといえよう。「ゲットー蜂起写真」に「私たち」は存在せず、「私たち」は外部から写真のなかの出来事を歴史的に目撃しているのである。そして「私たち」の責任は「超越した主体」の行為を阻止できず、犠牲者を助けることができなかったという間接的なものとなる。『黄色い星』では「死者」が主役として設定されたが、その物語はこの「死者」のためではなく、「ヒトラーの野蛮行為の遺産から解放されることができる」ために構成された「私たち」＝ドイツ国民のためのものであったといえよう。そして「私たち」はこの写真集の最後で犠牲者が希望を見出していることを確認し、安堵してその物語を締めくくるのである。

第３節　アウシュヴィッツ裁判とその物語

ホロコーストに関する啓蒙活動が盛んに展開されるなか、ホロコーストの実態を明らかにしていく裁判が二年近くにわたって開かれた。「アウシュヴィッツ裁判」と呼ばれたこの裁判は、一九五八年にかつてのアウシュヴィッツの収容者がそこで監視人として働いていた旧ＳＳ隊員を告訴したことに端を発している。この告発に西ドイツ当局が応じることがなかったために、ウィーンの国際アウシュヴィッツ委員会の事務総長や西ドイツのルートヴィヒスブルクにあるナチ犯罪究明の追及センターがこの問題に介入することになった。二年以上の準備期間を経て、裁判は六三年一二月二〇日にフランクフルトで実現し、アウシュヴィッツ強制収容所にかかわっていた二二人が訴えられたのである。そのうちの二人が健康上の理由で裁判から外れたが、述べ一八三日間にわたってくり広げられたこの裁判に、全世界から三五六人の旧収容

Frankfurter Rundschau

Reise an den Ort des Grauens

Ortsbesichtigung in Auschwitz / 300 Journalisten dabei / Polnische Behörden entgegenkommend

Von Joachim W. Reifenrath

Keine „Hoheitsrechte"

図 2-10

者（そのうち二一一人がアウシュヴィッツの生存者）が証言者として発言し、総数二万人の市民が傍聴席からこの裁判に参加した。判決は六五年八月一九日に下され、六人に終身刑、一一人に有期刑が言い渡され、三人は無罪となった(74)。

国内外のメディアもこの裁判に注目し、とくにＦＡＺ紙は公判のすべてを記事にし、毎日一九時から放映されるドイツ第二テレビ放送（以下、「ＺＤＦ」と略）のニュース番組『ホイテ』は二八回もこの裁判を取り上げている。六四年一二月にはアウシュヴィッツで現地検証が行なわれており、裁判官や検事、弁護団、さらには被告一人がこれに参加し、約三〇〇人のジャーナリストも随行した。図２－10はＦＲ紙の記事「恐怖の場への旅(75)」（左）とＦＡＺ紙の記事「数百万の足跡はもはやない／アウシュヴィッツへの旅――二〇年後」のなかの写真(76)（右）であるが、このように裁判報道は冷戦下の共産主義国に残されていた旧アウシュヴィッツ強制収容所の姿を伝えた。こうして、「働けば自由になる」の標語が書かれた第一収容所の門、第二収容所への鉄道乗り入れの建物、ガス室、監視塔、有刺鉄線といったアウシュヴィッツ強制収容所を象徴する建造物が画面と紙面を通して西ドイツ市民の脳裏に焼きつけられていくことになる(77)。

しかし、この裁判は必ずしも肯定的に受け止められていたわけではない。裁判の被告が「一般市民」であったことがそのおもな理由のようである。ナチ国家の中枢の「大物」を被告にして戦勝国が主導したニュルンベルク裁判や、戦後に国外逃亡していたナチ幹部Ａ・アイヒマンを拉致してイスラエルの法廷に立たせ、強制収容所への移送の計画・組織における役割とその責任を追及したアイヒマン裁判とは異なり、アウシュヴィッツ裁判はドイツ人が同胞を裁いただけではなく、その被告は「大物」が机上で練った絶滅計画に手を汚したナチ機構の末端の「小物」であった。また彼らは商社マンや薬剤師、家具職人などとして、五〇年代の沈黙に守られながら戦後の西ドイツ社会で市民生活を営んでいた(78)。その意味で彼らは西ドイツ市民にとって隣人であっても何ら不思議のない「庶民」だったのであり、一定の年齢に達していたドイツ人であれば誰もがその立場になりえた存在だったのである。被告たちも自らを上からの命令を遂行するだけの下っ端であったと弁明しており、それゆえに罪意識を抱いてもいなかった(79)。たとえば被告のＯ・カドゥークは、武装ＳＳに動員され、アウシュヴィッツに赴任するまでは小都市の消防士として働いていて、戦後にはソ連軍事裁判によって強制労働に服したが、釈放後には看護師として市民生活を送っており、褐色の過去をもつ現在の「大物」を名指ししながら、次のように無実を裁判で訴えている。

「私はほんとうに単なる下働きだったのであり、こんなに叱責されるなんて理解できません。本当に罪のある人たち、たとえばグロプケやオーバーレンダーは罰せられていません。〔……〕なぜ異なる基準で不公平に扱われるのでしょうか(80)」。

その訴えにもかかわらず、彼は終身刑の判決を受けた。わが身に置き換えることが可能だったこのような被告に対する裁判に、西ドイツ市民は複雑な反応を示した。まず、拉致というセンセーショナルな形で始まり、国際的に注目されるなか、ほぼ八カ月という短期間の審理で判決が下されたアイヒマン裁判と比較するならば、比較的長期にわたって準備され、一年八カ月にわたって審理されたアウシュヴィッツ裁判に対する注目度は低かった。アイヒマン裁判には九割以上の西ドイツ市民が注目していたのに対して、アウシュヴィッツ裁判ではその六割ほどが裁判報道に関心を示したにすぎなかった。また、裁判に批判的な市民の割合も高かった。たしかに、アウシュヴィッツ裁判の内容を報道で知っていた者の一七％が「ドイツ人が引き起こした恐怖と苦しみをドイツの公共に知らしめる」という理由でこの裁判を評価し、三六％がその「罪人を罰するために」裁判がいまなお行なわれることは正しいと判断していた。つまり、このほぼ半数の人びとはこの裁判を肯定的に受け止めている。しかし、ほぼ四割は「ずいぶん年月が経っているので、いまさらことをくり返し荒立てるべきではない」という理由でナチ裁判に否定的な判断を下しているが、アイヒマン裁判終了後の調査でその数字は一四％程度にすぎなかったのである。(81) さらにナチ裁判一般に関する調査をみてみると、そのような裁判の終止を願う市民は一九五八年に三四％であったが、その数字は六三年と六五年の調査では半数をこえている。(82) 時効問題論争と関連して「ナチ犯罪を今後も追及することに個人として賛成しますか、それとももう終止符を打つことに賛成しますか」と問う六九年の世論調査では、「終止符」派の割合は六七％に達している。(83) しかしこの数字は一〇年後の調査で四七％に激減しているから、(84) アウシュヴィッツ裁判がナチ犯罪追及の機運を高めたとはとうていいえず、むしろ逆の効果をもたらしたようである。

一方で、アウシュヴィッツ裁判を肯定的に捉え、この裁判を演劇化することによって政治的な啓蒙を実践しようとする試みがP・ヴァイスという作家によってなされている。ベルリン近郊に一九一六年に生まれたヴァイスはユダヤ系であるため、ナチスの迫害を逃れるためにイギリスからチェコ、スウェーデンへと亡命を余儀なくされた経験をもつ。彼はアウシュヴィッツ裁判の報道を熟読し、裁判を傍聴しただけではなく、アウシュヴィッツ現地検証にも同行しながら、この裁判のドキュメンタリー劇『追究（Die Ermittlung）』[85]を判決の前にすでに書き上げていた。ここでは判事、検事、弁護人のほかに、実際には三五〇人以上にのぼった証人は匿名の九人の人物として、現実の二二人の被告は一八人の実名の人物として登場している。証人と被告をこのように差別化した理由をヴァイスは、「〔被告は〕この審問で問題とされている時期も自分の名前をもっていたのに対して、囚人たちは自分の名前を失っていた」[86]からだと説明している。さまざまな残虐行為が証人の口から語られ、この裁判劇は被告の中心的人物であるムルカの発言で締めくくられている。そこでは「私自身も／この機構に迫害された人間になったのです」、「私たちすべてては〔……〕／自分たちの義務を果たしただけなのです」といった同時代のドイツ人に典型的な弁明や、「私たち国民はふたたび／指導的地位まで／苦労して登りつめました／もうとっくに時効になったと／みなされなければならないような／こうした非難にかかわるよりも／他になすべきことがあるのではないかと思いますす」といった過去の追及に終止符を打とうとする当時の七割近い市民が抱いていた願望が、この市民の良心を刺激するように語られている。[87]

『追究』は六五年一〇月一九日に西ベルリンやミュンヘン、エッセン、ケルンなど西ドイツの都市だけではなく、東ベルリン、エアフルト、ヴァイマール、ドレスデンなど東ドイツの都市でも、さらにはロンドンでも同時に初演された。のちにラジオ版も放送され、観劇していない市民にもその内容は伝えられることになった。ＦＡＺ紙は西ベルリンでの初演の様子を次のように伝えている。

「上演が終わっても喝采はなかった。観客席での重苦しい沈黙。人びとは黙って立ちあがり、少しのあいだカーテンに向かって身動きしなかった。そのカーテンはもう開くことはなく、役者が拍手を浴びに出てくることもない。それから人びとはいつもの観劇よりも重い足取りで劇場を去った」[88]。

またFR紙によれば、その四日後に行なわれたシュトゥットガルトでの公演では、「ナチ犯罪者に時効はない」という一人の叫び声が観客からの唯一の反応だったという[89]。いくぶん誇張はあるにしても、「いつもの観劇」とは異なる雰囲気をこのテーマが生み出していたことをこれらの記事は伝えているといえよう。それゆえに反響は大きく、とくに東ドイツで高く評価され、閣僚会議副議長が人民議会議事堂で作家ブレヒトの未亡人とともにこの戯曲を朗読している[90]。しかしその理由もあって西ドイツでは評価は分かれた。保守系の『ヴェルト』紙はこの戯曲を共産主義に転向したヴァイスの「最初のパルチザン行動」と呼び[91]、同じく保守系のFAZ紙でもG・リューレはこの作品が共産主義者によって悪用された責任を問題にした[92]。中道的なSZ紙編集局のJ・カイザーはこの「償いと啓蒙の比類なき演劇行動」が「限りない善意」によるものだけではなく、上演を拒否することで「不快な嫌疑」に晒されるのではないかという不安によってももたらされたと、その政治性がはらむ問題を冷静に指摘している[93]。一方リベラル・左派系のFR紙でP・イーデンは、アウシュヴィッツでの残虐な実態のイメージを焼きつけ、それが「私たちの意識の構成要素になっている」ことにこの演劇は貢献することができたと、試みを高く評価した[94]。

このように評価が分かれた理由の一つとして、この戯曲がファシズム体制の根源と本質を資本主義に求める「ファシズム論」の影響を受けていたことがあげられる。そのためこの戯曲では「収容所」の本来の名称である「アウシュヴィッツ」は用いられておらず、おもな犠牲者が「ユダヤ人」であるとも明記されていない。「アウシュヴィッツ」は、資本主義経済体制がとられているかぎりで、いつでも、どこでも、そしてどの国民にも起こりうる犯罪の現場として示す戦略を、彼は意図的に用いているからである。一方でこの「収容所」から利益を得ていた企業は実名――イー・ゲー・ファルベン、クルップ、ジーメンス――であげられ、その当時の役割だけではなく、戦後との連続性も指摘されている。

検事：本法廷はまた／収容所本部と当企業が／利益をもたらす友好関係にあったことに／触れているような証拠書類を／所有しております／〔……〕／その陳述は収容所に／搾取機構が存在していたと指摘しております／証人あなたならびに／巨大コンツェルンの／他の重役たちは／人間を無限に消耗することによって／数十億の年間売上をあげるようになったのでしょう／〔……〕／こういうコンツェルンの後継者たちは今日／すばらしい収益を上げ／そして聞くところによれば／新しい拡張の段階にあるということですが／この点をもう一度よく考えさせていただきたいと思います。(95)

証人：〔手先として末端にいた被告の背後にいる罪を問われていない〕この人びとは無傷のまま暮らしています／高級官吏の職につき／財貨を増やし／彼らの大企業で指導的活動を続けています／当時の囚人たちを／使った企業で／影響力を及ぼしつづけています。(96)

この戯曲で問われているのは、被告たちの拷問、虐待、射殺、ガス殺といった残虐行為と、それをもたらしたシステムとしての資本主義であり、ここでもこの犯罪の機構は歴史・政治的状況を無視して抽象的なシステムに還元されてしまっている。「アウシュヴィッツ」は資本主義システムにおいてはいつでも起こりうるファシズム現象であり、現実に起こっているとみなされた。その意味でホロコーストはヴァイスによって――アンネ・フランク現象や映画『夜と霧』と同じように――「普遍主義的」に解釈されているのである。

一方で、アウシュヴィッツ裁判とその報道は別の物語を展開していたようである。たしかにアウシュヴィッツ裁判、とくにアウシュヴィッツ現地検証の報道、あるいはその演劇化などによってアウシュヴィッツはナチ犯罪の舞台として西ドイツ市民から意識されるようになった。アイヒマン裁判と比較すれば注目度は低く、過去の克服の問題における「転換点」としてこの裁判を評価できないにしても、その意義を過小評価することはできない。この裁判を通して生み出された新しい「神話」を作家のH・クリューガーは読みとっている。

「アウシュヴィッツは妖怪現象のようなものだ。この言葉は奇妙なメタファーになっている。私たちの時代の悪のメタファーに。〔……〕私がこの言葉を聞くときにはいつも、私たちの時代の死の神話的な暗号が私に触れているかのようだ。工業時代の死の舞踏、ここで始まっている死の経営の新しい神話」。

したがって、アウシュヴィッツ裁判が非常に高いシンボル的な価値をもったとする歴史家N・フライの指摘は正しいであろう。しかし、アウシュヴィッツ裁判の報道は「アウシュヴィッツ」に象徴されたナチ犯罪の本質を伝えていたわけではなかったようである。この裁判を傍聴していた作家のM・ヴァルザーは、一年以上にもわたって新聞紙面から目に飛び込んできた次のような扇情的な見出しに辟易したという。「女性たちが生きたまま火のなかに追い立てられた」、「スープと道の泥が口に詰め込まれる」、「重篤者がネズミに齧《かじ》られた」、「朝食の休みでのとどめの一発」、「ガス室では犠牲者はおおよそ一五分にわたって叫ぶ」、「黒壁でのうなじ撃ち」、「アウシュヴィッツの拷問ブランコ」、「悪魔が被告席に座っている」、「猛獣のように」[100]。

四つのナチ裁判(ニュルンベルク裁判、アイヒマン裁判、アウシュヴィッツ裁判、マイダネク裁判)の新聞報道を比較したJ・ヴィルケらの研究も、他の裁判の場合と比べるとアウシュヴィッツ裁判の報道は残虐行為に特別に注目しており、大見出しと記事に感情的な内容が際立って多かったことを実証している[101]。また、ユダヤ系ドイツ人として亡命の経験をもち、アウシュヴィッツ裁判の成立に尽力したF・バウアーは、この裁判が「絶滅収容所での数百万人の大量虐殺のような全体的な出来事を、XによるAの殺害、YによるBの殺害、ZによるCの殺害といったエピソードに解消してしまった」ことを批判し、「アウシュヴィッツ」はこのような個々の行為の総和ではないと訴えている[102]。結局、この報道で西ドイツ市民が知ることになった、あるいは知りたがっていたことは、ナチ強制収容所の構造や大量虐殺のシステム、それを可能にした歴史的な条件や原因ではなく、「小物」たちの個人的な動機や性癖にもとづく残虐行為であった。こうしてアウシュヴィッツはこの「小物」たちによる個人的な犯罪の場と化してしまったのである。

つまり、アウシュヴィッツ裁判の物語は、この絶滅収容所が現実にめざしていたジェノサイドではなく、ほんらいはその目的を実現するための手段にすぎない虐待や拷問、殺害といった残虐行為に主題をすり替えてしまった。そのために加害者である被告が主役になってしまったのである。前述の四つのナチ裁判報道の分析は、アウシュヴィッツ裁判の新聞報道で用いられた写真の半数以上が被告のものであり、その割合は他のナチ裁判と比較して飛び抜けて多いことを明らかにしている[103]。もちろんこの残虐物語の「観客」

は悪役である主役に自己同一化しなかったが、彼らを糾弾する検事や、彼らに判決を下す裁判官だけではなく、かつての犠牲者として彼らの犯罪を暴露した証人を自己同一化の対象とすることもなかった。解放後の強制収容所の生存者がナチス・ドイツの残虐性を示すための「展示品」となったように、この証人もまた被告たちの悪事を暴露するための「説明係」という副次的な役割しか与えられなかったのである。被告たちの個人史、とくに彼らの戦後史はその物語で頻繁に語られたが、証人たちは残虐行為の客体でしかなく、その体験以外の個人史には関心が寄せられなかった。ヴァイスの裁判劇も、その意図にもかかわらず、新聞報道にもとづいて残虐行為を中心に据えただけではなく、被告に名前を与え、証人を匿名とすることで、さらにラストシーンにムルカ被告の弁明を据えることで、この物語と同じ構造をもってしまっている。アウシュヴィッツ裁判の英雄なき物語は、悪役の個人的な動機と行動の異常性を強調することで、ドイツ国民のなかに他者を作り上げていたのである。

この裁判にもっとも反感を抱き、アウシュヴィッツ裁判のような過去の追及に終止符を打つべきだとする心情を吐露していたのは三五―五四歳の人びと、すなわち一五―三四歳で終戦を迎えていた年齢層であったのに対して、戦後生まれの一五―一九歳の年齢層と高学歴層が、ナチ裁判とその継続を望む割合がもっとも高かった社会層であったことを当時の世論調査は明らかにしている。[104] 同じ傾向は先の六九年の調査にも示されている。六七％の「終止符」派の重心は四五―五九歳の年齢層（七三％）にあり、これに一六―二九歳の年齢層（六二％）と国民学校卒以上の学歴層（六一％）が対峙していた。[105] この世論調査からは、ホロコーストの原因を資本主義体制に求める一方で、そこでくり広げられた残虐行為を糾弾するこの裁判の物語を支持していた社会層を私たちは知ることができるであろう。ナチス時代に加害者・加担者・同調者・

傍観者であった多数派と、ナチズムに抵抗しあるいはその犠牲者になった少数派とにおいてナチズムの犯罪に対する対応が異なったことはすでに述べたが、この分岐線にいまやナチス期体験の有無と学歴という区分線も加わることになったのである。次に、のちに「六八年世代」と呼ばれるこの社会層とホロコーストとのかかわりを検討してみよう。

第4節　「六八年」とホロコースト

一九六八年一一月七日、西ドイツ第三代首相となった当時六四歳のK・G・キージンガーに二九歳の女性が党大会の会場で「ナチ！」と叫びながらビンタを喰らわした。この女性はベルリン生まれで、フランス国籍を有するB・クラースフェルト。アウシュヴィッツで殺害された父親をもつユダヤ系フランス人と結婚していた。彼女に殴られたキージンガーは、三三年から四五年までナチ党員であり、四一年から外務省放送部局の職員となり、四三年からは副局長を務めて、ナチス占領下のヨーロッパにおける宣伝大臣ゲッペルスのプロパガンダ政策を担っていたという褐色の経歴をもっていた。彼の首相就任にショックを受けたクラースフェルトは、フランスの新聞にキージンガー批判の記事を載せたが、そのために独仏青年保護事業の秘書の職を解かれている。しかしその後も彼の過去に関する情報収集と啓蒙活動を行ない、連邦議会の傍聴席から彼に「ナチ！」の罵声を浴びせるなど、キージンガー批判を展開していた。その意味で「ビンタ」は彼女の一連の行動の一つに過ぎなかったが、社会に与えたインパクトは大きく、メディアからもこの事件は大きく取り上げられている。それゆえに当局もそれに厳罰で対処した。その晩の即決裁判で執行猶予のない一年の禁固刑が下されたのである。「ナチ時代の即決裁判そのものだ」とその判決を彼女は批判し、G・アイヒらの作家もこの判決への批判を公表した。[106] ほんらい「ビンタ」は、権威主義的な親世代が反抗的な子世代に行使する体罰を意味していた。したがって子世代のクラースフェルトが親世代の代表であるキージンガー首相に与えた行為は、既存の権威主義的な秩序の失墜を演出して行なわれた「体罰」であり、「六八年」と呼ばれることになる六〇年代末の学生運動を象徴する事件の一つとなった。

しかも、この「子世代」=「六八年[107]」世代は、成熟したフォーディズム体制の確立にともなう社会・文化的な変化が生じていた時期に成長し、戦後ドイツ史上もっとも楽観的に未来が展望されていた時代に青年期を迎え、この進歩する時代にもっとも適合する能力を有する消費文化の前衛集団であった。それは、社会学者のF・H・テンブルックが「若者を理解し、若者と歩みを合わせ、若者に同調するよう努力することが正常になっている」と指摘する「全体文化の小児病[108]」の時代のトレンディな存在だった。これが「ビンタ」を可能にした背景であり、その行為を正当化したのが「親世代」全体のものとされた褐色の過去であった。ナチス時代に幼児期であるか、まだ生まれておらず、したがってナチズムのイデオロギーの影響も直接的に受けていなかったこの年齢層が、ナチ体制の成立と存続に責任を有する世代の過去を問い始めたのである。

こうして「過去」は世代間闘争の道具として使用されることになった。一九六七年の「ナチ世代に対して不服従を組織しよう！」と訴えた学生運動のビラは、そのような闘争のマニフェストともいうべき史料である。ここではキージンガーなど旧世代の一部だけが「ナチ」なのではなく、「このくだらない社会の全機構」のきわめて重要な部分が「古いナチスから構成されている」と指摘され、「ナチ世代」の糾弾が呼びかけられている。

「私たちはもう我慢をしてはいけない。ナチの人種憎悪の扇動者が、ユダヤ人殺戮者が、スラヴ人殺し屋が、社会主義者屠殺者が、過去のナチのクソ野郎全部が、今後も私たちの世代に異臭をもたらすようなことはもうおしまいにしよう。／一九四五年にやり損ったことをやり遂げよう。〔……〕／すべての種類のナチ裁判官、ナチ検事、ナチ立法者／ナチ警官、ナチ公務員、ナチ憲法擁護庁役人／ナチ教師、ナチ・プロパガンディスト、ナチ連邦首相／そしていうまでもなく／ナチ戦争受益者、ナチ工場主、ナチ金融業者／ナチスに身をゆだねることはまったくしないようにしよう。やつらの指図に従わないようにしよう。〔……〕永続的な反ナチ・キャンペーンを動員しよう。ナチ世代に対する蜂起を準備しよう」[109]（傍点は原文）。

この運動が直面した問題もその「過去」を通して解釈された。クラースフェルトに対する即決裁判での一年の禁固刑についてはすでに述べたが、一九六七年六月二日には西ベルリンでデモ中の学生B・オーネゾルクが警官によって射殺される事件が起き、学生運動の急進化を招いた。さらに翌年には学生運動の理論・実践的リーダーであったR・ドゥチュケが、メディア王と呼ばれたA・シュプリンガーの反学生運動キャンペーンに鼓舞された青年から銃弾を浴び、重傷を負った。学生運動に対するこのような警察・司法・メディアの権力による暴力的な介入の理由は「ナチ世代」の克服されていない「過去」に求められたのである。たとえば、図2－11[110]はオーネゾルク射殺事件後に出されたビラである。「SSのヴェルナー」が四二年にはロシ

図 2-11

KURT GEORG KIESINGER:
ERST NS-
PROPAGANDIST, JETZT
NOTSTANDS-
PLANER. KEINE
WAHLSTIMME
FÜR NOTSTANDS-
BEFÜRWORTER!

クルト・ゲオルク・キージンガー：

最初は**ナチ**の

プロパガンディスト、いまは

非常事態計画者

非常事態支持者に

投票するな！

図 2-12

アで「大量処刑」を行なった「出動長」であり、彼が六七年には西ベルリン警察の「出動長」としてオーネゾルクの殺害を指揮したことが彼の遺体写真とともに示され、ロシアにおける「大量処刑」の写真として解放後の強制収容所で撮影された犠牲者の遺体が中央に載せられているのである。さらに、ドゥチュケ暗殺未遂のあとに出たビラ(111)では、「新聞『シュトゥルマー』でユダヤ人殺害を扇動して」死刑判決を受けたJ・シュトライヒャーの写真とならんで、有罪判決を受けずに、いまなお「学生殺害」の扇動をくり返しているとされたシュプリンガーの写真が載せられている。六七年から六八年にかけて出まわったステッカー(図2–12)(112)が示しているように、「出動長」や「扇動者」だけではなく、国家のトップの座に登りつめたキージンガーも、人的な連続性を通して西ドイツに非常事態法という「過去」を持ち込んでいる「ナチ」として槍玉にあげられている。

警察権力など暴力装置が運動に直接的に介入した経験は学生運動内に「ファシズム」概念のインフレ状

態ももたらし、この運動は「ファシズム論[113]」によって理論的に構築されていくことになる。ナチズムを資本主義から派生したファシズムの一形態として理解するこの理論は、たしかに資本主義批判として「過去の克服」を体制変革の実践と結びつけたが、欧米諸国によるアジア・アフリカの植民地支配、アメリカのヴェトナム戦争への介入なども、歴史的・政治的な状況の差異を無視して、ドイツのナチズムと同等の現象として把握することになった。たとえば、イタリアの映画監督G・ヤコペッティの『さらばアフリカ』(一九六六年)が植民地主義と人種主義を賛美しているとして、社会民主党系の学生組織である社会主義ドイツ学生同盟はその上映の阻止を次のように呼びかけている。

「『さらばアフリカ』を許容してしまうことは、ほんの数例だけをあげれば、六〇〇万人のユダヤ人の殺害や、コンゴとヴェトナムの女性と子供の大量射殺に対する共犯者となることを意味する。〔……〕**血に飢えた状態、サディズム、残虐行為、ガス殺**をきわめて「人道的」なカテゴリーに高めてしまうことをともに阻止しよう[114]」(太字は原文、傍点は引用者)。

さらに、オーネゾルク射殺から三日後に起こった六日戦争と呼ばれるアラブとイスラエル間の第三次中東戦争は、学生運動の歴史認識に影響を与えた。祖国のために戦う兵士たちの凛然たる姿とともに、イスラエル軍の赫灼たる勝利が報道されると、西ドイツにおけるユダヤ人のイメージは「屠られた羊」としての「受動的犠牲者」像から祖国のために命を投げ出す「能動的犠牲者」像へと転換し、その市民の多くは――シュプリンガーとそのメディアも含めて――熱狂的にイスラエルに共感した。しかしそれは親ユダヤ人感情を抱く社会層を右傾化すると同時に、左翼において反シオニズム的な反ユダヤ人的感情を広める結果を招いてしまった。T・フィッシャーの回顧によれば、兵士として実力を実証した瞬間に「典型的なユダヤ人」は右翼にとって正常な人間になったが、左翼はパレスチナ人を過去のユダヤ人と同一視し、現在のユダヤ人をナチスとみなしてしまった。こうしてユダヤ人は「もはやアウシュヴィッツと何のかかわりもなくなった[115]」のだという。西ドイツ人の親イスラエル感情のほとばしりに好感を抱いたドイッチュクローンも、学生運動における変化を見逃さなかった。この運動にとって親世代の親イスラエル感情は罪の告白以外の何ものでもなく、イスラエルは帝国主義国家に、イスラエル人は人民の敵になったのだという[116]。結局のところ「六八年」運動においてナチ体制に対する歴史的関心は、おもにその担い手の弾劾のために喚起され、その犠牲者に向けられることはなかったのである。

さらに、「六八年」と過去の問題を考えるうえで、この学生運動が戦後ドイツ史上もっとも楽観的に未来が展望された時期に展開され、それを担った人びとも進歩主義的な歴史観を抱いていたことにも注目が向けられなければならない。この運動の理論・実践的リーダーであったドゥチュケによれば、生産力の発展は飢餓や戦争、支配の廃絶を物質的に可能になった時点にまで到達し、「私たちの歴史を思いどおりに実現する可能性(Machbarkeit＝「操作可能性」)の物質的な前提」がすでに存在している。したがって人類の運命は、その歴史を意識的に形成し、制御し、自在のものにする意志を意識するかどうかにかかっているのだという[117]。「私たちは、自分自身の運命を握ることができないような歴史の絶望的な愚か者ではありません[118]」と彼は、C・フローベスの当時のヒット曲『君も自分の運命を握っている(Auch du hast dein Schicksal in der Hand)』に歴史哲学的な観点から同意している。歴史を思いどおりに形成することで未来が構築されるとすれば、現在から未来へのプロセスだけが問題となり、歴史的過去はもはや現在や未来との有機的な関連を失って、ただ弾劾されるだけの存在となる。このときにホロコーストを含むナチの過去は、現在の人間の意志しだいで回避できる過去の出来事にすぎなくなる。

学生運動にとってナチ体制の過去を具体的に再構成することは中心的なテーマではなく、その過去は世代紛争のためだけに機能して、リアリティを失っていったという歴史家Ａ・シルトの指摘は、このような進歩主義的な歴史観を前提にすれば容易に納得できるであろう(119)。また、軍縮と反核を主張して六八年には三〇万人以上を動員することに成功し、反非常事態法闘争とならんで学生運動の中核となった運動である「復活祭デモ」が、八〇年代の運動とは異なり、進歩に対する躊躇の感情としての「不安」を強調せずに、「理性」を掲げて闘っただけではなく、その基本綱領ともいうべき六五年の「西ドイツのための緊急綱領」において原子力発電所の存在の可否を問題にせず、この反核運動のなかに「核の平和利用」の問題を含めていなかったことも(120)、その進歩主義的歴史観から理解できよう。

以上の考察から私たちは、この時期をナチ犯罪の「第二の抑圧の時期」とみなした歴史家のＵ・ヘルベルトに同意することができるだろう。彼によれば、「加害者と加害現場、加担者、受益者、しかしとりわけ犠牲者自身が匿名化され」、ナチズムの解釈をめぐる論争は「これ見よがしに化けの皮を剝ごうとする目的と化した」のだという(121)。しかし、「抑圧」はこの現象を説明するうえで適切ではないだろう。五〇年代に支配したホロコーストに関する沈黙を学生運動やアウシュヴィッツ裁判が――ケルン・シナゴーグ事件とその模倣行為とは異なる形で――打ち破ったことは確かであるからだ。しかし、それによって形成をめざしていた新しい国民的主体は歴史的自己を形成する物語のプロットにホロコーストを参入させることに成功しなかったし、その必要も感じていなかったのである。その意味でこの国民はホロコーストのようなナチ犯罪を「抑圧」したというよりも、その親世代とは異なる脈絡で「外部化」しつづけたといえよう。

この国民にとってホロコーストの加害者とその犯罪を許した「ナチ世代」は、いまなお戦後体制とその市民生活に影響力をもちつづけているとみなされたために、過去においても、現在においても弾劾されるべき「外部」だった。そして、ホロコーストの犠牲者に自己同一化できる物語を見出すこともできず、自己同一化にもとづいてその歴史的責任を内面化することもなかったのである。そのような物語は、七九年にドイツで放映されたアメリカのテレビ映画『ホロコースト』によって作り出され、アウシュヴィッツ裁判報道に頻繁に触れていたはずの西ドイツ市民はこのドラマを通してホロコーストの「現実」に驚愕してしまうのである。その物語は「六八年」や「アウシュヴィッツ裁判」の物語とはどのように異なる物語構造をもっていたのか、どのような時代状況のなかでそのような物語は生み出され、受容されていったのか――それに関しては次章で詳しく検討することにしよう。

第3章

『ホロコースト』から「ホロコースト」へ

第1節　『ホロコースト』――物語の構造と反応

一九七九年一月二七日、FR紙は一面トップに「『ホロコースト』への大きな反響／このシリーズを毎回一四〇〇万人が視聴」の見出しで、一月二二日から二六日にかけて全四回シリーズで放映されたアメリカのテレビ映画『ホロコースト』が、西ドイツで「異常に大きな反響を巻き起こした」ことを伝えた。ユダヤ人医師であったヴァイス一家の悲劇を描いたこのドラマは回を追うごとに視聴率が高まり（三二％→三五％→三七％→四〇％）、二〇〇〇万人以上、すなわち西ドイツの成人のほぼ二人に一人、一四―二九歳の若年層では七割近くがこのドラマを観ており、四人に一人は四回すべてを鑑賞していたのである。放映後にもテレビ局に電話が殺到し、歴史的事実に関する問い合わせがつづいたが、その大半はこのドラマへの共感を伝えようとするものだった[1]。「先週、西ドイツは「ホロコースト熱」一色であった。このように高い視聴率をここ二〇年間どのテレビ番組も達成できなかった[2]」。

この現象は一時的なものではなかった。非常に多くの西ドイツ市民がこのドラマによってナチズムとユダヤ人迫害のテーマに関する知識を渇望するようになり[3]、『ホロコースト』の放映権を購入したテレビ局の局長の言葉を借りれば、「一つの国民が記憶し始めた[4]」のである。またこのドラマは、「(a) ナチス時代に成人していたすべてのドイツ人が当時のことに共同責任を負う」、「(b) ナチ犯罪者は時効成立の一九七九年以後も追及されるべき」、「(c) ドイツは〔ナチ犯罪被害者に対して〕補償を行なう道徳的義務がある」といったナチ犯罪に対する問いに同意する割合をこの視聴者において大きく変え〔放送前／視聴者／非視聴者＝（a）一六％／二二％／一五％、（b）一五％／三九％／二四％、（c）四五％／五四％／四〇％）[5]、ナチ犯罪の時効廃止にも大きな影響を与えた。「通俗的なつくりのアメリカ製テレビ映画シリーズは、何百もの書籍、演劇、映画、テレビ放送、何千もの資料とあらゆる強制収容所裁判が成し遂げなかったことを成し遂げた」[6]（『シュピーゲル』誌）のである。[7]『ツァイト』紙も「ユダヤ人家族ヴァイスの物語がはじめて、三〇年以上もつづいた無関心を一挙に打ち崩した」と指摘し、「暗い過去が明らかにされた」と題するカリカチュア（図3－1）を載せている。[8]『SS国家』の著者で、自らがブーヘンヴァルト強制収容所の囚人であったE・コーゴンは『ホロコースト』の意義を「この映画を通して西ドイツに期せずして人道主義が根づいた。呪縛は打ち破られた。罪や共同責任にいたるまで、極めて不愉快な事柄についてともに語りあうことができるようになったのである」[9]と表現した。いったい何が起きたのであろうか。

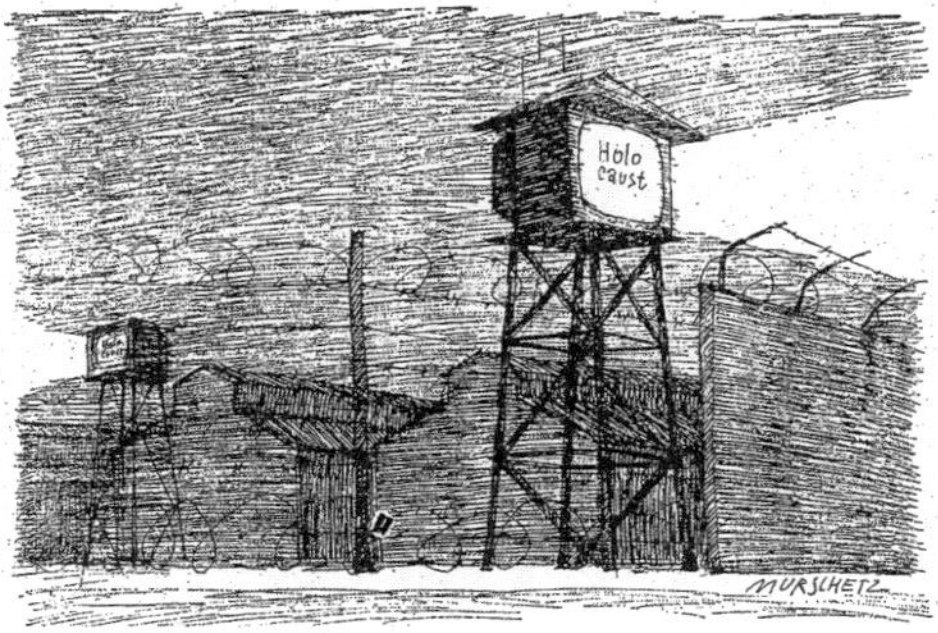

図 3-1

1　物語の構造

アメリカの放送局NBCが製作した『ホロコースト――戦争と家族』[10]は、西ドイツで放映される九カ月ほど前の一九七八年四月にアメリカで放映されており、約一億二〇〇〇万人が視聴したといわれている。その年の秋にはベルギーやイギリス、イスラエルでも放映され、オーストリアを含む三〇カ国以上がすでに放映を予定していた。『ホロコースト』はすでに世界的な話題作となっていたのである。こうして西ドイツ、とくにそのテレビ局はジレンマに立たされることになった。ホロコーストの歴史的責任を負う西ドイツが『ホロコースト』の非放映国として白地図に無色のままでありつづけることは、その国際的な信用と威信にかかわる問題になりかねなかった一方で、西ドイツ市民にはこのテーマに対する抵抗感がまだ根強く、テレビ視聴者からの反発が予想されていたからである。また厳粛に扱われなければならないこのテーマに対して『ホロコースト』が「通俗的」あるいは「商業的」すぎるという判断もあって、高額の放映権を前にしてドイツ第一テレビ放送（以下、「ＡＲＤ」と略）は及び腰を見せてしまった。結局、その傘下にあるケルンの西部ドイツ放送（以下、「ＷＤＲ」と略）が権利を購入し、『ホロコースト』はＡＲＤの全国チャンネルではなく、この地方チャンネルを通して放映されることになった。

放映が決定されたのちも、テレビ局は神経を尖らせた。視聴者に第三帝国に関する情報を提供する目的でドキュメンタリー番組『最終解決――一九三三―一九四五年ドイツのユダヤ人迫害』を放映前に全国チャンネルで放送し、本番の『ホロコースト』放映にあたっては番組専用の特設電話を通して視聴者からの意見と質問を受け入れ、放送終了後にもＥ・コーゴンやＭ・ミッチャーリヒなどの専門家を交えたオープンエンド型のディスカッション番組を組み入れるなど、テレビ局は『ホロコースト』放映がセンセーショナルな事態を引き起こさぬように準備と対処を入念に施していたのである。しかし、与党の社会民主党がその放映に前向きだったのに対して、バイエルン州首相のＦ・Ｊ・シュトラウス（キリスト教社会同盟）がこのドラマは歴史的真実への寄与ではなく「暴利行為」であると発言する[11]など、この問題の議論は政界まで及んでいた。

西ドイツのメディアは、放映にいたるこのような経緯を『ホロコースト』のテーマと内容、あるいは一部の映像も含めて取り上げていたが、このドラマにどちらかといえば批判的な評価を下していた。たとえば『シュピーゲル』誌は、「家族アルバムの雛型」で歴史を扱い、民族殺戮を『ボナンザ』(アメリカのホームドラマ風西部劇のテレビ番組)のレベルに引き下げ、映画『ある愛の詩』のような音楽をつけたこのドラマでは、「(視聴者は)何も説明されず、解明されず、検証されていない。言い古された決まり文句をはく道徳的なわき役がうようよしている」[12]と酷評している。『ツァイト』紙も放映直前に「愕然とするテレビ映画／大量殺戮のメロドラマ／お涙ちょうだいものか、それとも意味ある回想か?」と題する特集を組み、『ニューヨーク・タイムズ』紙上でこのドラマを痛烈に批判した旧アウシュヴィッツ収容者で作家のE・ヴィーゼルの批評「犠牲者の冒瀆」を転載している。[13]したがって多くの西ドイツ市民は『ホロコースト』の存在と内容をすでに知っていて、そのストーリーの展開を予知していただけではなく、批判的な「刷り込み」も受けていたのである。放映後の調査によれば、『ホロコースト』を視聴した者の六六%、視聴しなかった者の七五%が日刊紙や番組情報雑誌、テレビの予告編などを通してこのドラマに関する情報をすでに得ていた。情報を得ていたのに視聴しなかった人にその理由をたずねると、六〇歳以上では「あまりにも刺激的」であることを、二九歳以下では視聴を「制止された」ことをあげている割合が高かった。[14]『ホロコースト』の視聴者の多くはその最初の晩、虚心坦懐にテレビ画面と向き合っていたわけではなかったのである。

放映の数日前には二つの放送局の設備が極右集団によって爆破されるという事件も発生し、テレビ局は緊張をもって初日を迎えた。特設電話は放映前にすでに鳴り始め、その大部分は「過去を思い出させるな」といった放映の中止を求める内容のものであった。さらにテレビ局は爆破予告の脅迫電話も受け、警備を強化した。ところが、放映開始から三〇分ほどして、中止を求めるような否定的な声や反ユダヤ主義的な発言はか細くなり、逆にこのドラマを肯定的に受け止める視聴者からの声が増えていったのである。その晩、総数五二〇〇本の特設電話が鳴り響き、視聴率も三〇%をこえた。その記録は三夜連続で塗りかえられたが、特設電話も鳴りやまず、その数は第二夜には七三〇〇本に達し、四夜の総数で三万人がテレビ局にその声を伝えたのである。その大半はこの番組に共感を示すものであり、のちの調査によれば『ホロコースト』は視聴者の三分の二に「激しい衝撃」を与え、また四割にとって「貴重な体験」となり、ほぼ同率の視聴者がドイツ人として「羞恥心」を覚えた⑮。

このような反響をもたらした『ホロコースト』はいったいどのような物語の構造をもっていたのであろうか。図3－2を参照しながら、まずそのストーリーを追ってみよう。

このドラマは二つの家族を中心にして展開している。一方はポーランド出身で、ベルリンで開業医を営んでいたヨーゼフ・ヴァイスを家長とするユダヤ人家族であり、ドイツ社会に同化して、不自由のない中産階級の家庭生活を送っていた。前衛的な画家であった長男のカールがドイツ人のインガを花嫁として迎える結婚式のシーンからこのドラマは始まる。もう一方は、ヨーゼフをかかりつけの医者としていたエリック・ドルフを家長とするドイツ人家族。パン職人であった社会主義者の父親をもつエリックは当時、失業していた。しかし夫の出世を願う妻のマルタはもともと気弱であったエリックの尻を叩き、彼はイデオロギーではなく、経済上の理由からSSに入隊し、ハイドリヒ直轄のSS保安部で働き始め、法律専門家として才能を発揮していく。ヴァンゼー会議に出席し、その方針にしたがってガス殺のような方策を考案するなど、ユダヤ人絶滅政策の責任者として人間性を失っていく彼の出世の歩みは、ヴァイス一家に次々と襲ってくる悲劇と歩調を共にした。

ユダヤ人をめぐる状況は日に日に悪化していったものの、ドイツ社会に同化していたヴァイス一家は亡命を決意できずにいるなかで、三八年のポグロム「帝国水晶の夜」を迎える。第一次大戦をドイツ兵として戦ったベルタの父は暴行を受け、彼の本屋は損壊される一方で、カールは逮捕され、ヨーゼフはポーランドへの強制退去を命じられる。残された家族はインガの実家に身を寄せるが、ベルタの父は妻とともに服毒自殺をする。次男のルディは家を離れる決心をして、東方に旅立つが、末娘のアンナはナチスの若者にレイプされ、そのために精神障害にいたり、「安楽死」政策の犠牲となる。

ポーランドに着いたヨーゼフは、ワルシャワ・ゲットーで弟のモーゼスとともにユダヤ人評議会のメンバーとなり、医師としてユダヤ人の援助に尽力する。やがて妻のベルタもゲットーに到着し、音楽教師として

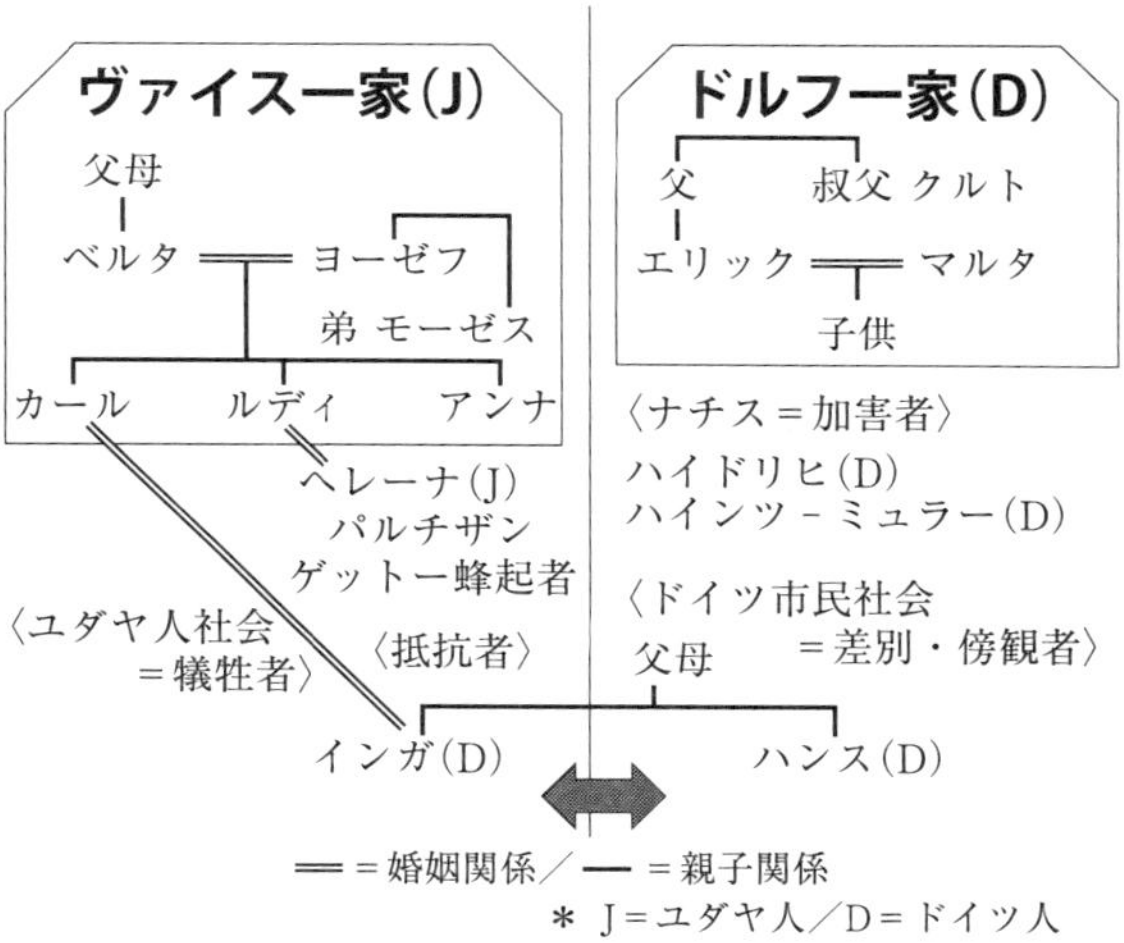

図 3-2

働くことになる。夫妻はユダヤ人の援助活動だけではなく、武装蜂起の準備にもかかわっていくことになるが、二人ともアウシュヴィッツへ移送されてしまう。そのあとにモーゼスたちは武装蜂起し、絶望的だが、勇烈な戦いを数週間にわたって展開する。この蜂起はやがて鎮圧され、モーゼスらは銃殺される一方で、ヴァイス夫妻はアウシュヴィッツでつかの間の再会を果たすが、二人とも別々にガス室で殺害されてしまう。

カールはブーヘンヴァルト強制収容所に送られ、採石場で重労働を強いられていたが、妻のインガはその収容所の監視官ハインツ＝ミュラーと肉体関係の取引をして夫の待遇を改善させた。そのあとカールはテレージエンシュタット・ゲットーに移送され、ナチ宣伝用の絵を描く仕事につきながら、仲間と密かにナチ犯罪を告発する絵画に取り組む。しかしそれが発覚して彼は拷問を受け、指の骨を砕かれる。インガはテレージエンシュタットへの潜入に成功し、再会したカールの子を身ごもったが、カールはアウシュヴィッツに移され、間近に迫った解放を待たずに失意のなか死亡する。

ベルリンを自ら去ったルディはプラハでユダヤ人女性ヘレーナと恋に落ち、二人はキエフに向かう。しかしインガの弟で同級生のハンスの裏切り行為でドイツ軍に捕まり、多くのユダヤ人とともに射殺のための処刑場へと向かう。しかし、二人は首尾よく逃げ出し、バビヤールの三万人以上の大虐殺の犠牲者とならずに、目撃者となる。やがてルディとヘレーナはユダヤ人のパルチザンに加わり、そこで結婚式を挙げて、武装闘争を展開する。しかし闘争のなかでヘレーナはドイツ軍によって殺され、ルディはソビブル強制収容所に連行されるが、赤軍兵士らとともに武装蜂起してそこから脱出し、家族を探す旅に出かける。

出世の道を登っていくにしたがってエリック・ドルフは、その行為を正当化するためにナチ・イデオロギーの鎧を身につけ、そのなかに良心とドイツ敗戦の不安を封じ込めて、組織的なユダヤ人虐殺政策を急進化していった。しかし敗戦後にアメリカ軍に拘束され、取り調べの最中に服毒自殺する。エリックの悪行を知っていた叔父のクルトは真実を家族に伝え、その事実を沈黙した自責の念を語る。彼が「これから私は沈黙しない」と捨て台詞を残し、まだ父親の名誉を信じようとするエリックの遺児に別れを告げて、このドラマは終わる。オリジナル版では、三年後にルディがインガとその息子に再会し、二人と別れたあとにパレスチナに向かう決心をするというシーンでドラマは締められているが、ドイツ版ではこのシーンはカットされた。

ユダヤ人一家の視点から描かれた破局とその犠牲者の物語——これが『ホロコースト』の物語構造の第一の特徴である。この犠牲者は、終戦直後においてはナチ犯罪を証明する「展示物」であり、ドイツ人青少年をおもなターゲットとした啓蒙活動においても、「六八年」運動やアウシュヴィッツ裁判(劇)においても、ナチ犯罪の告発者としてホロコーストの物語では脇役を演じていたにすぎなかった。本書第2章第2節で指摘したように、ドイツ国民は加害者だけではなく、この犠牲者にも自己同一化せず、第三者としての「目撃者」の位置から犠牲者に同情・憐れみのまなざしを向けていたのである。そのため、ユダヤ人であるという理由だけで差別と迫害を受けた民族的マイノリティの痛みは他者のものとして感じられていた。これに対して、犠牲者を主役にした『ホロコースト』では、視聴者はユダヤ人一家に感情移入し、その痛みを自らのものとして主観的に追体験することになる。ミュンヘン在住のSZ紙の読者は、「たった一つの家族の運命に自己同一化することができた」だけでこの映画はそれまでにはない「印象や効果」を生み出したのだと書き送っているが[16]、このような自己同一化による感情移入は、放映前にはむしろ否定的に評価されていた。たとえばＦＡＺ紙は放映の次の日でも、「今日のテレビには啓蒙は期待されず、それに代わって情緒化が引き起こされている。歴史とはもっと注意深く付き合わなければならない。テレビという「熱い」メディアにはそんな能力はなく、歴史に火をくべている」と苦言を呈していた[17]。しかし、この「情緒化」こそが『ホロコースト』の視聴率を押し上げた最大の原因であり、それを通して視聴者はユダヤ人迫害の歴史を感受し、「激しい衝撃」を受けたのである。ＷＤＲとＳＺ紙に届いた視聴者からの次の書簡には、これまでの啓蒙活動や情報活動には欠けていたものが明確に示されている。

「私はこれらのことすべてを「知っていた」し、このことに関して読んでいたし、映像と写真も見ていたけれど、心を揺さぶられたのです[18]」。

「私はこれまでこのテーマに関するドキュメンタリー映画を数多く見てきて、すべてに衝撃を受けました。でも、『ホロコースト』ではもっと感情に訴えられていました。俳優に自己同一する可能性が視聴者に提供されたのです。涙が眼からあふれることがたびたびあったことを〔……〕私は白状しなければなりません[19]」。

「私は三三歳で、いまはじめてこの恐ろしい歴史について知りました。たしかに私はこの歴史について読んだり、聞いたり、写真を見たりしていましたが、こんなに心身全体に沁みわたるものではありませんでした。この映画、とくに「最終解決」の部分によって私はこの出来事全体の規模を十分に意識しました[20]」（傍点は引用者）。

このように『ホロコースト』では犠牲者は脇役から主役へ転じ、その視点からユダヤ人迫害の歴史が物語られ、視聴者はこれまでとは異なる視点からこの「破局」の現実を知ることになった。たしかに『アンネの日記』においても、犠牲者は読者と視聴者が感情的に自己同一化できる主役であった。しかし『ホロコースト』とは異なり、その物語の舞台は強制収容所やゲットーではなく、そのような現実から逃れるための隠れ家であり、そこから連れ出されて、ホロコーストのほんらいの舞台にアンネたちが引き込まれる前に物語は終了している。また、終戦直後に連合国軍がナチの残虐行為として公開した写真は、強制収容所の現実の最終局面だけを暴露したにすぎない。アウシュヴィッツ裁判(劇)はこの死の収容所での出来事を個人的な残虐行為に還元してしまった。またこのような試みの多くは全体主義批判や資本主義批判のような普遍的メッセージを内包していたために、ホロコーストが民族の抹殺をもくろみ、その犠牲者がユダヤ人であったことを強調してはいなかった。

これに対して『ホロコースト』は、日常的差別からポグロム、「安楽死」、強制移住、ゲットー生活、大量射殺、強制収容所でのガス殺と焼却にまでいたるユダヤ人絶滅政策の過程を物語でつなげることで、視聴者に「出来事全体の規模」を伝え、それが空前の規模のジェノサイドであったことを示すことができたのである。たしかにシェーンベルナーの写真集『黄色い星』もホロコーストの「規模」と体系を伝え、写真から「人間としての品格」を読みとることを読者に要請した。しかし、それらの写真の撮影者はドイツ人および連合国側に属した人であり、犠牲者はその被写体にすぎなかった。その意味で犠牲者は他者の物語のなかにのみ登場せざるをえなかったが、『ホロコースト』はフィクションを通して犠牲者を被写体の存在から解放し、犠牲者の観点からホロコーストの物語を紡いでいったのである。

アンネ・フランクは青少年の「偶像《アイドル》」となったが、彼女に対する感情移入は『ホロコースト』の犠牲者に対するものとは質的に異なっていた。というのも、『アンネの日記』の読者と視聴者は、アンネが逆境に耐えながら「人間のなかの善を信じる」未来志向の少女であり、それゆえに死後も読者の心のなかで「生きている」から彼女に自己同一化したのであって、運命に翻弄されながら死に絶えていったエスニック・マイノリティの一人として彼女に感情移入したわけではなかったからである。アンネは破局ゆえに命を失ったユダヤ人ではなく、破局にもかかわらず生きようとした人間を表象していた。一方、『ホロコースト』の視聴者は、ベルタ・ヴァイスが娘と同年齢の少女に寄り添い、かばいながらアウシュヴィッツのガス室に向かうといったアンネ・フランクの物語にはないシーンをくり返し目にするが、四七歳の女性はこのシーンがもたらした情動を次のようにＷＤＲに書き送っている。

「第三回まで見て私は感動し、衝撃を受けました。でも第四回で私に絶望と悲しみが襲いかかり、私はとめどなく流れる涙を抑えることができませんでした。突然私は、ぴったりと体を寄せた子供を「シャワー室〔ガス室〕」に連れて入ったユダヤ人の母親にわが身を置き換えてしまいました。〔……〕私はこの瞬間に、この世のすべての子供がもっている天真爛漫で、無邪気な顔立ちをして私の横に座っている九歳の娘の顔を覗き込みました[21]」。

つまり、ここで感情的に自己同一化されている主役とは、たまたまユダヤ人であるという偶然の理由だけで犠牲になった死者、いわば歴史の「外部」から見舞われた運命に翻弄された死者、それゆえにその犠牲者にそれまで意味が見出されなかった死者であり、この主役たちは破局を克服する物語ではなく、破局にいたる物語を演じたのである。このような受動的犠牲者に対する感情的な自己同一化こそが、これまでのホロコーストの物語にはなかった要素であった。『ホロコースト』はこのような受動的犠牲者に自己同一化する契機を提供したのだが、同時に『ホロコースト』の大ヒットはそのような物語を受け入れる感受性がすでに存在していたことを明らかにしたといえよう。換言すれば、そのような感受性は『ホロコースト』によって生み出されたわけではなく、マーケティング戦略に長けるアメリカ映画産業が製作した『ホロコースト』はこの感受性に火をつける役割を果たしたといえる。

しかし、『ホロコースト』の主役たちは受動的犠牲者だけを演じていたわけではない。ドイツ社会に同化していたヴァイス一家は迫害とともにユダヤ人としてのアイデンティティを自覚し、その共同体にわが身を犠牲にしていったからである。たとえば、ゲットーにおいてヨーゼフとベルタの夫妻はその非運を嘆くことなく、医師や教師としてゲットーのユダヤ人共同体に献身する物語が展開されている。レイプされ、「安楽死」させられた末娘のアンナが純然たる受動的犠牲者(Victim)を具象している一方で、次男のルディとヨーゼフの弟モーゼスには能動的犠牲者(Sacrifice)を体現する役割が与えられている。すなわち、ルディはユダヤ人のパルチザンとして武装闘争を展開し、ドイツ軍に捕らえられたのちも、ソビブル強制収容所で武装蜂起を赤軍兵士とともに行なっている。その戦いのなかで彼は妻を失い、自らも負傷しているが、数多くの敵を殺害してもいる。ドイツ版ではカットされたラストシーンで、彼はヴァイス家唯一の生存者として、イスラエル国家建設のためにパレスチナへ向かうことを決意しているのである。また、モーゼスが主導的な役割を演じるワルシャワ・ゲットー蜂起は、『ホロコースト』ではユダヤ人が能動的犠牲者として活躍する舞台に仕立てられた。

本書第2章第2節で検討したように、この蜂起をユダヤ人側から写した映像・写真が存在せず、ドイツ側が鎮圧時に収めた写真だけが残されたために、蜂起したユダヤ人は鎮圧された敗北者の姿としてのみ表象され、戦後もユダヤ人は「屠られた羊」の汚名を返上することができなかった。『ホロコースト』は、映像として残されていなかった「戦うユダヤ人」の英雄行為をフィクションによって再現し、破局を阻止することはできなかったが、抵抗によってその命をユダヤ人の名誉のために捧げた能動的犠牲者の姿を視聴者に提示したのである。蜂起の指令本部に掲げられたイスラエルの国旗が銃撃の開始とともに窓から掲揚され、銃殺の壁に向かう闘士たちがイスラエル国歌を斉唱していたように、この蜂起の闘士はイスラエル国家のための戦いのなかで殉教した英霊として神話化されている。

つまり『ホロコースト』は国民国家のサクセス・ストーリーに寄与した能動的犠牲者の物語ではなく、破局に見舞われた受動的犠牲者の物語であるが、同時にこの破局の体験を通してエスニック集団が能動的犠牲者として国民を再構成していく物語でもあった。このように受動的犠牲者としても、能動的犠牲者としても、ユダヤ人は主役を演じ、視聴者はこの民族的マイノリティへ感情的に自己同一化することになったが、このような自己同一化のために「悪役」は不可欠の要素である。まさにその役割をもう一人の主役であるエリック・ドルフは演じるわけだが、『ホロコースト』はエリックのような直接的な加害者とヴァイス一家のようなその犠牲者とのあいだに目撃者として第三者を挿入し、そこに視聴者を自己同一化させるような物語の構成をできるかぎり避けている。ナチスのハインツ＝ミュラーはその権力でユダヤ人の伴侶となったインガを手籠《てご》めにし、インガの弟ハンスは同級生のルディを露骨に差別し、戦場で瓦礫の下敷きになったところを救い出した命の恩人である彼を良心の呵責なく平然と裏切る。インガの両親が保身のためにヴァイス一家を追い出そうとしたように、ドイツ市民は直接的に差別行為に走らなくても、その行為を見て見ぬふりをする傍観者集団としてあらわれている。ユダヤ人の妻としてその家族の一員となったドイツ人のインガを除けば、ドイツ人とユダヤ人のあいだのエスニックなマジョリティ／マイノリティの区分線は明確に引かれている。甥のエリックの行為の本質を知り、彼を諭し、彼の死後に家族に真実を伝え、その真実をそれまで沈黙したことを悔いるクルト・ドルフが唯一、第三者に身を置くドイツ人であるが、二つの家族の物語において彼は脇役にすぎない。

第三者が存在しないかぎり視聴者はどちらかの側に身を置かなければならない。たとえユダヤ人犠牲者へ感情的に自己同一化したとはいえ、ドイツ人視聴者はマジョリティへの歴史的帰属感を失うことはなかった。そのため数多くの市民はドイツ人であることに恥辱を感じることになった。ある若い男性は「そこで放映されたことが本当なら、私はドイツ人としてのパスポートを返却したい」と特設電話で語り、二九歳の三児の母親は「ガス室に送られた多くの母親やその子供のことを思うと、とめどなく涙が出てきます。〔……〕私はナチスの犠牲者に向かって首《こうべ》を垂れ、ドイツ人であることを恥ずかしく思います[22]」とWDRに書き送っている。しかし、もちろん西ドイツの視聴者はこのドラマによってドイツ人への帰属を放棄してはおらず、西ドイツ市民はユダヤ人犠牲者とは異なる意味でドイツ人の加害者・傍観者と自己同一化せざるをえなかった。『シュピーゲル』誌がこのドラマを特集した表紙で、ヨーゼフ・ヴァイスらを背後にしてエリック・ドルフの顔写真を大きく前面に出している（図3－3）[23]が、このこと

図 3-3

をSZ紙は論説で次のように表現し、同時にラストシーンがカットされた事情も示唆している。「若いユダヤ人のルディ・ヴァイスは生き残り、イスラエルで新たに人生を開始する。しかし彼は「私たち」ではない。むしろ私たちはエリック・ドルフだ。そして彼は青酸カリを死のためにのみ込む(24)」。ホロコーストの物語が変化していくなかで、「エリック・ドルフ」の末裔たちはその変化に対応していったのであろうか。

2　反　応

「この国民は心を揺さぶられ、驚愕し、急に知的好奇心でいっぱいになった。〔……〕／ユダヤ人家族ヴァイスの物語がはじめて三〇年間以上もつづいたこの無関心を一挙に打ち砕いた(25)」。

第四回の放映から一週間後、『ツァイト』紙に編集委員のM・G・デーンホフは「ドイツ史の授業」と題する記事を寄せ、やや興奮気味に『ホロコースト』の意義をこのように評価している。たしかに多くの視聴者は『ホロコースト』を単なるフィクションとして鑑賞していたのではなく、その九割が当時の状況を「完全に／ほとんど」正しく伝えていると判断し、約半数がそのドラマを通してナチス時代の歴史を知ったと意識調査で答えている。後者の数字は四〇歳以上において二七％であったのに対して、一四―一九歳では六九％であったから、『ホロコースト』はとくに若年層を未知の歴史的領域に導き入れたことになる。そしてこのドラマは多くの視聴者の知識欲に火をつけた。特設電話にはユダヤ人財産の行方、教会・聖職者や他国の対応、産業界の役割といった史実に関する質問が数多く寄せられたのである。『ホロコースト』によって「ナチズムとユダヤ人迫害」に関する知識を得たいという気を起こしたのかという質問に、全体では三六％だけであったが、一四―一九歳の年齢層では六二％が首肯している。[26]一九六〇年代以降の啓蒙活動で若年層は歴史的知識を受容する立場に位置づけられ、「六八年」の学生運動の関心は歴史的事実よりも、親世代の歴史的役割の糾弾に向けられていたことを考えれば、先のデーンホフの指摘は若年層に限るならば、あながち誇張とはいえないであろう。

ユダヤ人迫害というこれまで触れることが困難だったテーマに関して、西ドイツ市民の六四％が家族と議論する機会をもち、友人や知人、仕事仲間と議論した人の割合も四〇％に達した。[27]一四歳以上の西ドイツ市民の二人に一人が家族団欒の場で鑑賞したこのドラマは、私的な場においてもこの問題を議論する題材を提供したことになる。「死刑執行人〔ドイツ人〕の住まいで絞首台の縄〔ユダヤ人虐殺〕についてこのように語られたことはこれまでなく、『ホロコースト』は国民のテーマになった」（『シュピーゲル』誌[28]）のである。その意味で『ホロコースト』は「沈黙」を最終的に打ち破ったといえる。『ツァイト』紙の表現を用いれば、「自分の評判を気にしていた国民が長く地下室に置かれていた死体を知ったかのようであり、あたかもいま壁が最終的にひび割れたかのようであった[29]」。

「沈黙」の壁がひび割れると、封じられていたホロコーストの記憶が公共に漏れ出し、その記憶は証言として語られるようになっていった。ドイツ版のラストシーンにおいて『ホロコースト』がエリックの叔父クルトに語らせたメッセージ――「これから私は沈黙しない」――は実行されることになったのである。たとえば、五八歳の視聴者は、第一回の放映後に何度もＷＤＲに電話をしたがつながらず、その思いを次のように手紙で書き送っている。

「そうです、私はユダヤ人収容所のことを知っていました。一つのユダヤ人労働収容所にすぎなかったのですが、四〇〇〇人ほどのハンガリー系ユダヤ人だったと言います。〔……〕私は彼〔夫の部下の兵士〕にその体験を誰にも話さないと約束しなければなりませんでした。／そのときに彼は、多くの戦友と列車から連れて来られて、ミンスクで五〇〇〇人のユダヤ人の射殺に加わることを強要されたと私に話したのです。それは一九四二年の中ごろのことだったに違いありません」(30)。

同様に電話がつながらなかった五四歳の視聴者も、このドラマによって脳裏に蘇ってきた「トラックに追い立てられ、銃床で小突かれ、せかされて、搬出された」ユダヤ人たちの姿をWDRに証言している(31)。また、『ツァイト』紙に書簡を寄せたある女性は「たくさんのことを知っていた」が、生き残るために「沈黙しなければならなかった」エピソードを思い起こし、ユダヤ人を広場で楽しみながら射殺したと話していた兵士、財産を奪われたユダヤ人への援助を保身のため断念した自分の過去、凍てつく風雨のなか市街電車の屋根のない足場に立たされていたユダヤ人の姿、「犬は綱につなぎ、ユダヤ人は入園禁止」と書かれた庭園の掲示を読者に伝えている(32)。このように『ホロコースト』は「一つの国民が発言の衝動を感じる瞬間」(『ツァイト』紙)となったといえよう(33)。

同時に、『ホロコースト』は現在の「ユダヤ人」的な存在に対する感受性を研ぎ澄まさせた。たとえばSZ紙への書簡では、チリでの拷問、ウガンダでのファシズムの抑圧、南アフリカでの有色人種への破廉恥な搾取、ロシアの労働収容所と精神病院が言及され、ウガンダで休暇を楽しみ、南アフリカから金貨を購入するなど間接的にでもその体制を支える者をホロコーストと同じ過ちを犯しているのだと咎めている(34)。また『シュピーゲル』誌である大学教授は、『ホロコースト』が与えた「有益なショックは〔……〕私たちが新たな数百万の大量虐殺の同時代人であることをきわめて鮮明に意識させた」と指摘し、「カンボジアでの大量虐殺が、ラオスやヴェトナムでの虐殺も一部においては」現代の「ホロコースト」であることを喚起している。また一人の読者は「不正に対して私は声をあげているのだろうか？　抑圧に抗議して私は個人として行動を起こしているのだろうか？　私は自分の手を運命論によって膝の上に置いていないだろうか？」と『ホロコースト』の残像のなかで自問している。(35)

もちろん『ホロコースト』に対して嫌悪感をあらわにする声がなかったわけではない。このドラマを「ドイツ国民に対する第二次世界大戦の継続」(36)であり、「ユダヤ人によって、ユダヤ人のプロパガンダのために作られ、ドイツ人へのルサンチマンを全世界で活気づける目的だけを追求する明らかに偏向したシリーズ」(37)であるとみなした読者の声が『シュピーゲル』誌やＳＺ紙に掲載されており、ＷＤＲには「ドイツ国民を長期的に被告人の状態にする効果を発揮している」と『ホロコースト』を非難し、「贖罪の山羊であることはやめにしよう」と呼びかける書簡(38)が届けられた。極右政党のドイツ国民民主党はこのような批判の急先鋒に立ち、『ホロコースト』の「反ドイツ的世論操作」、「誇張」と「嘘」にもとづいた「集団的罪と単独責任の主張」に対抗して街頭行動を展開している。(39)

しかし『ホロコースト』批判者の大半も、このドラマが当時の状況を「完全に／ほとんど」正しく伝えていると九割が考えていた現実を前にして、それを誇張や虚偽として否定することはなかった。視聴者の多くは以上のような批判に与《くみ》することはなく、このドラマを自己批判的に受け止めたのである。むしろ、ユダヤ人犠牲者に自己同一化した視聴者は、この犠牲者の運命を自らの体験と重ね合わせ、受動的犠牲者として自分の「破局」を想起することで、この自己批判を自己弁護や他者批判と組み合わせることを試みている。

「この映画をみて、私の全人生が目の前を通り過ぎていきます。すべての古傷がうずき、数年にわたる空襲の夜がもう一度生々しく蘇ってきています。数年にわたってアメリカの爆撃テロにさらされ、多くの無辜の女子供が殺されたのです。この人たちはこれまでまともに扱われてきたのでしょうか。私たちもすんでのところでやられそうになり、住んでいた燃えさかる家から最後の瞬間に脱出することができたのです(40)」。

このWDRへの書簡のように、加害者の立場ではなく、ユダヤ人と同じ受動的犠牲者の立場からその主役たちに感情移入を行なうことで、自分たちも同等に扱われるべきことが要求されているのである。自分たちもユダヤ人と同じ犠牲者であるとすれば、ドイツ人は自分たちに犠牲を強いた加害者もナチス的であると非難する権利を有することになる。あるいはドイツ人だけが加害者扱いされるのを不当とみなしうることになる。この論理を適用して、次の書簡を送った四四歳と五一歳の視聴者はホロコーストの罪の歴史的相対化を試みている。

「克服しなければならない、似たような事件を歴史にもっていない国民は地上にほとんど存在しないはずです。なぜドイツ国民だけが終戦から三四年たっても歴史の晒し者になりつづけるのですか。殺された無辜のユダヤ人と、凌辱されて死んだ東部ドイツ人、殺されたヴェトナム女性、戦争捕虜となってカティンの森で射殺されたポーランド人将校、アルジェリアやカンボジアの農民、アラブ人女性は、どこに違いがあるのですか。これらの恐ろしい出来事に違いがあるのですか(41)」。

「アメリカにおける約一四〇〇万のインディアンの大量虐殺や、ドイツと日本とヴェトナムの国民への連合国による数百万の殺害は語られることなく、視聴者に秘匿されています。／市民の大量虐殺のためにアメリカ人はこれまで法廷に立ったことがありません。／〔……〕「六〇〇万人」といわれているユダヤ人の殺害は残忍なことですが、ドレスデン、ハンブルク、ベルリンやほかの都市における〔連合軍による〕無辜の人びとの殺害はもっと残忍でした[42]」。

たしかに『ホロコースト』が真実を伝えているとしても、ユダヤ人以外の受動的犠牲者の「破局」も別の『ホロコースト』の製作によって物語られなければならない――このような意識もこのドラマは広めることになった。「アメリカ人は自分の戦争犯罪――ドイツ都市への爆撃、広島への原爆、ヴェトナムなど――についての映画は作らないのだ[43]」や「ドイツの映画製作者がＣＩＡの陰謀を映画化する時が今やってきたと思う[44]」という発言のように、そのような映画が製作されていないことは、ドイツにとってまさしくアンフェアであると感じられたのである。たとえば、ユダヤ人虐殺が取り上げられて、敗戦後に約一二〇〇万人のドイツ人を旧帝国内外の東部地区の故郷から追放し、その過程で一〇〇万人以上の命を犠牲にしたとされる、「被追放の犯罪」が非難されていない「二重の基準」を問題にしたＷ・ベッヒャー〔被追放者団体のスポークスマンで連邦議会議員〕は被追放者を主役とする番組の製作を被追放者団体のまえで訴えている[45]。また、『シュピーゲル』誌の編集者は『ホロコースト』特集のなかで「ドイツの映画製作者が独自の、そしてもっと洗練された『ホロコースト』に着手すべき時が来た」と語っている[46]が、自分たちの過去が外国の映画産業によって再構成され、全世界に広められていったこの事態は、多くの文化人にとって屈辱的なことでもあった。放映から間もなくしてＨ・ベルやＧ・グラス、Ｍ・ヴァルザー、Ｐ・ヴァイスらの七人の作家はドイツ版の『ホロコースト』を製作することを要求する共同声明を公表し、その製作に協力する意思を伝えている[47]。

のちに、この作家たちの要求はR・ファスビンダーやV・シュレーンドルフ、H・ザンダース－ブラームス、J・フィルスマイヤーといったドイツの映画監督によって満たされていくことになる。また、前述の被追放者団体の願望は、約三〇％の視聴率を獲得して『ホロコースト』に匹敵するヒット作となった二〇〇七年のテレビ映画『避難』(K・ヴェッセル監督)によって叶うことになる。このように、「沈黙」を破り、ナチズムとその歴史的犯罪に対する関心を広め、受動的犠牲者として国民史を再構成し、歴史的アイデンティティを形成する契機を作り出したという点で、『ホロコースト』は一九八〇年代以降の「過去の克服」の原点となる事件だった。ただ、この「過去の克服」の原型を『ホロコースト』はもたらしたかもしれないが、けっして生み出したわけではないということを、ここでもくり返し強調しておきたい。生みの親はむしろのちに詳述する社会構造上の変化であって、『ホロコースト』の功績はこの変化のなかで醸成されていた意識の変化をすぐれたマーケティング能力によって商業的に利用し、この意識に働きかけた助産婦の役を果たしたことにあるといえよう。未来志向の時代に『ホロコースト』はヒットしえず、破局の予感なしに破局の物語に共感はなかったであろう。このことを前提にして、以下では『ホロコースト』以後のホロコーストの想起の展開を具体的に追ってみよう。

第2節　ホロコースト映画の成立

1　『ショア』と『ヨーロッパ・ヨーロッパ』

『ホロコースト』以後の一九八〇年代にナチス時代を扱った映画——代表例としてE・ライツ監督の

『ハイマート』（八四年）、フィルスマイヤー監督の『秋のミルク』（八九年）――はホロコーストを間接的にしか扱っていない。ドイツに限らず、この時期に映画がホロコーストを題材とすることが困難であったことは、次の二つの映画をめぐる事象からうかがい知ることができる。その第一がユダヤ系フランス人監督、C・ランズマンの『ショア』（八五年）であり、第二がユダヤ系ポーランド人監督、A・ホランドの『ヨーロッパ・ヨーロッパ』（九〇年、邦題は『僕の愛したふたつの国――ヨーロッパ・ヨーロッパ』）である。

八五年に公開されたフランス映画『ショア』[48]は、当時の映像・写真を使用することなく、ホロコースト体験者・関係者の証言から構成された九時間半に及ぶ長編ドキュメンタリー映画であるが、その反応は国によって大きく異なった。フランスではミッテラン大統領、ラング文化大臣、元欧州議会議長のシモーヌ・ヴェイユが臨席するなかでこの映画は封切られたが、ポーランドではこの映画がポーランド国民の反ユダヤ主義を強調していることが問題とされ、ポーランド政府はフランス大使館を通してこの映画の上映に抗議している[49]。西ドイツでも『ショア』をめぐって軋轢が生じた。この映画はＷＤＲを含む複数の地方チャンネルによって八六年三月上旬の夜に四回に分けて放映されたが、バイエルン・テレビはその放映時期を四月に遅らせ、しかも日曜日の午前から昼時までを放映時間に設定したのである。ゴールデンタイムにおけるほかの番組との競合を回避し、集中して視聴できる時間帯を選択したとバイエルン・テレビは弁明したが、これに対して監督のランズマンは、こんな時間帯にテレビを見るのは「掃除中のトルコ人主婦」ぐらいだと憤慨した。しょせんミュンヘンはファシズムの発祥地であり、放映しながら実質的には鑑賞の機会を与えないこのやり方は「本当にファシスト的な倒錯行為」であると発言して、バイエルン・テレビでの放映の禁止を求めたのである[50]。しかし放映時間がほんらいの問題ではなかった。視聴率はゴールデンタイムに放映された地域でも二%以下であり、九時間をこえるこの映画を最後まで見通した西ドイツ市民のパーセンテージはゼロに近いものであった[51]。たしかに芸術性が高く、記憶文化の新たな試みとしてメディアで『ショア』は高い評価を受けた[52]ものの、視聴者はごく少数のインテリ層にとどまり、影響力の点で『ショア』はメロドラマの『ホロコースト』にはるかに及ばなかった。

逆に大衆文化的な要素も備えていたが、むしろそのために問題を生じてしまったのが、フランス・ドイツ・ポーランド合作映画『ヨーロッパ・ヨーロッパ』である。九〇年に製作され、ドイツでは九一年に封切られたこの映画（ドイツでのタイトルは『ヒトラー青年ザロモン』）は、とくにアメリカで人気を博したが、ドイツではさほど観客を動員することができなかった。また、アカデミー賞のオスカー候補を選定するドイツの委員会はこの映画を候補から外したが、このことをホランド監督はドイツ人の傲慢さと反外国人感情の発露であるとメディアに語り、アメリカのメディアは反ユダヤ主義として解釈してしまったのである[53]。しかし実際の原因はむしろ映画のストーリーに潜んでいたようである。

『ヨーロッパ・ヨーロッパ』の主人公ソロモンはドイツ生まれのユダヤ人青年。ナチスの政権掌握後に差別と迫害に直面し、一家はポーランドに逃れるが、ドイツ軍のポーランド侵攻で彼は兄とさらにソ連へと逃避する。そこで兄と生き別れてしまい、ソ連の孤児院に収容され、ユダヤ信仰を捨ててスターリンに忠誠を誓う施設生活を送る。さらにロシアへ侵攻したドイツ軍に捕まり、尋問を受けるが、自分が純潔のドイツ人であると出自と名前を偽った。彼はロシア語の通訳としてそのまま軍務に従事し、そこで人気者となる。戦況が悪化して、投降を企てるが、偶然にも敵陣に勇敢に立ち向かった行為と勘違いされて、彼は英雄となる。こうして大尉からも寵愛され、その養子としてドイツ国内でヒトラー・ユーゲントの学校に通うことになり、今度はヒトラーに忠誠を誓う学校生活を送ることになる。しかし割礼した性器を見られてユダヤ人であることが発覚することに戦々恐々とする日々を送らざるをえない。そのため、狂信的な反ユダヤ主義者の少女レニに恋し、相思相愛の仲になっても、彼は彼女と一線をこえられない。そのような日々のなか、ソロモンは両親がいると思われるゲットーを訪ね、路面電車の窓の隙間からその様子を眺め、ゲットーの現実を知ることになる。そのあいだにレニを友人に寝取られ、彼女は妊娠し、ヒトラーに子供を捧げる決意をする。戦争末期になってソ連軍が攻めてくると、国民突撃隊に編入されていたソロモンは投降して捕虜となる。捕虜収容所に連れられた彼は、そこの所員に自分がユダヤ人であることを告げる。しかし、あたりに生存したユダヤ人の元囚人がいるなか、すでに解放された強制収容所の写真を見せつけられた彼の生死は、ピストルを手渡された一人の囚人に委ねられる。そのときに、生き別れた兄がその囚人たちのなかにいて、彼の命は助けられ、兄からほかの家族が全員殺されたことを聞く。

　この主人公は誰からも、とりわけ女性から愛されるキャラクターをもちあわせており、彼の生活とアイデンティティは民族性を自覚することなしに充足しうるものであった。ナチス・ドイツ社会においても、ユダヤ人であるということ以外に彼が好かれない理由は見当たらない。彼は民族性のために差別と迫害を受けるが、その民族性のために闘うことも、犠牲になることも拒否して、むしろ民族性を隠しながら、自らを差別・迫害する体制に順応する生き方を選択する。そして状況が変われば、順応する体制もあっさりと換えてしまう。つまり、彼にとってユダヤ人であることに必然性はない。それぞれの集団が特定の民族に帰属することの必然性を当然視しているのはナチスであって、彼ではない。この映画は、偶然にもユダヤ人であった一人の青年が、この必然性を強要する歴史に翻弄されながら、偶然性を生きた物語である。

つまり、ここで主人公として描かれているドイツ系ユダヤ人は、「人間の善を信じる」ヒューマニストでもなければ、普遍的なイズムに殉じた反ナチ闘士でもなければ、迫害のなかで自らのユダヤ性に目覚めるパトリオットでもなければ、ユダヤ人の名誉とその国家樹立に命を捧げるナショナリストでもなく、同情心を掻き立てる受動的犠牲者ですらない。この映画では、これまでホロコースト犠牲者として描かれうるユダヤ人とはまったく異なる人物が主役を演じ、まったく異なる物語が展開されているのである。ドイツ社会が諸手をあげてこの映画を評価することができなかった理由はそこにあろう。割礼の発覚を恐れて、ナチズムを狂信する女性と性交できないことに悩むユダヤ人を主人公とする物語は、アウシュヴィッツのあとに詩を書くことを野蛮とする道徳的基準からは明らかに逸脱していた。そしてユダヤ人の民族的帰属の必然性を前提としないホロコーストの物語をドイツ人監督が撮ったならば、この映画は反ユダヤ主義のレッテルを貼られても仕方のないものであった。したがって、オスカー候補にこの映画が選定されなかった理由をユダヤ人の歴史的なイメージを穢すまいとする親ユダヤ主義に求めて、ホランド監督の誤解を論した『シュピーゲル』誌編集部の判断は正しいといえよう。あるいは、この親ユダヤ主義的な配慮が反ユダヤ主義の裏返しの表現とするならば、ホランド監督の判断は正しかったことになる。(54)

それにもかかわらずこの映画が市場に出され、アメリカなどで人気を博したのは、兄と生き別れた後にユダヤ人コミュニティからまったく切り離された状況に主人公が設定されているからであろう。主人公のユダヤ人青年がハーケンクロイツの腕章をつけてナチス式の敬礼を行ない、狂信的なナチ信奉者と恋仲になったとしても、そのことで彼は直接的に民族同胞を傷つけることも、裏切ることもなかったからである。まったく孤立無援の状態で民族的マイノリティが生きる術として、この主人公の行動は共感されえたといえよう。しかし、兄と再会してユダヤ人コミュニティが再構築されたのちに、主人公はその生き方を反省し、イスラエルへ移住して、自分の息子に割礼を受けさせることを決意する。こうしてこの物語は必然性を取り戻すことで、物語上の逸脱からも回復していくことになる。

2　『シンドラーのリスト』

ホロコーストを映画で扱うこのような困難な状況を一挙に払拭したのがS・スピルバーグ監督の『シンドラーのリスト』[55]であった。一九九三年に製作され、翌年にドイツで公開されたこの映画は、スキャンダルを引き起こすこともなく、ドイツ社会で広く受け入れられたのである。これより一五年前の『ホロコースト』放映の際には政治家を含む多くの人びとが懸念と反対を表明し、テレビ局はこのドラマを恐る恐る放映したが、フランクフルトで行なわれた『シンドラーのリスト』のロードショーにはスピルバーグが招待され、R・ヴァイツゼッカー大統領のほか、多くのドイツの政治家が臨席した。大統領の出席ではなく、むしろコール首相の欠席がメディアで話題となったのである。封切から四日間で約一〇万人が映画館に足を運び、一週間後にその数字が三七万人に達したこの映画は、五週間後にはドイツ映画のヒットチャートのトップに立って、一五週間で約六〇〇万人の観客動員数を記録することになる。『ホロコースト』の放映から一五年が経ち、このあいだに何が生じていたのかを探り出すために、『ホロコースト』との比較を通して、『シンドラーのリスト』が受容された背景とこの映画の特徴と意義を考察してみることにしよう。

『シンドラーのリスト』の第一の特徴としてあげられるのは、なんといっても大量殺戮の現場を再現した「リアリズム」である。『ホロコースト』のように架空の一家を主人公にしたフィクションではなく、オスカー・シンドラーという実在の人物を題材にしたこの映画は、そのラストにこの人物に救われた実在のユダヤ人とその子孫を登場させるなど、虚構の要素をできるかぎり排除しようと努めている。この「リアリズム」の実現のために駆使された綿密な時代考証と演出描写・技術は『ホロコースト』のそれをはるかに凌駕し、犠牲者の恐怖と苦しみ、痛みを観客に体感させることに成功している。その手法は映画専門家をも唸らせたが、『昼下りの情事』や『七年目の浮気』の監督で知られるB・ワイルダーも「この完全なリアリズム」に魅了され、「何たることか、これは映画ではなく、体験なのだ。真実のドラマだ」と感嘆した。現在はポーランドに属するオーストリア-ハンガリー帝国の小都市に生まれたユダヤ系のワイルダーは、母親や祖母、義理の両親をアウシュヴィッツで失っているが、映画のなかで追い立てられ、ガス殺のために列車に押し込められる人びとのなかに彼は思わず母親を探してしまい、それが映画のなかの出来事であることを忘れてしまったという。[56] この「リアリズム」のために『シンドラーのリスト』は大部分をあえて白黒で撮影されたが、もちろん当時の現実世界がモノクロであったわけではないし、ワイルダーもアメリカに亡命していてホロコーストを実体験していない。つまりこの映画が「リアル」であったのは、現実を正確に描写したからというよりも、観客が「リアル」であると感じるように現実を描出することができたからであったといえる。換言すれば、『シンドラーのリスト』はホロコーストに関して形成された記憶のイメージを「リアル」に再現したのである。[57]

この「リアリズム」が観客に圧倒的なインパクトを与えたことによって、観客は沈黙した。流暢な演説家として知られるヴァイツゼッカー大統領も、「いま何も言うことはできないし、何も言いたくない」という言葉を残してロードショーの会場を去った。また、学校での上映会でも同じような反応が見られた。ドイツ・ユダヤ人中央評議会議長のＩ・ブービスは高等学校で『シンドラーのリスト』の鑑賞会に参加し、その感想を聞いたが、この生徒たちは押し黙り、一人の女子生徒が「自分の感情を言葉でまったく言いあらわせません」と語っただけだったという。ティーンエージャーたちは恐竜ショーがあるかのように映画館に騒がしく入り込んでいったが、「やがて学級生活の日常とは異なる静けさ」が支配し、この映画は第三帝国の歴史を「あとから生まれた者たちの足元にたたきつけた」のだと『シュピーゲル』誌は紹介している。[58]『ホロコースト』はホロコーストが何であったのかを知ろうとする対話を誘発し、「沈黙」を打ち破ったのに対して、『シンドラーのリスト』はその「リアリズム」を通してホロコーストが何であったのかを示し、その「現実」を前にして沈黙が生じたといえよう。

この映画の第二の特徴として、『シンドラーのリスト』の主人公がユダヤ人を救済したドイツ人であることがあげられる。『ホロコースト』では直接的な加害者とその犠牲者のあいだに目撃者として第三者を挿入し、そこに視聴者を自己同一化させるような物語の構成をできるかぎり避け、ドイツ人とユダヤ人の社会を〈加害者vs.犠牲者〉の図式のなかで明確に区分していた。これに対して『シンドラーのリスト』は、強制収容所に収容された千数百人を買収し、自分が経営する工場に雇うことでその命をナチズムの人種主義政策から救った実在のドイツ人をめぐる物語である。この映画では、シンドラーの工場に会計士として雇われ、救出の「リスト」作成の際にも彼の右腕として活躍するユダヤ人のイツァーク・シュテルンのほかに、もう一人の準主役級の人物がドイツ人として登場する。虫けらのようにユダヤ人を殺害する狂信的な反ユダヤ主義者であり、ホロコーストの現場を取り仕切る強制収容所所長のアーモン・ゲートである。ドイツ人はシンドラーとゲートの二人の人物によって表象＝代表されることになるが、スピルバーグは悪魔のようなゲートを引き立て役にしてシンドラーを聖人化することはしていない。シンドラーもナチ党員であり、安価な労働力としてユダヤ人収容者に目を付け、戦争で一儲けしようとして、袖の下を多用した戦争受益者であったからである。シンドラーがゲートに接近し、彼と親交を結んだ理由もそこにあり、私利私欲を追求する道楽者、好色家という点で二人は共通している。しかし狂信的な反ユダヤ主義者でありつづけたゲートは最終的に犯罪者として絞首台にのぼったが、シンドラーはユダヤ人救済者としての道を歩みだしていった。シンドラーがいつ、どのような理由でその道を歩みだしたのか、『シンドラーのリスト』は明確に示していない。

ホロコーストを扱った映画でユダヤ人ではなく、ドイツ人を、しかもナチ党員を英雄として主人公にしたことに対する批判はもちろん散見され、この映画が集団的罪を着せられたドイツ人の歴史的な罪意識を軽減し、その名誉回復に貢献していることも指摘されている。(59) 実際にこの映画の公開以後、オランダで数百人のユダヤ人を救済したことで自らが強制収容所に送られたSS監視人のA・ツュンドラーや、ユダヤ人を雇うことで数百人のユダヤ人を救済した石油会社社長のB・バイツといった歴史上の人物がメディアで注目されるようになった。(60)『ツァイト』紙では、ベルリンで終戦を迎えたユダヤ人が一四〇〇人おり、その数字からユダヤ人の潜伏を援助した五万―八万人というドイツ人救済者の数を割り出した研究を紹介している。(61) ジャーナリストのL・バイアーは「われらユダヤ人救済者」と題する記事のなかで「ドイツ人は、これまで数十年にわたって多国籍のテレビ画像のなかでアイヒマンの子供たちや、ヒトラーのドイツ野郎、糞ナチ野郎として登場してきたが、みんながシンドラーに自分を再発見したので、いまや全員がちょっとだけ「ユダヤ人救済者」になっている」と指摘している(62)。しかし一方でシンドラーは、命を投げ打つような聖人でもなければナチスに抵抗することはできなかった、とするドイツ人のこれまでの弁明を論難しかねない存在としても受け取られた。『ツァイト』紙上の表現を用いれば、『シンドラーのリスト』のヒーローは「ドイツ人の終生の自己幻想(Lebenslüge)の化けの皮を剝いだ。たとえ大酒のみでも、道楽者でも、何か行なうことはまさにできたのだ」(63)。そしてＳＺ紙上ではジャーナリストのＪ・ヨッフェは、シンドラーのような「ゲス野郎」でさえピストルが見えているなかで正しいことを行ないえたのなら、「なぜ聖職者や大学教授、パン焼き職人、役人――すなわち慣習的な意味でけっして悪人ではなかった数百万ものすべての「立派な」人間には行なうことができなかったのか」と問うている(64)。

救済者と加害者として二人のドイツ人がクローズアップされたのに対して、ホロコースト犠牲者のユダヤ人の描き方が精彩を欠いていることもこの映画では問題とされた。とくにアメリカのメディアは、『シンドラーのリスト』が「リアリズム」の追求のためにユダヤ人のステロタイプさえも利用し、そのためにこの映画の準主役級の人物である会計士のシュテルンは金銭に執着する「ユダヤ人弱虫の王様」として描かれ、ほかのユダヤ人は「原型的な(archetypal)呪われた犠牲者」として印象に残らない大量死の没個性化された「統計値」になっていると批判している(65)。こういった批判にスピルバーグは『シュピーゲル』誌のインタビューで、数百人のユダヤ人を雇うことでその命を救ったシュテルンの役割を強調し、ユダヤ人を単なる受動的犠牲者としてのみ扱っていないと反論している(66)。しかし、『ホロコースト』に登場したルディに象徴されるような能動的犠牲者は『シンドラーのリスト』にまったく登場していない。これがこの映画の第三の特徴としてあげておきたい点である。

『ホロコースト』では日常生活からゲットー、強制収容所へといたる差別と迫害と絶滅の過程が描かれ、その過程のなかでユダヤ人は抵抗と闘争の機会を見出していくが、『シンドラーのリスト』の舞台は強制収容所であり、スピルバーグは収容者に抵抗の余地をまったく与えていない。ユダヤ人収容者は文字通り生殺与奪の権がSSによって完全に握られ、あらゆる人間性といっさいの庇護を剝奪され、絶対的な暴力の前にただただ怯えるしかない動物的な生として描かれている。つまりそこは、日常的な社会生活から隔離されていながらも、その社会の権力が究極的に体現されている「例外状態」なのである。それは、この収容所体制に抵抗し、収容者を救済しようとすることが体制内部の人間以外には不可能であるような状態である。シンドラーは、ナチ党員で、賄賂を使えた軍需関連の工場主であったにもかかわらずユダヤ人を救済したのではなく、まさしくそうであったから救済するわずかな可能性を手にすることができたといえる。しかし、まったく抵抗の余地がない状態に置かれたために英雄とはなりえないユダヤ人収容者をシンドラーはたしかに救済したが、戦争受益者であった彼は当初、利益を生み出す安価な労働力であるからユダヤ人従業員をナチの恣意的横暴から守ってきた。いつしか、破産という犠牲を払ってまでユダヤ人を救済することになるが、その動機は最後まで明らかにされていない。シンドラーのリストに載ったユダヤ人は彼の気まぐれな心境の変化によって救われたといえる。つまり『シンドラーのリスト』は、これまで能動的犠牲者として描かれてきた英雄のいない物語なのである。

『ショア』の監督であるランズマンによれば、『シンドラーのリスト』は最悪の反則を犯している。なぜなら、ホロコーストはその絶対級の残虐性において、フィクションといったほかの記号に移し替えられえない「唯一無二(einzigartig)」の出来事だからである。したがって、ホロコーストはこえてはならない境界線で周囲を固められており、『シンドラーのリスト』のようにそれを描写しようとするどんな試みも、ホロコーストの唯一無二性を否定する違反行為ということになる。[67]『シンドラーのリスト』に対するもっとも正当な批判としてしばしば紹介されたこの批評は、ドイツではＦＡＺ紙に掲載されたが、ホロコーストを表象不可能な絶対的な歴史的事件として神話化しようとする一つの試みであるとも解釈できよう。[68]そして、ランズマンが禁止したホロコーストの表象を試み、ドイツも含めて世界的にヒットした『シンドラーのリスト』は――ホロコーストが現実に唯一無二の歴史的事件であるのか、『シンドラーのリスト』がその唯一無二性を描写しているのかという問題をさて置くならば――その有無を言わせぬ「リアリズム」によってホロコーストの神話化をむしろ促したといえよう。実際に、ホロコーストはその表象を断念していくどころか、唯一無二の歴史的事件としてさまざまなレベルで表象され、特別の社会・政治的機能を有することになる。ホロコーストを題材とする映画も数多く製作され、「ホロコースト映画」が一つのジャンルとして成立した。

３　ドイツのホロコースト映画

加害者の国でもホロコーストは映画を通して表象されていくことになる。「ニュー・ジャーマン・シネマ」の中心的な担い手であり、一九八〇年のアカデミー賞外国語映画賞を受賞して世界的なヒットを記録した『ブリキの太鼓』(七九年)で知られるＶ・シュレーンドルフ監督が二〇〇四年に『九日目』を公開し、三年後にオーストリア人のＳ・ルツォヴィツキー監督によって製作された独墺合作映画『ヒトラーの贋札』がアカデミー賞外国語映画賞を獲得している。

この二つの映画はともにドイツ国内の強制収容所を舞台にしているが、その主人公はまったく対照的である。

まず『九日目』の主人公は、占領されたルクセンブルクの国民であり、世事に賢くふるまうことができない有徳の聖職者である。ダッハウ強制収容所に収監されていた彼を、ゲシュタポは九日間だけ解放して、ルクセンブルクに帰郷させる。その国民に影響力をもっていたルクセンブルクの司教は大聖堂の鐘を鳴らすことでドイツ占領に対して消極的抵抗を行なっていたが、その行為を停止するように説得する任務をゲシュタポはこの人望の厚い聖職者に託したからである。彼が逃亡した場合には強制収容所の司祭仲間全員が殺害されることになっており、また司教、カトリック教会、家族、そして自分の良心という何重もの板挟みに彼は苦しむ。しかし、強制収容所で激しい渇きのために壊れた水道管から滴り落ちるわずかな水を彼が独占して、一人の仲間の司教を死にいたらしめたことが頭から離れず、彼は最終的に自分の良心に従った決断を下すことになる。すなわち、彼は対独協力と引き換えに強制収容所からの出所を約束したゲシュタポ職員の申し出を拒否したのである。こうして彼は、自らの左遷を免れようと説得をつづけたその職員を激怒させて、九日目に強制収容所の絶望的な状況へと戻っていくのである。

一方、『ヒトラーの贋札』の主人公は世渡り上手のプレイボーイであり、贋札造りの犯罪者でもあったユダヤ人である。絵画の才能を生かして重労働を免れていた彼は、贋造の技能を認められ、偽造紙幣の大量流布によって敵国の経済破綻を狙うナチスの作戦のメンバーに抜擢されて、ザクセンハウゼン強制収容所でその仕事に取りかかることになる。その作業をサボタージュすることでナチスに抵抗しようとする共産主義者と、その行為によって命を奪われることを恐れるほかの仲間との対立を仲裁しながら、彼は偽造紙幣の完成をぎりぎりのところまで遅らせて、ほかのスタッフとともに生きて収容所の解放を迎えることに成功する。

この二つの映画の主人公は、いつでも殺害されることが許容されている例外状態に身を置いてはいるものの、ナチス側が利用価値を見出したために、ほかの収容者よりも優遇されていたという点で共通している。『九日目』の主人公は期限付きではあるが、上司を説得できる人徳を認められて、強制収容所の絶望的な状況を免れることができたし、『ヒトラーの贋札』の主人公とその仲間は贋造のたぐいまれな技能をもちあわせていたために、その作業に支障がないように配慮が施され、強制収容所のなかで物質的には不自由のない生活を送ることができた。前述したように『シンドラーのリスト』において収容所はユダヤ人に抵抗の余地をまったく与えない例外状態にあり、シンドラーがその体制に抵抗し、ユダヤ人を救済することができたのは、彼が例外状態の外部にいた体制側のドイツ人だったからであった。一方、収容者が主人公となった『九日目』と『贋札』においても彼らはいつでも殺害されうる受動的犠牲者の立場に置かれていた。たとえば『贋札』では、高熱を発した一人のメンバーは、ほかのメンバーへの感染を恐れたSSにその事実を知られると即座に射殺されている。しかし、ナチスから利用価値を見出されていたかぎりで、彼らは能動的に行動する余地が与えられた。この可能性を生かして、『九日目』の主人公はゲシュタポの要請を拒否することで、『贋札』の主人公は作業をサボタージュすることで、ナチスに一泡吹かせることができたのである。受動的犠牲だけを描く物語であったならば、その主人公に視聴者が同情することはできても、自己同一化することは困難であっただろう。しかしこれらの映画では、強制収容所の収容者に能動的な行為の余地が与えられたことで、そのような自己同一化が容易になったといえる。

しかしこの主人公たちが――これまで述べてきたような意味での――能動的犠牲者であったわけでもない。『九日目』の主人公は、収容所内の司祭仲間、教会、バチカン、ルクセンブルク国民のあいだで身動きが取れない状態に陥っている。また、ゲシュタポの要請を拒否して強制収容所に戻るという彼の決断は、信仰や聖職者、愛国者の立場に立って教会や国民のために下したというよりも、むしろ彼個人の良心にもとづくものであった。『贋札』では、たしかに一人の共産主義者のメンバーが反ナチ抵抗のために自らの命を賭けてサボタージュを行なおうとする能動的犠牲者としてふるまっているが、ほかのメンバーはそのような「正義」のために犠牲者となる意志はなく、自らの命を優先した。結局、処世に長けた『贋札』の主人公がこの両者の対立を首尾よく仲介し、時宜にかなった判断によって、射殺された一人のメンバーを除く全員の命を救うことができたが、彼は反ナチの国家やユダヤ民族のためにそのような行動をとったわけではない。たしかにサボタージュによってナチ国家延命の阻止に貢献できたかもしれないが、それは彼にとって単なる結果であって、彼が意図したことではなかったのである。

この二つの映画よりもユダヤ人犠牲者の受動性を前面に出しているドイツ映画が、フィルスマイヤー監督によって二〇〇六年に製作された。『最終列車』(邦題は『アウシュヴィッツ行最終列車』)と題するこの映画は、ホロコーストとドイツ人のナショナル・アイデンティティの関係を探るうえでも興味深い。というのも、『ホロコースト』が西ドイツでも大きな反響をもたらしたことに衝撃を受け、ハリウッドによって表象されたドイツ人の過去を自らの手で描き出す必要性を切実に感じていた映画人のなかで、フィルスマイヤーはその実現を果たすことに成功した代表的な映画監督であるからである。すなわち、歴史的出来事に見舞われていく一農婦の視点からナチス時代を描いた一九八九年の『秋のミルク』以後、彼は九一年には『ラマダマ』(邦題は『カティの愛した人』)で夫の出征、空襲と疎開、焼け出された後の出産と子育ての生活、アメリカ軍の進駐とアメリカ兵との「親交」、帰還せぬ夫を待つ絶望感といった終戦後の体験を、「瓦礫の女」となった市井の女性の視点からスクリーンに映し出した。さらに九三年には、戦争犯罪にも巻き込まれ、絶望的な状況のなかで死に絶えていった一般兵士の視点から歴史的決戦の意味を問う映画『スターリングラード』を製作している。時代の状況を鋭く感じ取り、その要請をくみ取ることに長けていることで興行的にも成功を収めていたこの監督が、ホロコーストの犠牲者を主人公にした映画に取り組んだことの意味を考えてみよう。

『最終列車』は、誕生日プレゼントとして「ユダヤ人の穢れなき(judenrein)ベルリン」をヒトラーに贈呈するために、残存していた約七〇〇〇人のユダヤ人が一九四三年四月にベルリンからアウシュヴィッツへ強制移送される過程を描いた物語であり、このユダヤ人を押しこんだ家畜用貨車がそのおもな舞台である。目的地に到着するまでの数日間に、極度の食料・水不足や暑さ、ストレスのために多くが衰弱死し、あるいは流れ弾に当たり、列車からの飛び降りに失敗し、絶望から自殺するなどして次々に命が失われていく。隠し持っていた斧で貨車の床をぶち破り、その小さな穴を通り抜けることができた小柄な女性と少女の二人だけが、アウシュヴィッツに到着する直前に脱出に成功する。そして生き残ってこの絶滅収容所に到着したユダヤ人が生死の選別のために貨車から追い立てられ、脱出した二人が森のなかでパルチザンから援助を受けるシーンでこの映画は終わる。

『最終列車』は、たしかにホロコーストの主要な現場である強制収容所を舞台としてはいないが、そこに到着する以前に移送列車のなかですでに「例外状態」が始まっていたことを教えている。またこの映画は、ドイツ人の市民生活からまったく隔絶された強制収容所のような空間ではなく、ユダヤ人が駆り出された居住区、移送のためにユダヤ人が集められた市内の駅、ドイツ国内や占領地の線路上を走っていく貨車を舞台とすることで、ホロコーストとドイツ人の市民生活との関係により着目している。この映画では、交通手段として鉄道を使用していた一般市民や、戦地を列車で移動していた一般兵士が、封鎖された家畜用貨車を目撃しているからである。さらにその貨車を目撃した兵士の一部は食料や飲料水の提供や、貨車への放水などでこのユダヤ人と直接的に接触もしており、この犠牲者をめぐってSSと衝突も生じている。

この映画で貨車のなかに閉じ込められたユダヤ人は、夫婦でキャバレー公演を行なう芸人、現在は妻と二人の子供をもつ元ボクサー、宝石商を営む商売人夫婦、医師といったように、ドイツ社会で生活をしていた普通の市民であり、その意味で『秋のミルク』の農婦や『ラマダマ』の「瓦礫の女」、『スターリングラード』の一般兵士と同等の存在である。そして、この人びとが飢えと渇きに苦しみ、命を失っていく場面のあいだに、このユダヤ人たちがドイツ国内で平穏な市民生活を送っていた時期の回想シーンが挿入されている。その多くは精神的にも、物質的にも幸福な市民生活をドイツで享受していたがゆえに、ドイツからの亡命を躊躇していた市民であったことも、その回想は暗示している。つまり、ここで描かれたホロコーストの犠牲者はドイツ系のユダヤ人というよりも、ユダヤ系のドイツ人なのである。まさにそのようなドイツ市民だからこそ、ドイツ人鑑賞者はこの受動性を強調されたホロコースト犠牲者に自己同一化することが可能になり、この人びとの痛みを追体験し、その喪失を悼むことができたといえよう。

しかも『最終列車』の最初と最後のシーンには、次節で紹介するベルリンの二つの記念碑が映し出されている。まず、グルーネヴァルト駅の記念碑が映し出される冒頭のシーンでは、行き先と日付と人数が書かれた一八六枚の鋳鋼板のなかの一枚がクローズアップされ、そこにはこの映画の歴史的事実、すなわち六八八人のユダヤ人が一九四三年四月一九日にベルリンからアウシュヴィッツに向かったことが刻まれている。またラストシーンでは、脱出に成功し、パルチザンに救助された二人が森のなかを散策するなかで、木々のあいだから天空を見上げ、カメラはそれを回転しながら映し出すが、やがて森の木々はホロコースト記念碑の石柱に替わり、エンドロールの背景としてこの記念碑が映し出されつづける。こうして『最終列車』は、ホロコーストの記憶をドイツ人のナショナル・アイデンティティの構成要素として確立させようとする八〇年代以降の「過去の克服」の脈絡のなかに自らを位置づけているのである。

第３節　ホロコーストの記憶の空間化

１　日常のなかのホロコースト

テレビ映画『ホロコースト』はとくに若年層にナチス期の歴史に対する関心を生起させたが、一九八〇年代に興隆した日常史研究と歴史運動はその関心が維持されつづけたことを示している。地元の歴史を再発見する「下から」の運動の母体として「歴史工房」が各地で結成され、八二年にはゲッティンゲンにおいて連邦レベルの「歴史工房」が成立し、八四年にはベルリンで歴史フェスティバルが開催された(69)。そして、これまで忘却されてきた第三帝国の歴史を掘り起こそうとする市民運動も展開され、国内の日常のなかの「ホロコースト」を再発見しようとする動きがみられるようになった。第三帝国のテロ組織のかつて

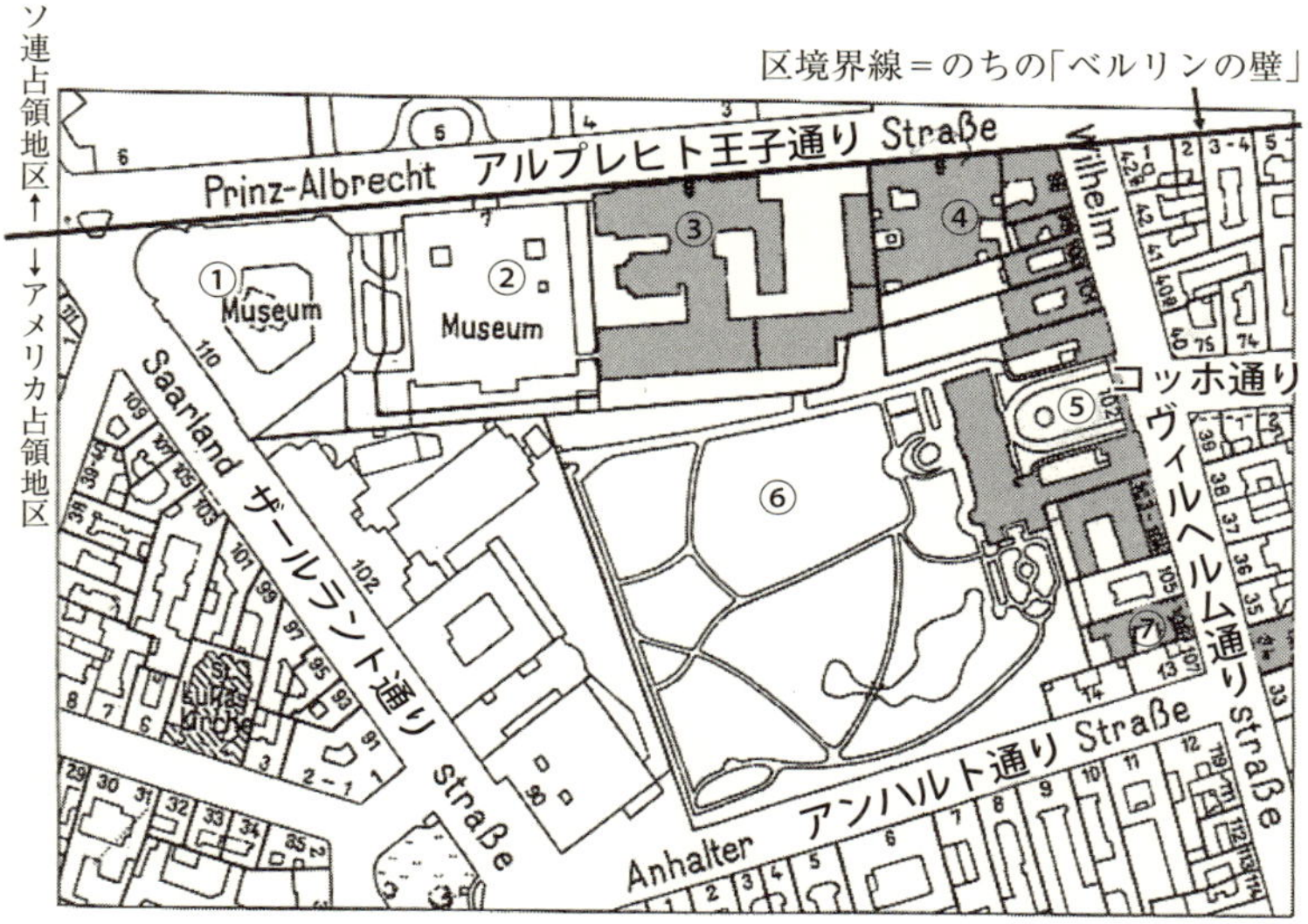

図 3-4

の中心地区で行なわれた「テロの地誌」[70]展はこのような動向を象徴する出来事であるので、これから詳しくみてみよう。

図3－4[71]は四つの通りに囲まれたベルリン・クロイツベルク区に位置する区域である。ここにはアルプレヒト王子通り(現ニーダーキルヒェナー通り)に沿って、①民族学博物館、②工芸博物館、③工芸学校、④アルプレヒト王子ホテルの建物が立ち並んでおり、ヴィルヘルム通りにはコッホ通りの突き当たりに、⑤アルプレヒト王子宮殿が建ち、その背後に⑥宮殿庭園が広がっていた。ナチスの政権掌握後に③の工芸学校はゲシュタポ本部として使用され、④のホテルにはミュンヘンからベルリンに移ったSS指導部がその本部として居を構え、⑤の宮殿には諜報機関であるSS保安本部が入り、のちに国家保安本部長官の執務室となった。また⑦の建物には一九三二年からベルリンの党機関紙『攻撃

（アングリフ）』の編集部が置かれていた。このように、この区域は反ナチ勢力を弾圧し、ホロコーストを実行していったテロ組織の中枢が集中し、ヒムラーやハイドリヒ、アイヒマンらが暗躍した現場だったのである。

この区域は四四年になって空襲被害を受け、四五年の首都攻防のなかで激しく破壊された。戦後はアメリカ占領地区に属することになったが、占領軍の建造物への関心はナチ帝国崩壊の象徴となった総統官邸と帝国議会議事堂に向けられ、さほど歴史的価値のないこの区域の建造物が注目されることはなかった。しばらく建造物の残骸は放置されたが、もっとも激しい損傷を受けていた⑤アルプレヒト王子宮殿は四九年に爆破解体され、被害の度合いの小さかった③旧ゲシュタポ本部の建物も五四年までにほぼ解体されて、残存したファッサードが五六年に爆破されている。六二年に①民族学博物館が道路整備のために爆破され、同時にヴィルヘルム通り沿いの建造物は地下室もろとも整理・解体されている。また⑥の宮殿の庭園の樹木は燃料として伐採され、その後は荒れ地となった。こうしてこの区域には、再建要求が出されたものの、決定がもち越されていた②工芸博物館と、ザールラント通り（現シュトレーゼマン通り）沿いのヨーロッパ・ハウスだけが立つ巨大な空き地が成立したのである。五七年にこの区域を横切る形でコッホ通りを延長する都市計画が提出されたが、ヘリポート建設とともに実現されなかった。結局この空き地は瓦礫集積場として使われ、また南東部分にはサーキット場が設けられ、その所有者の倒錯服装店が営業されていたのである。この地区の歴史的痕跡は消し去られ、その歴史的役割はまったく忘却されることになった。

この区域がその忘却から目覚めるのは一九七〇年代末のことである。コッホ通りの延長計画が七九年にふたたび提案され、八一年に②工芸博物館がマルティン・グロピウス館と命名された展示会館として改築

図 3–5

されると、被迫害者団体や市民運動家などがこの区域の歴史的意義に注目し始め、ここに記念碑を建立することを要求したのである。その要請をうけてベルリン市政府は八三年にコンペを開催し、翌年に受賞作が決定されたが、ベルリン市長によってその実現は阻まれてしまう。これに対して市民運動は残存している地下室を発掘・保存することを要求し、発掘作業を開始した。そのさいにゲシュタポの監房などが掘り起こされ、九七年にそれらは「テロの地誌」展として公開されることになった。この展示は多くの人びとの関心を呼んだため常設となり、最初の一年間で三〇万人の訪問者を集めた。記念施設として完備することで、この敷地全体を「ホロコースト記念碑」や「ユダヤ博物館」とならぶ「記憶の場」として形成する試みは、紆余曲折を経て、ようやく終戦六五周年にあたる二〇一〇年五月六日の公開によって実現された。旧アルプレヒト王子通り沿いの展示の上にかけられていた木造の屋根は透明の素材に替えられ、その手前にはハイテク装置を備えた建造物が「ドキュメント・センター」として訪問者を迎える。さらに、ヴィルヘルム通り沿いとアンハルト通り沿いには歩道が設けられ、かつてそこに存在した（戦後のサーキット場のコンクリートでできた切符売り場の土も含めた）建造物とその歴史的役割を説明する掲示板が設置されている。(72)

こうして忘却された歴史が呼びさまされることになったが、この展示が「地誌(Topographie)」という地理学の空間概念を用いていることは興味深い。現在・未来志向的な時間によって覆い隠され、いまやふたたび掘り起こされた空間を、訪問者は歴史的痕跡として目の前にすることになったのである。

図 3-6

忘却から呼びさまされたのは、このような巨大なテロ組織の過去だけではない。たとえば、ベルリンのテンペルホフ区にかつて存在し、一九三六年に囚人がザクセンハウゼン強制収容所に移送されるまで、約一万人の政治犯やユダヤ人、同性愛者が収監・拷問され、場合によっては殺害された「コロンビア・ハウス」強制収容所もまた、四〇年間の忘却ののちに区の研究プロジェクトによってその記憶が呼び起こされ、八九—九〇年のコンペを通して九四年に記念碑が設立されている(73)。

ナチス期に破壊された多くのシナゴーグが戦後に解体され、その空間が歴史的痕跡を残すことなくプラグマティックに利用されたが、その記憶も八〇年代になって呼びさまされることになった。たとえばベルリンの空襲で激しい損傷を受けたレフェッツォー通りのシナゴーグは五六年に残りの建造物が爆破・撤去されて、遊び場となったが、八八年にここが強制移送のための集合場所に利用されていたことを想起させるために、複合的な記念碑(図3－5)が建立されている。通りに突

図3-7

然あらわれるレールの向こうに置かれた移送用車両、その前にまとめて縛られ、車両に引きずり込まれようとしている亡霊と化した人間の束が象徴的に彫刻で表現され、奥にはベルリンから移送された日付が彫られた鉄板が、かつてのシナゴーグの正面玄関と同じ高さでそそり立ち、その下の床にはベルリンの三六の旧教区とシナゴーグのレリーフが描かれている[74]。

ベルリン郊外の住宅地に位置するグルーネヴァルト駅でも興味深い試みが行なわれている。現在も使用されているこの駅の一部は、四一年一〇月から四五年二月にかけて周辺地域に残存していたユダヤ人を強制収容所に移送するための荷役ホームとして使用された。それによって結果的に数万人のユダヤ人が途上で衰弱死し、あるいは目的地の強制収容所で殺害されることになった。この駅には七三年に記念板が「政治、人種、宗教的な被迫害者連盟」によって設置されたが、八六年に盗難にあい、新たに記念板が設置され、さらに九一年には「おもにグルーネヴァルトの貨物駅からナチズム国家によって絶滅収容所に移送され、殺害された五万人以上のベルリンのユダヤ人を追悼する」(碑文より)ために記念碑(図3-6)が建立された。この記念碑は二重の意味で消えていったユダヤ人、すなわち、戦中にベルリンから姿を消していったユダヤ人と、戦後にベルリン市民の記憶から消えていったユダヤ人が「亡霊」として象徴的に表現されている。また、この駅の荷役ホームの場所は東ドイツの鉄道会社が所有していたが、その敷地が西ドイツの連邦鉄道に譲渡され、特急列車清掃施設の建築が計画された。これに対してドイツ・ユダヤ人中央評議会とベルリン・ユダヤ人協会が激しく抗議し、荷役ホームを保全する協定が結ばれ、そこに記念碑を建立することが決定された。九八年に落成し、「一七番線」という名のついたこの記念碑（図３－７）は、強制収容所への行き先を刻んだ一八六の鋳鋼板が並ぶホーム全体が記念碑として構成され、末端の階段はこの駅の日常的に使用されている通用地下道につながっている。(75)

もちろん忘却された空間の歴史を想起しようとするこのような試みはほんの一例に過ぎない。たとえば、かつて強制収容所に強制移住させられた犠牲者が住んでいた家の前にその事実を知らせる名前の入ったプレートを敷石として埋め込むという、九〇年代初期にケルンから始まった「躓《つまず》きの石」プロジェクトは、現在では全国の都市に波及している。

２　ホロコースト記念碑

ゲシュタポ本部跡に記念碑を建立する試みは頓挫したが、一九八八年に創設された市民運動「パースペクティヴ・ベルリン」は翌年の一月に「虐殺されたヨーロッパのユダヤ人のための記念碑」の建立を呼びかけ、W・ブラント、B・クラースフェルト、作家のG・グラスやC・ヴォルフなどが呼びかけ人として名を連ねた。この市民運動から「虐殺されたヨーロッパのユダヤ人のための記念碑建立促進グループ」が結成されたが、ベルリンの壁建設のために広大な空き地となっており、その年一一月の壁の崩壊によって活用の可能性が生じた旧総統官邸跡の敷地に記念碑を建立することをこのグループは提案した。この提案に連邦政府とベルリン市も同意し、九五年にコンペが開催された。しかしそこで採択された記念碑構想に批判が殺到したため、その結果は撤回され、九七年にふたたびコンペが開かれることになる。翌年に四つの作品が選出され、そのなかからP・アイゼンマンとR・セラの作品を修正した記念碑構想（＝「記念碑ピュア」）[76]がコンペ主催者である連邦、ベルリン市、「促進グループ」から推奨された。最終決定はもち越されたが、この修正をめぐってセラが共同制作から離脱し、以後はアイゼンマンが単独で記念碑構想を実現していくことになる。

九九年一月に国務大臣のM・ナウマンはアイゼンマンの記念碑と情報センターを結合する構想（＝「記念碑プラス」）を公表する一方で、社会民主党のR・シュレーダーはアイゼンマン構想を批判し、「汝殺すこと勿《なか》れ」という聖書の言葉をヘブライ文字で大きく表記する記念碑の建立を呼びかけ、これにH・シュミット元首相やR・ヴァイツゼッカー前大統領などが応じた。[77]最終決定は九九年六月の連邦議会で下されることになり、四時間半にわたる総数三二人の演説のあとに、投票は党議拘束を外して五回行なわれた。記念碑を建立すべきか（四三九対一一三で可決）、ユダヤ人犠牲者だけのための記念碑にすべきか（三一四対二一七で可決）、「汝殺すこと勿れ」と書かれたシュレーダー案の記念碑を建立すべきか（一八七対三五四で否決）、アイゼンマンの「記念碑ピュア」にすべきか（一六一対三七三で否決）が諮られた後に、アイゼンマンの「記念碑プラス」が最終的に「虐殺されたヨーロッパのユダヤ人のための記念碑」として建立されることが、三一二対二〇七で可決されたのである。[78]二〇〇〇年一月二七日のアウシュヴィッツ解放の記念日に起工式を行なったこの記念碑は、ようやく〇五年五月一〇日に除幕式を迎えることができ、その二日後から一般に公開されている。

このアイゼンマンの記念碑は、コンペに提出された時点ではゼロメートルから七メートルまでの高さの異なる四〇〇〇本の石柱が立ち並ぶ「石柱のフィールド」として構想されていたが、修正要求に応じて最終的にその数は二七一一本となり、石柱の高さも五メートル以下に縮小された。石柱はすべて二・三メートル×〇・九二メートルの大きさで、〇・九二メートルの間隔をあけて立つ。高さは異なるが、縦横の大きさが同じ石柱が波打つように同じ間隔で立ち並ぶことになった記念碑空間は、低い石柱が並ぶその周辺部が周りの道路と直接接しているため、遮蔽物によって区切られることもなく、周りの街並みと調和している。このように「石柱のフィールド」は、秩序のある安定した空間であるように見えるが、その一方で地面がうねり、中央に向かって沈んでいるため、それぞれの石柱はわずかに傾いており、ここにおいて不安定性を露呈し、周辺とは異質な空間を形成することになる。これをアイゼンマンは「システムに内在する不安定性」と表現している。「合理的で、整然としたシステムは、もくろまれた目的設定に心を奪われて、それに見合う尺度と均整を失ってしまうと、人間的な理性とのつながりを失う」ことがここでは示唆されているのである。この「石柱のフィールド」に入り込む者は一メートルにも満たない幅の通路を通り抜けなければならない。つまり並んで歩行できないように設計されており、しかも個々人が中央に向かって進み、記念碑空間のなかに沈み込んでいくにつれて、その視界は周辺から閉ざされていく。記念碑のなかに入り込む者は、不安を感じさせるこのような不安定な空間のなかでホロコーストを追体験し、その犠牲者を追悼することになる。「絶望的な状態にあり、よって立つ基盤が大きく揺らぎ、周りの環境から孤立した」ときの感情を訪問者に与えることが、この記念碑で意図されているのである(79)。

この記念碑には壁や柵のような境界線が存在せず、歩道と直接つながっていて、訪問者はどこからでもこの空間に入ることができ、二七〇〇余りの石柱のどのあいだもすり抜けることができ、どこからでも出ることができる。つまりこの記念碑は入り口も、出口も、中心も、道順もなく、方向づけをまったく欠いているのである。また、石柱には何も書かれてはおらず、この石柱が何であるのか──墓石なのか、石碑なのか、オブジェなのか、高さによっては座り心地のよい椅子、あるいは昼寝に適したベンチなのか──その理解は訪問者に委ねられている。先に紹介したレフェツォー通りのシナゴーグ跡やグルーネヴァルト駅の記念碑のように、これまでの大半の記念碑はシンボルやイコン、アレゴリーなどを通してそこで想起されている歴史的出来事を表象し、それが何であったのかを訪問者に伝達する物語を内包しているが、この記念碑ではそのような表象手段は一切用いられていない。それどころか、通りがかりの人には一見したところ何の空間であるのか、まったく理解ができない。つまりこの記念碑は、内在する意味を正確に理解することを一方的に要求する集団的な物語・記憶を拒否している。そして、クロノロジカルには数十年という時間的距離をもつこの出来事を現在においてアクティヴに顕現させることで、そもそも表象も理解も不可能であるとみなされたホロコーストを個々人が不安や困惑、孤独のなかで想起していくことが、ここでは求められているのである。

一九九九年六月の連邦議会の議論のなかで、議長のW・ティールゼ(社会民主党)は「私たちの想像力のなかでは表象不可能のカテゴリーに属するものを芸術によって表現するという私たちの複雑な期待」を満たしているとこの記念碑を歓迎している[80]。また、V・ベック(緑の党)は「なぜ」という問いに答えを出さず、政治的正当性を基礎づけずに、訪問者に記憶の独自の道を歩ませ、討論・論争・対決(Auseinandersetzung)を要求しているこの記念碑を高く評価し、「民主主義の真の記念碑」と呼んでいる[81]。その一方で、べルリン市長のＥ・ディープゲン（キリスト教民主同盟）は、込められたメッセージが一般的に理解されるか疑わしいことにこの記念碑の根本的な問題を見て、「汝殺すこと勿れ」という明確なメッセージを伝えることができるシュレーダーの記念碑案に賛成した[82]。しかし、この市長はもともと記念碑の建立自体に否定的であった。また、この議会の決議で記念碑の建立に反対票を投じたほぼ半数のキリスト教民主同盟／キリスト教社会同盟議員の大半が、のちの投票でシュレーダー案に賛成している[83]。つまりこの記念碑案への投票は、もはや統一ドイツの首都の中心地に建立されることが不可避となったホロコースト記念碑の意義を限定的なものにしようとする試みであるとも解釈することができよう。

したがって、ここで問題となっていることは記念碑の形態だけではない。むしろ、統一されたドイツの国民としていかにホロコーストの記憶に向き合うべきであるのかという問題がもっとも本質的だったといえる。実際に、ホロコースト記念碑、とくにアイゼンマン構想に賛成する議員は記念碑建立の訴えをナショナル・アイデンティティの問題と関連させている。たとえばティールゼは、この記念碑をユダヤ人のためではなく、「政治的自己理解に対する私たち独自の信条告白」として私たちのために建立するのだと述べ[84]、ベックもこの記念碑でドイツ人は「私たちの過去から生じた私たちの特別の責任」を認めることになり、この責任に立ち向かうことは「私たちのナショナル・アイデンティティの問題でもあることを示さなければならない」と発言している[85]。一九七〇年生まれのＭ・ロート（社会民主党）は「政治的な責任を負うようになった若い世代」を代表して、「過去に立ち向かい、責任を引き受け、ホロコーストを記憶し、追想し、そして恥じるような未来志向の道」を探求することを宣言し、「私たち独自の記憶の形態を展開する」ことを要求しているが[86]、七二年生まれのＣ・ジンメルト（緑の党）も、ホロコーストに直接的な責任を負っている父親世代に苦労した「六八年世代」とは異なる新しい課題に自分たちの世代は立ち向かっているのだと発言し、「ノーモア・アウシュヴィッツは私たちにとっても使命と挑戦です。「ノーモア・アウシュヴィッツ」はドイツ人アイデンティティの一部にならなければならず、そうであるべきなのです」と訴えている(87)。このようにホロコースト記念碑をめぐる連邦議会での論争の本質は、ホロコーストの記憶をドイツ人のナショナル・アイデンティティの構成要素として確立すべきか否か、換言すれば、再統一された国民国家におけるドイツ人の国民形成においてホロコーストの記憶を取り入れるべきか否かをめぐる問題であったといえる。

第4節　“Holocaust”から“Holokaust”へ

現在では「ホロコースト」の名称が一般化しているが、ドイツでは戦後長らくこの歴史的事件を指し示す明確な概念は存在しなかった。加害者を糾弾するために「残虐行為」という一般的な概念が用いられ、あるいは「最終解決」、「絶滅」といったナチスの用語がそのまま使用されたが、アウシュヴィッツ裁判の後に「アウシュヴィッツ」がこの事件を象徴的に示す概念になった。「ホロコースト」概念がしだいに定着していったのはテレビ映画『ホロコースト』の放映以後であるが、それはホロコーストが唯一無二の歴史的出来事として表象され、その記憶がナショナル・アイデンティティを構成する重要な要素となっていった過程と表裏一体であった。なぜなら、「ホロコースト」概念によってこの歴史的事件は、ほかのジェノサイドや大量虐殺事件――たとえばアルメニア人殺戮や南京虐殺、ヒロシマ――とは異なり、特定の民族名や場所を明示しない独自の名称をもつことになったからである。すなわち、この概念はホロコーストの唯一無二性を示すと同時に、アメリカ先住民殺戮のように過去が経験し、生態系の壊滅的破壊のように未来にも起こりえる破局的な出来事の黙示録的なシンボルになることで、そのような出来事の悲劇性を表現したり、警告したりする記号として機能するようになった。こうして「ホロコースト」概念は国境をこえて定着していきながら、この歴史的事件は神話化され、過去と現在と未来のさまざまな事象を道徳的・政治的に評価する絶対的な基準となっていったのである。(88) たとえば占領下フランスにおけるユダヤ人連行の罪で九八年に旧国務大臣のM・パポンに禁固刑が下され、ポーランドではイェドヴァブネ村でのユダヤ人虐殺事件で非ユダヤ系ポーランド人が関与していた真相が追及され、さらにはイスラエルのパレスチナ占領政策に対するインティファーダに対して全世界から共感が寄せられたことも、七九年にアウシュヴィッツが世界遺産へ登録され、二〇〇五年にその解放の日が「国際追悼デー」に設定されたことも、そのような基準が貫徹していったことと密接に関係しているといえる。

ドイツにおいてこのことをもっとも明確に示している事例はコソヴォ紛争に対する軍事介入の決定であろう。湾岸戦争やボスニア紛争の際には「二度と戦争を起こすな」の原則が優先されたため、コール政権は連邦軍のＮＡＴＯ域外への派兵を断念せざるをえなかったが、コソヴォ紛争に際してシュレーダー政権は、武力を用いても民族浄化にもとづく追放や虐殺を阻止する歴史的な道義的責任をドイツが有することを強調して、むしろ「アウシュヴィッツを二度とくり返すな」の原則を優先し、連邦軍の軍事介入に踏み切ったのである。(89)

この意味でも、ホロコーストの記憶はドイツ人のナショナル・アイデンティティの構成要素として確立していったが、それにもかかわらず「ホロコースト(Holocaust)」が外来語のままであることを問題にして、この概念を“Holokaust”として定着すべきことが提案された。周知のように、語源が同じで、英語ではcを含む単語(たとえばconcrete, culture, communication)はドイツ語ではしばしばk(konkret, Kultur, Kommunikation)を用いて書き表される。つまり英語表記で使用されてきたホロコースト概念をドイツ語表記に替え、“Holokaust”概念を使用することは、この歴史的事件をドイツの歴史のなかに根づかせようとする試みにほかならない。その提案者である歴史家のE・イェッケルは次のように述べている。

「まさにドイツ人には(ホロコースト用語を自分の言語と綴りの様式に適合させる)言語上の理由とならんで、歴史上および歴史政策上の理由がある。ヨーロッパのユダヤ人の殺戮はドイツの歴史に属しているのだ。この殺戮を英語の綴りの言葉であらわすことは、この殺戮に対して距離をとることに等しい。Holokaustという綴りは歴史を自分自身のものとして身につける象徴的な行為でもある」(90)。

その提案を受けてG・クノップは、二〇〇〇年一〇月から一一月にかけて六回シリーズでテレビ放映されたドキュメンタリー番組のタイトルとして“Holokaust”(91)の概念を使用した。クノップは第三帝国に関するドキュメンタリー番組をゴールデンタイムに放映し、高い視聴率を獲得することに成功した歴史番組のプロデューサーとして知られている。その番組(92)のいくつかは『ヒトラー(Hitler – Ein Bilanz)』(ドイツでは九五年放映)や『ヒトラーと六人の側近たちⅠ・Ⅱ(Hitlers Helfer)』(九七年と九八年に放映)として日本でもNHKによって放送されており、ここで取り上げる“Holokaust”(邦題は『ホロコースト全証言　ナチ虐殺戦の全体像』(93))も含めて、これらの番組がもとづいている著作も数多く翻訳されている。

『ヒトラーと将軍たち』や『ヒトラーの女たち』のようなクノップのほかのシリーズのタイトルが示し

ているように、彼の番組の多くは個人に焦点を当てるという伝記的な手法を用いており、このような保守的な方法で彼はジャーナリストとして第三帝国への歴史的関心の高い需要にうまく応えることができた。一方“Holokaust”のシリーズでは、「人間狩り」から絶滅政策の「決定」、「ゲットー」、「死の工場」、「抵抗」、「解放」へとテーマに沿ってこの歴史的事件が追及され、体験者の証言と歴史的映像が交互に組み合わされて番組は進行していく。したがってここでは、犯罪の首謀者や特定の犠牲者や抵抗者に焦点を当てる手法はとられていない。たしかに反ユダヤ主義的なプロパガンダ映画を作成した監督や強制収容所のSS医師、看守などの加害者も証言者として登場するが、重大な責任を負う大物の大部分はこの番組の製作時点においてすでに他界しており、当時の年齢からしてまだ責任ある立場ではありえなかった人びと――『ヒトラー～最期の12日間～』にも登場するヒトラーの秘書から、解放後の強制収容所を強制的に見学させられたワイマール市民、ホロコーストを直接・間接的に目撃した一般兵士・市民に至るまで――がおもな語り部となっている。さらに、ユダヤ人の夫の拘束に抗議して解放を勝ち取ったドイツ人女性や、ユダヤ人を匿ってその命を救済したドイツ人男性も証言者として登場している。しかし、ホロコーストの責任はその大物だけに押しつけられることなく、証言からは一般市民、とくに一般兵士のあいだにもホロコーストの実態が比較的広く知れわたり、国内におけるユダヤ人への差別・迫害は黙認されていたことが示唆されている。また、国防軍や占領地の住民のホロコーストへの協力と関与も明確に指摘されている。ただし、加害者やナチ体制の同調者がその責任を否定する自己弁明も証言から外されていない。

一方、ホロコーストと戦後五五年を生き延びた犠牲者も、強制収容所の生存者からワルシャワ・ゲットー蜂起者、レジスタンス闘士、ガス殺に直接かかわった特別班の囚人にいたるまで多様であり、ドイツ語を母語とするドイツ系ユダヤ人も含めて、その国籍と言語もさまざまである。知的障害者を殺害した「安楽死」行動もテーマとして取り上げられ、ロマも犠牲体験者として証言している。この犠牲者たちの証言によってホロコーストは数字としてではなく、生身の個人的体験として伝えられている。

六〇年代のドキュメンタリー番組である『第三帝国』や写真集などは、この歴史を体験していない世代に対する啓蒙をおもな目的としていたため、第三帝国の国家と社会を客観的かつ構造的に理解させることに主眼を置いていた。また意図派のホロコースト解釈にしたがってその事件は物語られたために、ホロコーストを含むナチズムの犯罪の責任は、ドイツ国民を破局に導いた他者としてのヒトラーとその側近の「意図」に帰せられた。そのため、視聴者は加害者に憤激し、その犠牲者となったユダヤ人に同情と憐れみのまなざしを向ける第三者の立場に立った。これに対して〝Holokaust〟シリーズは手法を『ホロコースト』から学んでいる。すなわち、情緒的な音楽をＢＧＭとして使用し、証言者が感情を隠すことなく過去を語る姿を映し出すことで、ホロコーストの歴史を感情的にも追体験し、加害者にも犠牲者にも感情移入、あるいは自己同一化する可能性を視聴者に与えている。つまりここで問題となっているのはドイツ人の罪というよりも、むしろドイツ人のアイデンティティであった。

数多くのスタッフと研究者がかかわり、多くの研究成果が取り入れられ、発見された未公開の映像も使用されたこのドキュメンタリー番組に対する評価は比較的高かった(94)。たとえば歴史家のＮ・フライはこのシリーズを「ヨーロッパのユダヤ人の殺害に関してドイツのテレビで放映されたなかで最高のものに属する」と評している(95)。もちろん、大量殺戮をテーマとしたこのドキュメンタリー番組は、ヒトラーやその側近、将軍の伝記を扱っていたクノップのほかの番組に匹敵する視聴率をあげることはできなかった。『ヒトラーと六人の側近たちⅡ』が六八〇万人、『ヒトラーと将軍たち』が五二〇万人の視聴者を得たのに対して、“Holokaust”は二六〇万人にとどまり、視聴率は一〇%を大きく割り込んだのである。そのあとに放映され、E・ブラウンやM・ディートリヒなどを取り上げた『ヒトラーの女たち』の視聴者数はその二倍の五〇〇万人であった。「犠牲者はあまり関心を抱かれず(96)」と「ヒトラーの女たちが好まれる(97)」が両シリーズを論評した『シュピーゲル』誌の記事の見出しであった。しかし、ドイツ人の「犠牲者」である避難民と被追放者をテーマとした『大避難』は翌年の二〇〇一年に『ヒトラーの女たち』をこえる視聴者数を獲得している(98)。ドイツのテレビ界はドイツ人の犠牲者に関するドキュメンタリー番組を製作するために、ユダヤ人の犠牲者を扱うドキュメンタリー番組を製作するという手筈を整えておかなければならなかったといえよう。

第4章

ホロコースト・モデルの確立と国民形成

第1節　新しい歴史的主体とその身体

「世界史的個人は冷静に意志をかため、広く配慮をめぐらすのではなく、一つの目的に向かって傍若無人に突進します。だから、それとは関係のない偉大なことがら、それどころか神聖なことさえ屁とも思わずに扱う場合もあります。もちろんそのふるまいは道徳的な非難を受けます。しかしそのような偉大な人物が、あまたの無辜の花々を踏み潰し、行く手に横たわる幾多のものを破壊して瓦礫にしていく(zertrümmern)ことがあっても、仕方がないことなのです(1)」。

ヘーゲルの『歴史哲学講義』は、それまで複数の「諸歴史」の雑多な集合体であった世界史を、固有の時間軸に沿って動き、「諸歴史」を包括する体系的な統一体として書き換えたことによって、「世界史」の誕生を告げる古典的な著作であるといえる。こうして歴史は、それ自身の必然的な目的(テロス)をもち、あたかも自らの意志でその到達点に向かっているかのようにイメージされるようになった。「世界史的個人」とは、自覚の有無を問わず、そのような目的を実現するように「傍若無人に突進」する歴史的主体である。ヘーゲルはアレクサンダー大王やカエサルと並んでナポレオンに「世界史的個人」の代表的人物を見出したが、この著作のもととなる講義を行なっていた時点でナポレオンはすでにセントヘレナ島に幽閉されていた。その悲劇的な最期の史実を知っている後世の多くの人びとにとっても、ナポレオンは典型的な「世界史的個人」でありつづけた。その目的を道半ばで阻止され、破滅したにもかかわらず、彼は世界史の必然的な目的を実現していた「世界史的個人」とみなされつづけたのはなぜなのか。この問題を考えるうえで、Ｇ・ジンメルの運命論は示唆に富む。

「〔われわれの生の徹底した必然性もやはりなんらかのかたちである偶然的なものであるという不気味な〕この感情とは正反対であり、それを克服しているのは芸術の形式としての悲劇だけである。なぜなら悲劇は、偶然的なものがまさに心底まで必然性につらぬかれていることを私たちに感じさせるからである。たしかに悲劇的英雄は何らかの外部の所与と彼独自の生の志向とのあいだの軋轢のために破滅する。しかしこのような破滅が起こることは、まさにその生の志向のなかにまったく根本的にあらかじめ定められている——もしそうでなければ、彼の破滅は悲劇的なもの(Tragisches)にはならず、たんに無惨なもの(Trauriges)でしかないだろう。偶然の不気味さを必然的なものに止揚していくことに悲劇の「和解する働き」がある。そのかぎりで悲劇はつねに「運命」の悲劇である(2)」。

つまりナポレオンが「世界史的個人」とみなされたのは彼が、歴史の偶然性が克服され、その必然性が実現されていくことを自身の悲劇によって体現した「悲劇的英雄」だったからである。そして、ナポレオンの行為に必然性を認める者にとって、彼に踏み潰された「あまたの無辜の花々」は「悲劇的なもの」ではなく、哀れを催させる「無惨なもの」にすぎなかったといえよう。つまり、この「無辜の花々」は「悲劇」に襲われたのではなく、「惨劇」に見舞われたのである。

人種主義的なユートピアの実現という目的を抱き、アーリア人あるいはドイツ民族であることを必然化していたヒトラーもまた、まさに「世界史的個人」と「悲劇的英雄」を自覚的・意図的に演じた人物であった。この二人の「世界史的個人」は歴史のなかに異なる必然性をみていたが、踏み潰した「無辜の花々」の数も桁違いに違っていた。ユダヤ人であるという理由だけでなく、その抹殺を必然化した歴史観によって、ヒトラーは道徳的な非難を歯牙にもかけずに数百万という「無辜の花々」を踏み潰し、まさしく「行く手に横たわる幾多のものを破壊して瓦礫にして」、前代未聞の惨劇をもたらした「世界史的個人」であり、総統地下壕のなかで自ら命を絶って悲劇を演じようとしたのである。

もちろん戦後のドイツ社会はその死に悲劇性を認めず、したがって彼を犠牲者とみなすこともなかった。むしろ、彼を暗殺する計画に失敗して、銃殺されたシュタウフェンベルクを中心とする「七月二〇日の男たち」が「悲劇的英雄」として祭り上げられたが、ここではその身体表象に着目してみたい。すなわち、一九五三年にこの「男たち」の行動を想起するために、指令本部となったベルリンの旧国防軍庁舎の中庭に記念碑が建てられたが、そこでは「男たち」は、市民階級が、そしてナチズムが理想とした規律化された古典主義的な身体をもち、手を縛られた姿（図4－1）で表象＝代表されたのである。さらにその悲劇は五五年に『七月二〇日に起こったこと』（G・W・パープスト監督。邦題は『ヒトラー暗殺』）と『七月二〇日』（F・ハルナック監督）の二つの映画によって取り上げられたが、そこで描かれたシュタウフェンベルクの身体は規律化されているだけではない。その身体には、戦闘により片腕と左目を失い、義手と眼帯をつけてふたたび軍務に従事するという愛国主義も深く刻み込まれている（図4－2。『七月二〇日に起こったこと』の映画ポスター参照）[3]。これに対して、六五年にノイエンガンメ強制収容所跡に元アウシュヴィッツ収容者が製作した囚人像（図4－3）や、六七年にダッハウ強制収容所跡にユーゴスラヴィアの彫刻家が表現した囚人像（図4－4）は、シュタウフェンベルク像とは対極的な姿でナチ犠牲者を表象＝代表している。この二種の身体表象を見比べながら、これまでくり返し登場した二つの犠牲者概念、すなわち能動的犠牲者（Sacrifice）と受動的犠牲者（Victim）を明確に定義しておこう。

能動的犠牲者とは、規律化された身体を通して歴史の必然的な目的を追求する「世界史的個人」をモデルとする国民的な英雄であり、多くの場合にその目的の追求に挫折し、その身体が悲劇的に破滅することで、国民史の必然性を体現する歴史的主体である。一方、受動的犠牲者とは、この歴史的主体が追求する歴史の必然性にとって「行く手に横たわる」偶然的な存在であり、その目的のために踏み潰された無惨な「無辜の花々」である。

戦後長らくホロコースト犠牲者がまったく忘却されたわけではないが、歴史的に重視されることはなく、ナチスの残虐性を証明したり、ドイツの過去の犯罪を反省したりするために持ち出されるだけの存在だったという理由もまた、この定義を用いて言い換えることができよう。すなわち、この犠牲者は、ナチスが

図 4-1

図 4-2

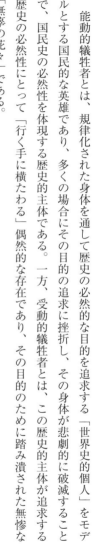

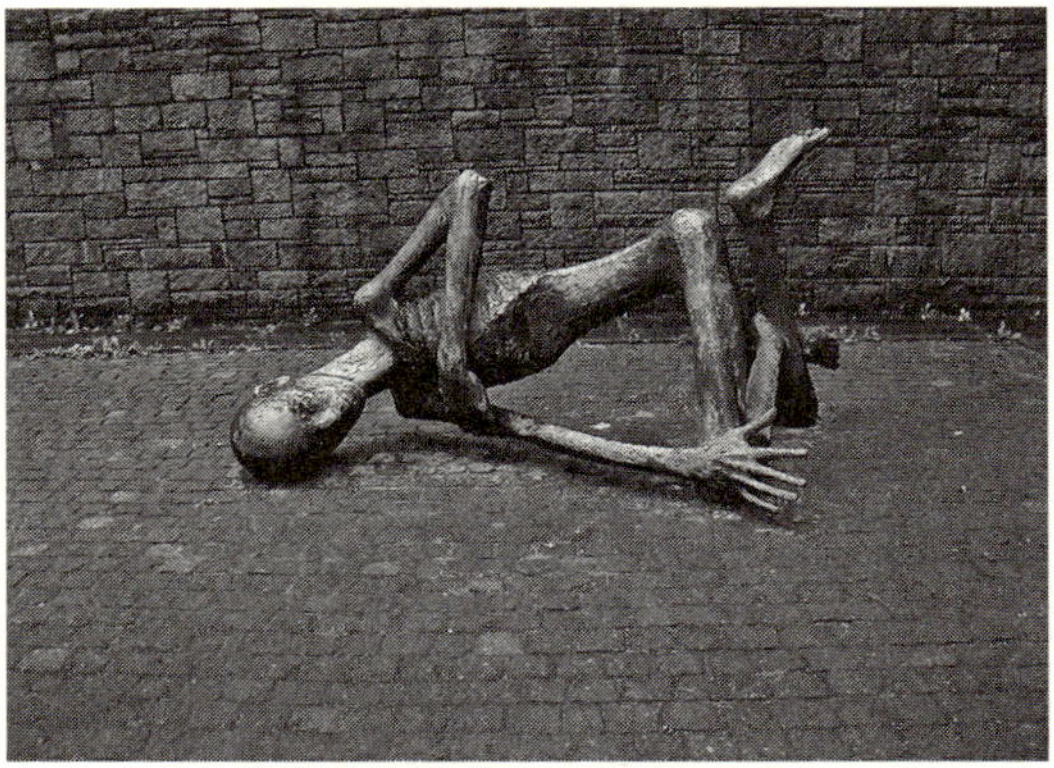

図 4-3

図 4-4

必然的であるとみなした目的のために踏み潰された受動的な「無辜の花々」として表象されつづけ、その惨劇に「悲劇的」要素は見出されず、したがって歴史的意味もあまり認められなかったのである。ナチズムによって人種主義的に表象されたユダヤ人の身体と、その人種主義の犠牲となって衰弱し果てた骨と皮だけの死体と生存者の身体は、戦後になってもシュタウフェンベルクを通して表象された身体、すなわち市民的価値観《リスペクタビリティ》を身につけ、規律化された愛国主義的な身体の対極にあった。[4] しかし逆にいえば、とくに一九八〇年代以降にホロコーストが唯一無二の歴史的事件とみなされ、その犠牲者が国民的記念碑からポピュラー・カルチャーにいたるまで盛んに表象されていったことは、受動的犠牲者に対する歴史的評価と歴史的主体に関する認識が大きく変化したことを示唆してはいないだろうか――この問題を、世界でもっとも著名なホロコースト犠牲者であるアンネ・フランクの表象の変化を検討することで考察してみよう。

本書第1章第3節で詳述したように、アンネ・フランクの物語はその日記の演劇化と映画化によって「普遍主義的」に構成された。すなわち、フランク一家を含む隠れ家生活を強要された犠牲者の民族性は強調されず、彼女はどこにでもいるティーンエージャーとして、その逆境にもかかわらず人間の善を信じつづけたヒューマニスティックなヒロインとして描かれたのである。こうしてホロコーストはこの少女を成長させた舞台背景になり、加害者の民族性も曖昧にされた。アンネ・フランクは、大人たちの愚行が招いた政治的事態に絶望して屈することなく、未来を信じてその事態に果敢に立ち向かう少女となり、人類のよりよき未来に身を捧げた能動的犠牲者として表象された。その意味で彼女の苦しみと死は「惨劇」ではなく、「悲劇」として物語られることになった。だから現実の日記だけではなく、その演劇版と映画版でも、彼女の物語は隠れ家が発覚した時点で終わっている。また、演劇版や当時の回想録では彼女の強制収容所での生活が悲惨なものではなかったことが強調されている。「悲劇的英雄」としてのアンネの最期は、苦しみの果てに死にいたった無惨な姿で表現されてはならなかったのである。むしろアンネは、ティーンエージャーのアイドルとして、その心のなかで笑顔のまま生きつづけなければならなかった。

テレビ映画『ホロコースト』放映以後、ホロコーストの犠牲者としてふたたびアンネ・フランクへの関心は世界的に高まった。たとえば、アンネ・フランク財団によって八〇年代に催された移動展覧会『アンネ・フランクの世界　一九二九～一九四五年』は日本を含む世界各都市で開催され、八九年までに一五〇万人以上の観客を動員している。この展示は、時代背景を説明しながらアンネ・フランク一家の家族写真によって彼女の生涯をたどるという構成をとっていない。むしろ、ナチスの政権獲得やその人種主義政策のような時代背景の写真のなかに、家族写真がはめ込まれている。つまり、なぜフランク一家は故郷のフランクフルトを去ってアムステルダムに移住しなければならなかったのか、なぜドイツのオランダ占領後に一家は隠れ家生活を強要されたのか、ゲシュタポに連行され、居住させられた強制収容所がどのようなところで、何が起こっていたのか、といったアンネ一家の運命を引き起こした原因とその結末が写真と解説によって理解されていくことに、この展覧会は主眼を置いているのである。そこには、現実には映像に残されていないアンネの屍《しかばね》に代わって、解放後のベルゲン・ベルゼン強制収容所のおびただしい数の死体の写真も展示され、最後には当時のネオ・ナチによる反ユダヤ主義行動や極右の反外国人行動などの写真を通して、過去を反省していない現状が訴えられている。(5)

また、九五年にはJ・ブレア監督により『アンネ・フランクの記憶(Anne Frank Remembered)』(ドイツでは『アンネ・フランク――時代の目撃者の記憶(Anne Frank - Zeitzeugen erinnern sich)』、邦題は『アンネ・フランクを忘れない』)がドキュメンタリー映画として公表され、拘束後に送られたオランダの通過収容所や、アウシュヴィッツを含む強制収容所でのアンネの状況に関しても扱われている。

劇映画もアンネをふたたび取り上げた。二〇〇一年にアメリカ・チェコ合作映画として『アンネ・フランク』がルーマニア出身のオーストリア人監督、R・ドーンヘルムによって製作されている。オリジナルの英語版には「全体の物語(The Whole Story)」、ドイツ語版では「真実の物語(Die wahre Geschichte)」という副題がついているように、『アンネの日記』の演劇・映画版では密告による隠れ家生活の終わりまでしか描かれていなかったアンネの生涯はこの映画では死にいたるまで辿られ、上映時間のほぼ五分の一をかけて強制収容所におけるアンネが映し出されている。この映画のアンネ役はもはや、あくまでも人間の善を信じようとし、逆境に耐えて生きようとする普遍的な少女像を演じていない。迫害を受ける原因がナチス・ドイツの人種主義にあり、ユダヤ人であるがゆえに惨劇がもたらされていることが明確にこの映画では示され、ドイツ社会に同化していたフランク家のなかで育ったアンネは、迫害の体験を通して自らの民族性を自覚していく。さらに、善と悪の両者が世界に存在することを知ったアンネは、ドイツ人への憎悪をあからさまに語る。そして、生殺与奪の権を握っていただけではなく、収容者から希望と生命力までも奪っていった強制収容所の例外状態のなかで彼女は憔悴し、最終的には飢餓と絶望のなかで死に絶えていくのである。〇九年にイタリア映画として製作された『アンネの追憶』(A・ネグリン監督)にいたっては、強制収容所でのアンネの生活が映画の主要な部分を占め、隠れ家生活はまだ正常な家族生活を営みえたという意味で、それ以後に始まる受難劇の序幕にすぎない。この映画でもアンネの凄惨な最期が描き出されているが、『アンネ・フランク』同様、強制収容所の世界にはアンネが自己同一化して能動的に犠牲となる共同体は存在しない。彼女を唯一支えていた家族という共同体も引き裂かれ、失われていく。つまりこれらの映画で展開されているのは、「悲劇」というよりも「惨劇」であって、その主役は「悲劇的英雄」としての能動的犠牲者ではなく、悲惨な死を遂げる「無辜の花々」としての受動的犠牲者なのである。そして、このような変化は、能動的犠牲者に代わって——正確にはこの犠牲者とならんで——受動的犠牲者が世界史的主体として登場してきたことを告げている。「屠られた羊」のイメージで見られていた第２章

第２節の図２‐７で示した「ゲットー蜂起写真」が、この時期にホロコーストを表象＝代表する「世紀の写真」となっていったことも同じ現象である。

このような変化のなかで受動的犠牲者として表象され、また自らそのように表象することで歴史的主体を構成していった代表的な集団として、男性の同性愛者をここで取り上げてみよう。ドイツ帝国の成立とともに定められた刑法一七五条によってドイツでは同性愛は犯罪行為とみなされ、刑罰の対象となったが、ナチ政権はこの反同性愛条項を強化して同性愛行為の範疇を著しく拡大した。(6) そのため、刑法一七五条によって有罪判決を受けた同性愛者の数はそれまで年間一〇〇〇人をほとんどこえることがなかったが、一九三五年以降にその数は数千人に増加し、三七年と三八年には八〇〇〇人をこえたのである。最終的に約五万人の同性愛者にナチス支配下の法廷は有罪判決を下したが、(7) その一部は強制収容所に入れられることになった。同性愛者はそこで、政治犯やエホバの証人、「反社会分子」などと同様に、独自の色で識別される特別のカテゴリーとして扱われ、その囚人服にはピンクの三角章が縫いつけられた。正確な数字は判明されていないが、その収容者数は五〇〇〇から一万五〇〇〇のあいだと算定されている。政治犯などとは異なり組織体験が乏しかった同性愛者は収容者共同体のなかで孤立し、またそのヒエラルヒーの最底辺に位置づけられて、劣悪な扱いを受けた。(8) そのため、所在が確認できた収容者だけを対象とした調査では、同性愛者の死亡率は六〇％（政治犯は四一％）にのぼり、強制収容所の解放時に生き残った同性愛者は二六％（政治犯は四一％）にすぎなかったのである。(9)

それにもかかわらず、第三帝国の崩壊後に同性愛者はナチズムの犠牲者とは認められなかった。たとえばその犠牲者の救済を目的にして終戦直後に結成されたベルリンの「ファシズムの犠牲者」中央委員会は、ヒトラー独裁と闘った者だけ、すなわち反ヒトラー共同体のために献身した能動的犠牲者だけを「犠牲者」として承認したのである。しかしそれではユダヤ人の大半もその範疇から外れたため、のちにニュルンベルク人種法にもとづいて迫害された者も犠牲者リストに加えられたが、同性愛者はそのリストから排除されたままだった。[10] このような状況は西ドイツの建国後も変わらなかった。[11] 五六年の「連邦補償法」もナチズムに反対した政治的犠牲者と人種・信仰・世界観によるナチ迫害の犠牲者を賠償の対象に限定し、同性愛者の迫害は治安上の問題に還元されたため、この犠牲者は賠償の対象から外れたのである。[12] また、刑法一七五条は西ドイツでも失効せず、西ドイツの司法当局はナチスによって強化された解釈のまま同性愛者に有罪判決を下しつづけた。六二年における政府声明によれば、「性生活を清潔かつ健全に保つことは、民族の存立と自然の生秩序の保持にとって極めて重要な前提」なのであった。[13] つまり、同性愛者はドイツ人共同体にとって能動的犠牲者ではありえなかったどころか、むしろ「加害者」でありつづけたことになる。

六〇年代末以後の自由主義的改革の流れのなかで刑法一七五条も改革の必要が問われるようになり、六九年の改正によって二一歳以上の成人による同性愛行為は刑罰の対象ではなくなった。七三年にその年齢は一八歳に引き下げられている。刑法一七五条の目的は同性愛者の処罰から青少年の「保護」に変わったのである。[14]

またそのころ、同性愛者に関する映画『倒錯しているのは同性愛者ではなく、その生きている状況』[15]（七一年。以下、『倒錯』と略）が公開され、さまざまな反響を呼ぶことになる。自身が同性愛者であるＲ・ｖ・プラウンハイム監督によって製作されたこの映画は、男性同性愛のサブカルチャーを描いた劇映画であるが、彼らが受けている偏見や差別の「状況」を訴えることを主要な目的とはしていない。この映画がむしろ問題にしているのは、マジョリティ社会が押しつけ、性的マイノリティが受け入れている市民道徳であり、これによって同性愛者が差別を恐れ、身を隠しながら、マジョリティ社会に順応して、受動的に生きている「状況」である。自分に対する恥辱感や嫌悪感こそが同性愛者が克服しなければならないもっとも重要な課題であった。したがってその批判的視線は同性愛者自身にも向けられ、組織化を通してそのような状況から自らが解放されていく行動がここでは訴えられている。ゲイ・コミューンで生活する同性愛者たちはラストシーンで次のような決意を語っている。

「私たちは寛容に扱われるだけではなく、受け入れられることを望んでいる。住民の側からの承認だけじゃなく、私たち相互の行動が重要だ。〔……〕私たちは自らを組織しなくちゃいけない。もっとよい居酒屋が、優秀な医者が、職場での保護が必要だ。われらが同性愛に誇りをもて！　トイレから出て、街頭に行け！　ゲイのための自由だ！」

問題を能動的に解決するために組織化を行なうことを提唱する『倒錯』がナチ時代の同性愛者迫害・殺害の問題を扱っていないことは単なる偶然ではあるまい。この映画が求めていたのは、解放されるべき同性愛者共同体のために献身する能動的な身体であるからだ。しかしこの状況は一九八五年ごろから大きく変化していく。この年に行なわれた終戦四〇周年記念の演説でヴァイツゼッカー大統領は、国家の最高代表者として西ドイツ史上初めて同性愛者を追悼すべきナチ犠牲者として言及し[16]、同性愛者団体も第三帝国における迫害の記憶を呼び覚ます公的な催しにかかわっていくことになるからである。まず、ハンブルク近郊のノイエンガンメ強制収容所跡には八五年五月に「ナチズムの同性愛犠牲者のために」と刻まれた記念板が社会民主党、自由民主党、緑の党の代表が臨席するなかで据え付けられた(17)。こうして西ドイツ史上初めて、ナチズムの犠牲となった同性愛者が記念碑によって公的に追悼されることになったが、ダッハウ強制収容所跡でも同じ年に同様の試みが行なわれていた。ミュンヘンの同性愛者団体は、記念碑設置に関して権限をもつ「ダッハウ国際委員会」に、同性愛者追悼のための記念板を敷地に設置するよう誓願したのである。この提案は拒否されたが、八八年にその記念板が跡地内のプロテスタント和解教会の敷地に一時的に公開されることになり、九五年からはダッハウ収容所博物館の追悼の部屋に安置されている(18)。八九年にはベルリンにおける同性愛者サブカルチャーの伝統ある中心地であり、それゆえにナチ当局の手入れと検挙の現場ともなったノレンドルフ広場にも、類似した記念板が同性愛犠牲者のために捧げられている（図4－5参照）(19)。ケルンでは同性愛者の市民運動によって記念碑の設立が決議され、九五年にライン河畔に立体形の記念碑が建立された(20)。

図4-5

これらの記念板と記念碑はいずれも碑文で「撲殺され、黙殺された」という表現を用いており、こうしてドイツの二重の「犯罪」――ナチスの犯罪とそれを沈黙した戦後の犯罪――が想起されている。また、ノイエンガンメの記念板も含めていずれにおいても、ピンクの三角章がシンボルに用いられている。これはドイツだけの現象ではない。オーストリアのマウトハウゼン強制収容所跡やアムステルダム、ハーグ、シドニー、サンフランシスコ、アラスカ、トリエステなどの同性愛者記念碑でもその記号が使用されているのである。つまり、自らを能動的に表象＝代表するために身につけた記号ではなく、ナチスによって排除と抑圧と殺害のために受動的に張り付けられた記号が、国境をこえた同性愛者のアイデンティティを歴史的に形成するためのシンボルとして機能することになったのである。このようにして形成されたアイデンティティを私たちはためらいなく「ヴィクティム・アイデンティティ」と呼ぶことができよう。

一方フランクフルトでは、同性愛者迫害の記憶はブロンズ像の形で表現された。九〇年から始まっていた記念碑設立の動き(21)は九一年にヘッセン州に社会民主党と緑の党の連立政権が樹立したことで加速され、九三年に記念碑コンペが開催され、Ｒ・トロッケルの作品を記念碑として建立することが決定された。ケルン大聖堂の飾り切妻に置かれていたが、現在では翼などが損傷した不完全な石膏モデルしか残存していない「巻物をもつ天使」像がこの作品のモデルとして使われている。トロッケルは、破損した部分もそのまま鋳造してこの天使像のレプリカを作成したのちに、その首を切り取って、首の向きを意図的にずらして接着し、首にその「傷跡」を残すという構想を提示したのである。この「フランクフルトの天使」(22)は九四年に完成した(図４-６)。

天使は歴史的記念碑に頻繁に用いられるモチーフであり、多くは——ベルリンの戦勝記念塔やライン河畔のニーダーヴァルト記念碑のように——勝利の女神や守護神として国民史のシンボルとなった。しかし「フランクフルトの天使」は、すでに損なわれている天使像のレプリカであるだけではなく、その首が切り取られ、位置をずらして修復されているという痛々しい姿となることで、その国民史のなかで生じた迫害とその犠牲者を表象しようとした。作者のトロッケルによれば、司法による合法的で、体系的な同性愛者迫害をすでに「完了している」こととしてではなく、いまだに「修繕／回復できていないもの」、「賠償／埋め合わせをしていないもの」としてその過去を記憶させること、そして硬直した正常性との関係において、同性愛が今なお「ずれている／狂っている(Verrückung)」存在であり、したがってその社会的受容はいまだ弁済されていない現在の課題であることを指示することが、この記念碑で意図されている[23]。その意味でこの天使は、W・ベンヤミンによって解釈されたP・クレーの「歴史の天使」のように、時代の潮流に翻弄されていく受動的犠牲者の守り神であるといえる。

図 4-6

　また、ベルリンのホロコースト記念碑の計画が持ち上がり、それがユダヤ人犠牲者だけを追悼するものになることが決定されてから、同性愛者団体は同じような国民的な記念碑の建立を要求してきた。その結果、連邦議会が建立を決議した五年後の二〇〇八年に「ナチズムで迫害された同性愛者のための記念碑[24]」が、ホロコースト記念碑から道路一本隔てた場所に落成されるにいたった。幅四・七メートル、奥行き一・九メートル、高さ三・六メートルの黒い直方体の形をしたこの記念碑は、隣接するホロコースト記念碑の石柱と大きさは異なるが、類似した形態をもつ。しかしその直方体の一面の中央には窓が開いていて覗き込むことができ、そのなかでビデオ映像がエンドレスで映し出されている。そこで上映されているのは、同性愛者の迫害と殺害を記録した歴史的映像ではなく、現在の同性愛者が接吻するシーンである。この記念碑は、ホロコースト記念碑とほぼ同じ形をもつことで人間の平等をあらわしているが、その人間は互いに差異をもつ存在であることを示すために、ホロコースト記念碑にはない窓を設け、そこに同性間の接吻のビデオ映像を流した。同性愛者には快楽であるが、小市民的な道徳の持ち主には不快感を抱かせる行為を見せつけることで、ここでは人間の差異が意図的に現出されている。

劇映画でもナチ強制収容所における同性愛者が題材にされている。演劇『ベント（Bent）』[25]が一九七九年にロンドンで初演され、翌年にドイツでも公演された。それは九七年に英日合作で映画化された（S・マサイアス監督。邦題は『ベント――堕ちた饗宴』）。ローリング・ストーンズのミック・ジャガーが共演したことでも話題となった『ベント』は同名でドイツでも公開され、その物語は広く知られることになる。

この映画の主人公は、ベルリンで麻薬売買によって生計を立てていた同性愛者のマックス。同性愛者として知られていた突撃隊の指導者が粛清されたレーム事件以後、同性愛者に対するナチスの迫害が本格化していくなかで、彼は恋人の男性とともに逮捕される。ダッハウ強制収容所に向かう列車で、同性愛者が強制収容所で最悪の扱いを受けることを知ったマックスは、保身のために恋人との関係を否定し、ナチ士官の命令に従って恋人の撲殺に加担してしまう。こうして彼は同性愛者であることを隠し、強制収容所でユダヤ人の徽章をつけることに成功した。そのダッハウで彼は、積み上げられた重い石を一つ一つ無意味に移動させるだけという嫌がらせの作業を強いられたが、看守を買収することで、同性愛者としてプライドをもつホルストと二人だけで作業時間を過ごすことになる。やがて、緩い監視のなかで情愛を抱き、欲情するようになるが、互いの身体に触れることは許されない二人は、言葉と想像力によってオルガスムスに達するようになる。しかし高圧電流が走る有刺鉄線に触れるというSS隊員の死の命令にはむかったホルストは、マックスの目の前で銃殺されてしまう。死体の処理を命じてSS隊員が去っていった後に、マックスはピンクの三角章のついたホルストの囚人服に着替えて、高圧電流が流れる有刺鉄線に自ら身を投げた。このように同性愛者として死ぬことを主人公が選択して、この映画は終わる。

イギリスの社会学者A・ギデンズは「解放の政治」の二つの主要な要素として「過去の拘束を放棄し、そうして未来へ向けて変化する態度を可能にしようとする試み」と「他者によって個人や集団が不当に支配されることを克服する目的」をあげている[26]が、映画『倒錯』は同性愛者を差別と社会的孤立から解放し、その平等な扱いを求めたという意味で「解放の政治」を実践していたといえよう。この映画のラストシーンにおけるゲイ・コミューンの人びとにとって、過去に受動的犠牲者であったことは屈辱の体験であり、ピンクの三角章は抑圧と恥辱のシンボルにほかならない。それを身体から引きはがすことこそがまさに解放の行為であり、同性愛者としてのプライドの表現である。踏み潰された「無辜の花々」であったナチス時代の過去を乗り越え、戦後もそのような「花々」でありつづけた同性愛者の規律化と組織化を達成することによって、その主体は立ち上げられなければならなかった。しかし、一九八〇年代中ごろから同性愛者運動は「無辜の花々」としての過去を想起することを基本的な戦術として用いはじめ、平等よりもむしろ差異の権利を強調しながら、主体の形成を試みるようになった。強制収容所における同性愛者の身体を具象的に描き出した『ベント』は、その変化を示すドキュメントである。この映画では、『倒錯』と同じように同性愛者のプライドがテーマとされているが、その主人公はむしろピンクの三角章を身につけることでそのプライドを表明しているからである。マックスはホルストとともに、差異を否定する排除・抑圧体制のなかで忌避され、法的にも禁じられた身体的欲望を、そのもっとも厳烈な空間のなかでも想像力によって満たしつづけた。さらに彼はピンクの三角章が縫いつけられた囚人服をまとい、排除・抑圧体制のシンボルとしての有刺鉄線に向かって同性愛者としてのアイデンティティをカミングアウトし、死によってそのアイデンティティを永続化させている。二人の死は平等という必然性に向かう歴史的過程のなかで生じたという意味での「悲劇」ではない。それは偶然にも同性愛者であるという差異のために被った「惨劇」である。その偶然性に対して「健全」なる民族が形成されなければならないという必然性が立ちはだかったために生じた「無辜の花々」の「惨劇」から、いまや歴史的主体が形成されているのである。ここで表象された同性愛者の身体に私たちは、「世界史的個人」が能動的犠牲者(Sacrifice)から受動的犠牲者(Victim)へと変化していく一つの典型的な事例を見出すことができよう。

第2節　新しい歴史的主体と社会構造の変化

このような新しい歴史的主体をイタリアの哲学者G・アガンベンは「ホモ・サケル」として概念化している。彼の定義によれば「ホモ・サケル」とは、犠牲化不可能(insacrificabile = unsacrificeable)であるにもかかわらず、殺害可能である「剝き出しの生」である。「犠牲化不可能」の「犠牲」とは、本書の概念区分を用いればサクリファイスとしての能動的犠牲に当たる。したがって犠牲化不可能であるということは、

「ホモ・サケル」の犠牲と死がその共同体に寄与することはありえず、したがってその生は共同体に帰属する条件を前もって剝奪されていることを意味する。さらに「ホモ・サケル」は、殺害されうる対象として共同体の枠内にいるが、その殺害が違法行為とはならないという意味で例外状態に置かれている。すべての共同体の秩序はこの例外状態にもとづいて形成されているのだとアガンベンはいう。この秩序を保証する規則はその内部の出来事の適法性や違法性を判断することはできても、その規則自体を根拠づけることはできない。したがって、規則は例外との関係を保つことによってはじめて規則として自らを構成する。つまり、例外状態について決定を下すことなしにその秩序は維持されえない。アガンベンは政治学者Ｃ・シュミットの定義にしたがってその決定を下す者を「主権者」と呼んだ。秩序の効力を宙吊りにすることで法的秩序の外部にいながら、その権力を法的秩序によって認められているという意味でその内部に所属している主権者は、例外状態のなかで「ホモ・サケル」を生み出し、それを排除しながら包摂するが、このことはその法的秩序にとって根源的なことなのだという。アガンベンはそれを有史以来、普遍的に認められるものとしているが、例外状態が規範的に実現される構造として「収容所」に注目しながら、現代の特徴を次のように指摘している。

「ここで我々のおこなう探究のテーゼの一つは、現在にあっては例外状態こそが基礎的な政治構造としてしだいに前景に現れ、ついには規則になろうとする、というものである。現代はこの局所化不可能なものに対して、目に見える恒常的な局所化を与えようとしたが、その結果が強制収容所だった。実のところ、監獄ではなく収容所こそ、ノモスのこの原初的構造に対応する空間なのである[27]」(傍点は引用者)。

ここでは、アガンベンの理論の真偽を検討し、それに評価を下すことを目的としない。むしろ彼が「監獄」と「収容所」を対比していることに注目したい。周知のとおり、「監獄」を近代的権力が行使される空間のモデルとして取り上げ、とくにパノプティコンと呼ばれる一望監視装置に着目して、そのような権力を規律訓練型権力として分析したのはＭ・フーコーであった。その著作『監獄の誕生』は七五年に著されたが、そのような空間モデルをむしろ「収容所」に見出したアガンベンの著作『ホモ・サケル』はその二〇年後に出版されている。そしてこの二〇年という時間が、「唯一無二」の歴史的事件としてホロコーストが認識されていく時期と重なり合っていることに着目するならば、この時差に国家・社会とその権力構造において生じた変化を読み解くことはできないだろうか。

この問題を考えるうえでＧ・ドゥルーズが九〇年に公表した論文「追伸――管理社会について」[28]は示唆に富む。この時点でドゥルーズは、フーコーが分析した「規律社会」が「管理社会」にとって代わろうとしているとみているのである。学校や兵舎、工場など空間を通した「監禁」を特徴とする規律社会では、個人と集団を組織体にまとめ上げ、各成員の個別性を型にはめ込んでいく個別的な鋳造作業が行なわれていたのに対して、管理社会では監禁に代わって「刻一刻と変貌をくりかえす自己＝変形型の鋳造作業」である「転調」が機能することになったのだという。ドゥルーズはこの変化を、生産を目標とした「十九世紀の資本主義」から、サービスを売り、規律の形成はもはや有効ではなくなった「現在の資本主義」への転換として論じているが、本書はこの転換をフォーディズム体制からポストフォーディズム体制への転換として読み解いてみたい。もちろん「規律社会」はフォーディズム体制と同一ではない。しかしこの体制を歴史的に「規律社会」の最終段階に位置づけるならば、私たちは新しい世界史的主体の誕生を社会体制の変化から生じた現象として論じることができるのではないだろうか。

表 4-1

	フォーディズム	ポストフォーディズム
生産様式	大量生産・大量消費	多品種少量生産・消費
組織原理	市場の組織化	市場による組織化
組織形態	コマンド・システム ヒエラルヒー 規律化・合理化	間接統制 人格－個人《パーソン》 自己管理
労働倫理	ピューリタン的労働倫理	コミュニケーション的労働倫理
労働力タイプ	プロレタリア→職業化された被傭者	労働力企業家
資格・技能	専門的な職業資格・技能 職業教育	抽象・包括的なメタ能力 永続的な継続教育
領　　域	労働／労働時間・生産・職業・男・労働力⟺生活／余暇・再生産・家族・女・人格－個人《パーソン》の境界化	脱境界化＝生活の労働化／経営化
生活態度	戦略的	状況的

ポストフォーディズム研究(29)を参照しながら、表4－1にフォーディズムとポストフォーディズムの特徴を図式的に対比してみた。後者の特徴を際立たせるために、さしあたりフォーディズムを、市場を組織に従属させることで市場原理が内包する偶然性を処理し、生産と消費を計算可能なものとして長期的な計画によって実行する体制であると定義しておこう(30)。そのための組織形態が、ヒエラルヒーにもとづく命令－服従関係のコマンド・システムであり、そのさいに計算可能な生産者と消費者を形成するために、伝統的な生産様式はピューリタン的労働倫理によって規律化され、生活・余暇領域も合理化された。労働と生活・余暇の領域は、性分業にもとづく生産と再生産の活動領域として厳密に区分されたが、他律的な生産の領域では主観性はコマンド・システムにとって妨害要因とみなされた。客観的な道具的存在としての労働力と主

観的な個性的存在としての人格《パーソン》－個人が分離され、後者の展開は生活領域で許されたのである。集約的な長時間労働を課された熟練度の低いプロレタリアからこのフォーディズムによって生み出された労働力のタイプを、G・G・フォスらは「職業化された被傭者」(31)と命名した。産業社会になって「身分」に代わる概念となった「職業」は、青少年期に職業教育を通して体系的に習得され、基本的な安定したアイデンティティの供給源として、社会化の重要な機関としても労働力の社会統合に寄与した(32)。この体制の社会においては、パノプティコン的な一元的な空間構造によってコマンドが内在化され、外的な時間によって統制されている規律化された従順な身体が理想とされていたのである。この身体には、過去・現在・未来を有機的に結びつけて、遠い未来に設定された集団的な目的を達成するために現在と未来のあいだを計画によって組織していく時間観念が要求され、合理的に配置された一元的空間に適合し、公的時間以外は私的な親密空間に退去することが求められた。過去・現在・未来を必然性でつなぎ合わせ、「一つの目的に向かって傍若無人に突進」することで歴史を構築していく能動的犠牲者としての「世界史的個人」は、まさにこの社会のヒーローである。

強制収容所に入れられる対象となったのは、政治犯やエホバの証人などを除けば、ユダヤ人やロマ、同性愛者、あるいは労働忌避者やアルコール中毒者、売春婦などから構成される「反社会分子」など、ピューリタン的な労働倫理・市民道徳を順守する意志と能力を欠いているとみなされた個人と集団であった。その意味で強制収容所は、規律社会が理想とした身体が生産されると同時に、そのような身体を形成できず、したがって価値がないとみなされた生が廃棄されていく規律社会のフォーディズム的空間として構築されたといえよう。そして強制収容所は当初からそのような空間として表象され、戦後もされつづけた。

これに対してポストフォーディズムでは、市場の偶然性が組織されるのではなく、逆に市場の要求にしたがって経営は恒常的に組織されていく――その意味で市場の偶然性が組織原理となっている。コマンド・システムの硬直性を打破して、市場の要求にフレキシブルに対応するポストフォーディズムの組織形態を、D・ザウアーらは「間接統制」と呼んでいる。ここにおいて組織は脱中心化され、命令－服従関係のなかで行なわれていた労働力の業績への転換は被傭者に委ねられている。「被傭者」は「労働受取人（Arbeitnehmer）」というよりも、「受託者（Auftragnehmer＝委託受取人）」として、自身が労働を組織していかなければならない。つまり、自己管理が被傭者の重要な能力として評価されることになる。そのような労働条件下で重要視された労働倫理が「コミュニケーション的労働倫理」である。G・シュミットヒェンは一九八四年に『ツァイト』紙に、時間厳守や勤勉、無言実行のような「ピューリタン的美徳」と並んで、チームワークや意見表明、協調性、ユーモアなどを特徴とする「コミュニケーション的美徳」の新しい労働モラルが誕生しており、このモラルが新しい労働条件において不可欠であることを次のように指摘している。

「以前はさほど重要ではなかった〔勤勉とは〕異なる美徳をこの労働者は必要としている。この人たちは〔……〕非常に速やかに、そして広範囲にわたって意志を疎通させせなければならない。仕事と生産がうまくいくかどうかは、協力する能力と時間に関する組織規律によって決定されるし、その程度は非常に高い。新しいタイプの労働者が進み出ているのである。それは、自分のノルマに向かうために我を忘れて集中し、気を散らすまいとしているタイプではない。着眼を個々の部分や部分の集団に向けるのではなく、むしろ生産過程やモノの流れに向けるような自己意識をもち、コミュニケーション能力が高い労働者である」(33)。

フォーディズムの「職業化された被傭者」に対してこの労働者タイプは、自己の労働力の経営者として営利活動を戦術的に展開するという意味で「労働力企業家」と呼ばれたが、新しい労働倫理が示しているように、このタイプにはフォーディズムとは異なる労働能力が要求されている。「職業化された被傭者」が習得した専門的な職業資格・技能は生涯にわたって活用され、それが被傭者のライフコースを安定化させ、長期的なアイデンティティの保持を保証していたが、市場の要求・偶然性と技術革新にフレキシブルに対応できるために、専門的技能の重要性は相対化されることになった。その技能は継続教育を通して永続的に習得することが必要となったのである。この技能に代わって重要視されるようになったのが、絶えず変化する労働内容にフレキシブルに適応できる抽象・包括的なメタ能力、すなわち発展・学習能力、自己組織・自己開発能力、戦略能力、ネットワーク・コミュニケーション能力、問題処理能力などの潜在的な労働能力である。専門的技能とは異なり、このような能力は労働と生活の境界線とは無関係に習得されるものであると同時に、その能力には動機づけ能力、情熱力、感受性、創造性、ファンタジーのような――フォーディズムが妨害要因として労働の領域から疎外した――人格《パーソン》‐個人的要因が含まれている。その意味で、市場の偶然性を処理する機関はヒエラルヒーから労働力の主体としての人格《パーソン》‐個人に変わったといえよう。このようにポストフォーディズムにおいて労働と生活は脱境界化し[34]、市場と経営のロジックが生活領域に入り込み、労働争議を含む労働問題が人格《パーソン》‐個人を舞台に展開されることになったのである。

このような労働と生活の脱境界化によって生活態度にも変化が生じたが、その変化を理解するうえでフォス[35]が「日常形成の三つの基本形態」として示した生活態度の類型化が役に立つ。規範とルーチンを志向する「伝統的」な生活態度、計画・合理性によって日常を最大限化しようとする「戦略的」な生活態度とならんで、未決定性とフレキシビリティにもとづく「状況的」な日常形態が実践されているという。「戦略的」な生活態度が厳格な計画と堅固な組織に全面的な信頼を置いているのに対して、この日常実践は外部からの刺激に敏感に反応し、詳細な計画や長期的な目標を立てず、多くのことをアドホックに決定していくフレキシブルな生活態度である。この意味で「状況的」な生活態度をポストフォーディズム的な日常実践と呼んでかまわないだろう。

以上を特徴とするポストフォーディズム体制の「管理社会」にとって、フォーディズムの組織形態と身体はもはや桎梏と化していった。労働と生活の境界線をまたぎ、多元的なライフスタイルを実現しうる空間が形成され、時間の管理機関となった人格《パーソン》＝個人が外在化された時間の偶然性にそのつどフレキシブルに対応していく現在志向の時間観念が抱かれていったのである。

この変化とともに歴史意識も変化し、過去・現在・未来を必然性でつなぎ合わせて歴史を能動的に構築していく「世界史的個人」の英雄物語によって国民形成をめざす歴史意識は魅力を失っていった。ポストモダン論者のいう「大きな物語」喪失論は、まさにこのような時間・歴史意識の変化の産物であるといえよう。いまや偶然の連鎖として意識された時間の持ち主は、必然性によってつなぎ合わされた歴史にむしろ恣意性の臭いを嗅ぎだした。歴史は人間によって能動的に構築されるというよりも、むしろ外在化された存在として人間を翻弄するものとして感知され、その歴史と「世界史的個人」によって踏み潰された「無辜の花々」である受動的犠牲者に共感が寄せられるようになったのである。つまりこの新しい歴史的主体は、パノプティコンによって形成された能動的犠牲者をヒーローとするフォーディズム体制の規律社会から、収容所を通して生み出される受動的犠牲者に主役が交代したポストフォーディズム体制の管理社会へと移行するなかで生み出されてきたといえよう。

それと同時に、ポストフォーディズム体制の担い手にとって強制収容所はもはや生産的な労働力を効果的に生み出すシステムではなくなった。むしろ収容所は一元性原理を通して多元性原理を抑圧する規律社会を象徴する空間となったのである。エスニックなマイノリティであると同時に、その居住・生活慣習や労働形態などによって社会的マイノリティでもあるロマや、性的マイノリティとしての同性愛者もまた、ナチが強要する一元性によって抑圧された多元的な社会・性的存在として強制収容所に入れられていたことが記念碑などを通して公的に想起されていったことは、そのことを示す一例である。

さらに、パノプティコンを有する監獄は生産性のある労働力・兵力として人間を訓練していく規律化装置であり、そのように改造された人間を監獄外の社会に最大限に輩出し、その社会に統合することを目的にしているのに対して、八〇年代以降に表象された強制収容所はそのような規律化と社会統合の機能を有してはいない。このナチ権力装置は収容者に、銃殺やガス殺によって直接的に死に追いやられるか、死にいたるまで重労働を課されるか、といった選択肢しか与えていないのである。強制収容所の門を出ることができたのは、収容所が崩壊するまでたまたま生き延び、生き残った者、すなわち生存者だけである。そして、収容者の苦しみのほんらいの原因も監視や規律ではなく、強制労働による疲弊、極限的な飢えと渇き、極暑と極寒といった人間の一次的な生理的困窮状態にある。この状態のなかで収容者は衰弱死し、あるいはさしたる理由もなく虫けらのように殺戮される。「絶滅」と邦訳され、この大量殺戮を表現するために用いられているドイツ語の“Vernichtung”概念は、有害動植物を駆除する場合にも使用されるが、ホロコーストの犠牲者はまさに毒ガスによって「駆除」されている。生きているということだけが収容者の目的となったこの状態、とくに飢餓といつでも殺害されうる状態は、この犠牲者からすべての人間性を奪い去り、獣性をむき出しにした収容者同士を敵対させていく。つまり、まったく動物化された生としてこの犠牲者は表象されているのである。

フーコーがこのような動物化された生とその死の問題に関して『監獄の誕生』以後に思索していたことは、二〇〇〇年代になってまもなく彼の講義録が刊行され、すぐさま邦訳されたことによって知られるようになった。『監獄の誕生』で分析した一七世紀以来の規律権力とならんで、もう一つの権力が一八世紀に出現していたことを彼は指摘していたのである。(36) この二つの権力が出現する以前には、君主的な主権権力は臣下に「生殺与奪権」を行使していたが、それは主権者が殺すことができる時にだけ行使できる権利であった。この権力は死なせることができるようには臣下を生かすことはできなかったからである。つまり生殺与奪権とは「死なせるか、それとも生かすか」という権利でも、「生きるに任せ、死ぬに任せる」権利でもなく、「死なすか、それとも生きるに任せるか」の権利なのだという。これに対して「身体の調教、身体の適性の増大、身体の力の強奪、身体の有用性と従順さの併行的増強、効果的で経済的な管理システムへの身体の組み込み」を行なう権力が確立されたのちに、一八世紀後半には「繁殖や誕生、死亡率、健康の水準、寿命、長寿、そしてそれらを変化させるすべての条件」を対象とする新しい権力が生み出された。前者が「人間‐身体」を対象とし、個体化を行なう「規律権力」だとすれば、後者は生き物としての人間である「人間‐種」を対象とし、それを「生命に固有のプロセスの全体、つまり誕生とか死とか生産とか病気などのプロセスを備えた大きな塊」としてとらえる権力、「人口」として集団化する権力としての「生権力」である。このように生命を調整しようとする生権力が営まれる政治をフーコーは「生政治」と名づけ、パノプティコンにおいてもっとも効果的に行使され、有能で従順な身体を操作する規律権力が営まれる政治としての「解剖‐政治」と対比した。そして「人間‐種」が政治的戦略のなかに目的として入った歴史的意義を彼は次のように表現している。

「人間は数千年のあいだ、アリストテレスにとってそうであったもののままでいた。すなわち、生きた動物であり、しかも政治的存在であり得る動物である。近代の人間とは、己が政治の内部で、彼の生きて存在する生そのものが問題とされているような、そういう動物なのである」(37)。

「死なせる」権利である生殺与奪権を行使する権力とは異なり、この二つの権力は「生かし、死ぬに任せる」権力である。こうして権力は死にかかわらなくなるが、現実にはこの権力が近代史においてあまたの殺戮を行なってきたのはなぜなのか。その原因をフーコーは、権力が引き受けた生命の領域に切れ目を入れ、生きるべき生と死ぬべき生を分けていく人種主義が生権力を中心に据えた政治システムのなかに介入してくることに見ている。このシステムのなかで死の命令が容認されるのは、生物学的危険の除去と、種そのもの、あるいは人種の強化がめざされる場合だから、人種主義はその死の政策が容認される条件なのだという。敵の殺害は、それが政治的な敵対者であるというよりも、人口に対する、人口にとっての内的・外的な危険であるという理由で正当化された。「人間‐種」の維持と改善をめざす生権力は危険な分子や種そのものの除去＝殺害を合理化する可能性を内包していたのである。そしてナチス体制は、極めて規律的であると同時に、生物学的調整が執拗に重視された国家として、規律権力と生権力が社会の末端までいきわたり、これを支えていた体制であった。この体制では生権力が全般化していたと同時に、「殺す」主権権力も全般化していたという(38)。

フーコーのこのような議論を敷衍して考察を進めてみよう。ホロコーストが「唯一無二」の歴史的犯罪として認識されるようになった八〇年代以降に、その現場である強制収容所はパノプティコン的な「生かし、死ぬに任せる」空間としてではなく、むしろ生殺与奪権が行使される「死なせる」空間として表象されていった。このこともまた、フォーディズム体制の規律社会からポストフォーディズム体制の管理社会への移行にともなう社会現象として理解されることができるであろう。まずフォーディズム体制であるが、規律権力が「人間‐身体」を個別化して改善することを目的としていたかぎりで、この体制はケインジアニズム的な福祉国家として、規律化された生産的な身体を最大限に生み出し、その体制に包摂することをめざした。この体制は、同化・順応されることができない非生産的な身体を「死ぬに任せる」ことで放置・廃棄させることもできたが、そのことは自らの機能不全を証明することを意味した。ところが、市場の偶然性を処理する機関がヒエラルヒーから労働力の主体としての「労働力企業家」、すなわち自己の労働力の経営者として営利活動を戦術的に展開する個人に代わり、その個人が永続的に労働技能を身につけながら、時間と空間を自己管理していくポストフォーディズム体制では、非順応者や脱落者の労働市場と社会からの排除は自己責任の名のもとに正当化され、また大規模に実践されることになった。このような変化をJ・ヤングは「包摂型社会」から「排除型社会」への変容と表現しているが[39]、この排除された脱落者はリスク要因として管理の対象とされ、その一部は刑務所を居所としている。しかしもはやパノプティコン的空間のなかで個別化・規律化され、新たな労働力としてこの脱落者が再生産されることは期待されてはいない。「新しいグローバルなエリートの超領土性／治外法権」と「それ以外の人びとの強要された領土性／縄張り意識」（バウマン）[40]との分断と多文化社会のなかで、大半はセキュリティ・システムを備えた管理空間のなかで塊（マス）として動物化された存在となり、排除と分離を正当化するためにエコロジカルな人種主義も持ち出されている。このような状況を背景にして、生政治が極限状況において営まれたナチスの強制収容所が歴史的な権力空間のモデルとして見出されることになったといえよう。

第3節　ホロコースト・モデル

では、この歴史的なモデルにおいて、どのような主体が「生政治」のなかで主役を演じたのであろうか。生物的にただ生きることを意味する「ゾーエ」をベンヤミンの表現を用いて「剝き出しの生」と呼び、この「剝き出しの生」がもっとも純粋な形で露呈する空間を強制収容所に認めたアガンベンは、「回教徒」と呼ばれていた人間を主役に抜擢した。「回教徒」とは重労働と栄養失調のために瀕死の状態にある収容者を指し、この言葉は隠語として収容所内で使用されていた。アガンベンは収容体験者の次のような証言を引用している。

「よろよろと歩く死体であり、身体的機能の束が最後の痙攣をしているにすぎなかった」。

「ミイラ人間、生けるしかばねだった」。

「まだ歩ける場合は、スローモーションのようにゆっくりと、ひざを曲げずに歩いた。かれらの体温は通常は三十六度以下に下がっているため、寒さにふるえた。病人の一団を遠くから見ると、アラブ人が祈っているような印象を受けた」[41]。

パノプティコンによって生産され規律化された身体に代わって、強制収容所から生み出されていったこの主体の特徴は、完全な受動性である。主体のこのような選定は、アガンベンが例外状態としての強制収容所を収容者に自由と抵抗の余地をまったく与えない空間として認識していることにもとづいていよう。つまり彼が問題にしているのは主権者の側が収容者に暴力を一方的に行使する生権力であって、もう一方の側に無抵抗の主体性なき客体が位置づけられているのである。これは政治以前の状態であり、結局のところアガンベンが論じているのは生権力であって、生政治ではない。抵抗を不可欠な要素とするフーコーの権力理解からすれば、生権力さえ論じていないことになる。「抵抗と脱‐主体化の両方の特性をもつものとして提示される、新しい主体性の創造」として生政治を肯定しているA・ネグリ／M・ハートにとってアガンベンの理論は、生権力を切断する唯一の可能性が「無為」の活動性にあると主張しているために、「オルタナティブを構築することのできないまったくの無能力」を露呈していると見えたとしても無理はない。(42)そしてまた、骨と皮だけになったおびただしい数の死体と同じように、ナチス・ドイツの残虐性を証明する被写体と展示物にすぎなかった「回教徒」状態の収容者が、その後のホロコーストの物語でも主役として登場することはまれであり、多くは「回教徒」の状態になる前に殺害されている。

では、銃口とガス室を前にして、あるいは極限的な飢えと渇きのなかで、人間として政治・社会・文化的な存在でありうる条件をいっさい剝奪され、もはや動物的にただ生きつづけ、生き残ることが唯一の目的となった人種主義的な生政治の状況において、新しい歴史的な主体が構成されうるために、どのような物語の選択肢が考えられるであろうか。強制収容所を含むホロコーストの現場を描いたドイツ内外の映画から、その物語を探し出してみよう。

第一の選択肢は、受動的犠牲者がその体験を通して能動的犠牲者へと主体を転換させていく物語である。テレビ映画『ホロコースト』ではヴァイス一家のルディがそのような主体を演じた。ドイツ社会に同化したユダヤ人一家の次男として育った彼は、迫害のなかで自らの民族性に目覚めていき、ユダヤ人のパルチザンとして武装闘争を展開し、ソビブル強制収容所では武装蜂起を赤軍兵士とともに行なっているだけではなく、物語の最後に――ドイツ版ではカットされたが――彼はヴァイス家唯一の生存者として、イスラエル国家建設のためにパレスチナへ向かうことを決意している。

二〇〇八年末にアメリカで封切られ、翌年にドイツでも公開された『ディファイアンス』(E・ズウィック監督)では、ドイツ占領下のポーランドで迫害を逃れたユダヤ人たちが森のなかに一〇〇〇人をこえる共同体を形成するという物語が展開されている。親をドイツ兵から殺された兄弟は復讐を誓って森に逃亡するが、そこで同じように逃亡するユダヤ人たちと出会う。やがてこの兄弟がリーダーシップを発揮しながら、ゲットーのなかのユダヤ人にも逃走を呼びかけ、しだいに森のなかに村落が築かれていくのである。農業と狩猟、そして近隣農村からの略奪によって食料が確保され、武装した自衛組織も形成され、居場所が発覚して敵が接近すると武力で抵抗が行なわれ、多くの犠牲者を出しながら集団で移動して、また新たに村落が形成されていく。そこでは誰もが能力に応じて共同体に貢献し、秩序を乱す者は容赦なく処罰される。ドイツ占領下の例外状態のなかで、まさにミニ・イスラエル国家が樹立・保持されているといえよう。

第二の選択肢は、共同体のために身を捧げるという意味づけはされていないが、受動的な死を拒否して、抵抗によって加害者に復讐し、尊厳ある死を選択するという物語である。そのような物語が内包している典型的な映画として、二〇〇一年にアメリカで製作された『灰の記憶』(T・ネルソン監督)があげられる。その主人公は、対象者を混乱なくガス室に送り込み、その死体を処理し、焼却する任務を負わされた「特別作業班《ゾンダーコマンド》」と呼ばれるアウシュヴィッツの囚人である。彼らは、食料などで優遇されたとしても、数カ月後には殺害されることを知っており、その死を受動的に待つことなく、これ以上の犠牲をできるかぎり阻止するために、焼却施設を爆破することを計画する。女性囚人たちも命を投げ出してでもこの計画に協力していく。そして計画が実行され、囚人たちは二つの焼却施設を自らの身もろとも爆破し、生き残った者もその場で次々に処刑されていくのである。主人公マックスがピンクの三角章を身にまとって自ら高圧電流が走る有刺鉄線での死を選択した前述の『ベント』にも、尊厳ある死を自ら選択することで権力者から殺す権力を奪う抵抗の行為という意味で、そのような物語が内包されているといえよう。

第三の選択肢は、ホロコーストの非人道性と残虐性を強調し、人種主義的な生政治の不条理と狂気を訴えるために、受動的犠牲者を中心に据える物語であり、しばしばその犠牲者として子供が選択されている。新たにアンネ・フランクを主人公にした前述の二つの映画がその代表的な事例であるが、子供の道理と価値観を人種主義のそれと対比させることで、後者の異常さを際立たせる手法が頻繁にとられている。たとえば、第二次世界大戦末期におけるドイツ占領下のフランスを舞台に設定した、一九八七年の仏独合作映画『さよなら子供たち』(L・マル監督)は、二人の少年――パリの親元を離れて、カトリック教会が運営する全寮制学校で生活するカトリックのジュリアンと、ひそかにレジスタンス活動を行なっていた神父によって匿われ、身元を隠して寮生活を送るユダヤ系のボネ――を主人公にしている。二人は友情を育んでいったが、ドイツ兵が学校に入り込んで、ボネと神父を捕らえることでこの友情は突然に終わってしまう。

映画は最後にこの二人が強制収容所で死亡したことを語るが、こうして人種主義が子供の世界に入り込み、子供に犠牲を強いていくことが訴えられているのである。ドイツ占領下のポーランドを舞台にして二〇〇一年に製作されたアメリカ・ポーランド合作映画『ぼくの神様』(Y・ボガエヴィッチ監督)でもまた、農村に匿われたユダヤ人少年とその農村に住む少年たちの世界に人種主義が入り込む物語が展開されている。

子供の痛々しい犠牲の姿も描かれるようになった。ここでもアンネ・フランクの映画がその代表的作品であるが、占領下のフランスを舞台にした二〇一〇年製作のフランス映画『サラの鍵』(G・パケ－ブランネール監督)もユダヤ人の一斉検挙のあとに生じた惨劇をスクリーンに映し出している。一〇歳の少女サラは、幼い弟を救うために押し入れの隠し扉に鍵をかけて隠したが、両親がアウシュヴィッツへ移送された後に、強制収容所を脱走し、老夫婦に匿われ、ようやく元の住居にたどりついた。しかしサラはそこで弟の死体を目にすることになるのである。〇八年の英米合作映画『縞模様のパジャマの少年』(M・ハーマン監督)では、人種主義の論理を理解しない子供の世界が描かれているだけではなく、ドイツ人の子供も犠牲になる物語である。父親が強制収容所の所長に任命されたために家族とともに収容所の近郊に移り住んだが、周りに同年代の子供がいない環境に退屈していた息子のブルーノ。彼は、親のいいつけを破ってひそかに裏庭から家を抜け出して収容所に接近したとき、有刺鉄線の柵の向こうで縞模様の「パジャマ」を着ているユダヤ人少年のシュムールと知り合い、遊び相手として二人は親しくなっていく。しかしブルーノは、囚人用の帽子と服を身にまとって有刺鉄線の下をくぐり抜け、収容所に入り込んだときに、シュムールとともにガス室に押し込まれてしまい、その天窓からは毒ガスが撒かれてしまう。

このような物語のなかで頻繁に登場するのが、子どもの犠牲者を庇護し、あるいは救済する大人である。

『さよなら子供たち』では神父が、『ぼくの神様』ではカトリックの農夫と司祭が、『サラの鍵』では逃亡中のサラを匿い、のちに養子にする農家の夫婦がその役割を演じている。A・ワイダ監督による一九九〇年の映画『コルチャック先生』はこの庇護・救済者に物語の焦点を当てている。著明な教育者で、孤児院を運営していたコルチャックは、ゲットー内の約二〇〇人のユダヤ人孤児の生活資金と食料を確保するために東奔西走し、孤児院の秩序を守ろうとしたが、孤児全員がゲットーから強制収容所に移送されることになる。コルチャックは国外亡命のチャンスを提示されたにもかかわらず、孤児とともに移送列車に乗ることをためらわずに選択するのである。二〇一〇年の仏・独・ハンガリー合作映画『黄色い星の子供たち』(R・ボッシュ監督)は、フランスのユダヤ人が一斉検挙され、この人びとが東方の強制収容所に移送されていく過程を追っている。ユダヤ人の男性医師とプロテスタントの女性看護師は、主要な舞台となった仮設の集合場所とフランス国内の通過強制収容所で子供たちの医療や食事のために献身的に尽力し、逃亡を助け、精神的な支えとなっていくのである。このような庇護・救済の行為は、その対象が絶対的に受動的犠牲者の子供であり、自らも犠牲者になりかねず、また現実に犠牲者になっていく例外状態のなかで行なわれているため、国民共同体への能動的犠牲行為というよりも、人道的な犠牲行為として視聴者に感動を喚起させている。『シンドラーのリスト』はこのような救済者のモデルを提供したといえよう。

　第四の選択肢は、例外状態からの脱出と逃亡・潜伏の物語である。ホロコーストにおいてこれらの行為は、もはや単なる逃避行動ではありえず、まさに生死をかけた闘いとなっている。当時の民族的・性的マイノリティにとって強制収容所の外の世界も自主的な、あるいは処罰を恐れた諜報者から構成されており、その意味で社会全体がこのマイノリティの生殺与奪権を間接的に握っている例外状態だからである。前述のアンネ・フランクの映画、『さよなら子供たち』、『ぼくの神様』、『サラの鍵』や、SSに変装したポーランド囚人がユダヤ人女性を連れて強制収容所を脱走し、匿うという二〇一一年のドイツ映画『あの日あの時　愛の記憶』(A・ジャスティス監督)にも、このような物語が内包されている。〇七年のフランス・ベルギー・ドイツ合作映画『ミーシャ　ホロコーストと白い狼』(V・ベルモン監督)は、ドイツ占領下のベルギーで両親を検挙されたユダヤ人少女がいったんはベルギー人に預けられるが、両親を探しにウクライナまで身を隠しながら歩きつづけるという物語であり、空腹に耐えられなくなったミーシャが狼とともに口元を血で染めながら動物の生肉に食らいつくシーンまで映し出される。前述の『ヨーロッパ・ヨーロッパ』の監督ホランドは一一年に『ソハの地下水道』を製作し、この映画でも潜伏の物語がくり広げられている。ゲットーが解体され、強制収容所に送り込まれることになっていたユダヤ人のなかの小集団は、ポーランド人の援助を得て地下水道に潜伏し、発覚に怯え、不衛生と悪臭に閉口し、飢餓に耐え、集中豪雨による洪水に恐怖を覚えながら、ソ連軍がドイツ軍を追い払う時を待ちつづけて、生き延びることに成功するのである。〇四年のドイツ映画『ヒトラーの追跡』(M・ジーベンマン監督)では、脱出してきた強制収容所で入れられた腕の刺青を隠してドイツ人社会に看護師として潜入したロマ女性の物語が展開されている。

ホロコーストを舞台にした脱出・逃亡・潜伏の物語が展開されるもっとも有名な映画はR・ポランスキー監督の〇二年の作品『戦場のピアニスト』であろう。カンヌ映画祭ではパルムドール、アカデミー賞では監督賞などを獲得し、世界的ヒット作となったこの映画は、ポーランドの著名なピアニストであったユダヤ人のW・シュピルマンの戦争体験を描いている。ワルシャワ・ゲットー蜂起の準備にもかかわった彼は蜂起前にゲットーを抜け出し、非ユダヤ系ポーランド人の援助でゲットーのそばのアパートに潜伏し、そこで蜂起を窓から目撃する。その後に、隣の住人に存在を発覚されたシュピルマンは着の身着のまま逃げ出し、旧友の援助でドイツ軍の病院の前のアパートにふたたび潜伏する。援助物資が滞って飢餓状態に陥るなかで彼は、今度はワルシャワ蜂起を目撃する。しかし、ドイツ軍の反攻で彼のアパートも砲撃で破壊されて、彼は命からがら逃亡し、ドイツ軍によって廃墟となったワルシャワ市内の建物に入り込む。必死に食料を探していた彼の前に突然、ドイツ軍将校のホーゼンフェルトがあらわれる。しかし彼はこのユダヤ人を拘束することなく、むしろ食料を提供しつづけ、ソ連軍の侵攻が迫ると、軍服のコートも置いて彼の前を去っていった。こうしてシュピルマンはナチス支配を生き延びることができたのである。強制収容所のシーンが一度も出てこないこの映画は、それ以外の世界もユダヤ人にとってすでに例外状態にあることを描き出している。また同時に、この例外状態においては脱出・逃亡・潜伏を援助する非ユダヤ系市民の人道的行為も、命を賭けた勇猛な行動であることも示されている。ドイツではこの映画の公開以後、ホーゼンフェルトが書いた手紙と日記が出版され、彼が突撃隊に所属していたこともあって話題となった。(43)

第五の選択肢は、脱出の可能性を絶たれた強制収容所やゲットーのなかの犠牲者が、その例外状態のなかでも機転を利かし、策を練り、連帯行動をとり、駆け引きを行ない、相手の裏をかき、その弱みにつけ込むなど、臨機応変な戦術を駆使することで生き残りを図り、ほかの犠牲者も救済するという物語である。前述した『ヒトラーの贋札』はこのような物語を中心に構成された代表的な映画といえよう。贋札造りのプロであった主人公を中心として、囚人たちはこれらの戦術によって生き残ることができ、しかも贋札造りを巧みにサボタージュしてナチスに一泡吹かせたのである。この映画と同じプロデューサーによって製作された一一年の『ミケランジェロの暗号』(W・ムルンベルガー監督)もこのような戦術が展開されている映画である。この物語は、ミケランジェロの絵をひそかに所有していた父親をもつユダヤ人のヴィクトルと、その幼なじみで、ナチスに占領されたオーストリアで出世をもくろんだSS所属のルディのあいだで展開される。ミケランジェロの絵の在りかをヴィクトルから聞いていたルディは、イタリアとの同盟関係にとって象徴ともなるべきこの絵画を没収してナチスに捧げた。しかし、それはヴィクトルの父親が差し替えていた贋作であり、そのことがイタリア代表団の前で明らかになってナチ幹部は大恥をかく。父親はすでに死亡しており、本物の在りかを知っているかのようにふるまったヴィクトルはルディとナチスを出し抜く戦略で強制収容所から抜け出し、母とともに戦後まで生き抜く。最終的にヴィクトルはミケランジェロの絵をとり返して映画は終わる。

当時はドイツの占領下にあったリトアニアの首都のゲットーを舞台にした〇六年の独・リトアニア合作映画『ヒトラーの旋律』(A・ユツェナス監督)は、反ユダヤ主義を盲信しながらも、移り気な性格で、予測しがたい行動をとるゲットー司令官と、彼の信頼を得て、ゲットー行政の全権を委ねられたユダヤ人警察隊長のもとで生活するゲットー住民の物語である。この警察隊長の目的はこの司令官と全面的に協力することでも、徹底的に抵抗することでもなく、ユダヤ人犠牲者の数をできるかぎり少なくすることにあった。そのためゲットー内のユダヤ人を強制収容所へ移送し、ゲットー内で殺害する命令を完全に拒否することなく、ある程度は応じながらも、その数を最小限にとどめるためにさまざまな戦術を駆使してナチス・ドイツの敗北を待っていたのである。ラジオを所有していると誤解されて、ゲットー仲間に嘘の戦況情報を伝えて生きる希望を与えたが、ナチスに捕らえられ、その情報がすべて嘘だったと公言するよう強要されたユダヤ人の物語である一九九九年のアメリカ映画『聖なる嘘つき　その名はジェイコブ』（P・カソヴィッツ監督）と同じように、この主人公は解放を前にして殺されてしまう。

同様に最終的に生き残ることはできなかったが、強制収容所のなかで妻子の救済に奮闘し、その目的を達成することができたユダヤ人を主人公にした九七年のイタリア映画が世界的なヒットを記録した。アカデミー賞作品賞を筆頭に多くの国際的な映画賞を獲得した『ライフ・イズ・ビューティフル』（R・ベニーニ監督）であり、ドイツでも大きな話題となった。(44) 主人公のグイドは、就学前の息子のジョズエとともに強制収容所に送り込まれ、妻も自主的にその女性棟で生活することになったが、彼は臨機応変に方策をとることで、重労働を免れたり、ジョズエにドイツ人用の食事を与えたり、妻に二人の無事を知らせたりする。しかしこの物語のプロットを構成している戦術は、強制収容所の苛酷な現実からジョズエの目をそらし、その生活に耐えられるようにするため、本物の戦車という特賞を獲得するためのゲームがここでは行なわれていると彼に信じ込ませるというものである。最後にグイドは、アメリカ軍が迫り、強制収容所が解放される間近になって、女装して妻を探しに行くが、捕まって射殺される。それを知らずに朝になって外に出たジョズエは、アメリカ軍の戦車を目の前にし、乗せてもらう。こうしてジョズエは「ゲーム」に勝利し、母親と再会する。

いつでも殺害されうる例外状態にあり、生きることが唯一の目的となったこれらの映画の主人公たちに、長期的な計画にもとづいて、目先以外の目的を根本的に達成するための戦略を練る余地は残されていない。この人びとが取りうるのは個別・具体的な方策としての短期的な戦術であり、状況の変化に応じて臨機応変に行動することによってのみ生き延び、あるいはほかの犠牲者を救済することができた。前節で「伝統的」、「戦略的」、「状況的」の「日常形成の三つの基本形態」を紹介し、外部からの刺激に敏感に反応し、詳細な計画や長期的な目標を立てずに、多くのことをアドホックに決定していくフレキシブルな「状況的」な生活態度をポストフォーディズム的な日常実践とみなしたが、これらの主人公がとった戦術はまさにポストフォーディズム時代の要請に合致したものであるといえよう。

以上、五つの選択肢の物語を検討してみたが、いうまでもなく大半のホロコースト映画ではこれらの物語が混在している。たとえば、前出の『最終列車』では「抵抗」、「子供／人道主義」、「脱出」の物語が内包され、『アンネ・フランク』では「子供」だけではなく、「逃亡・潜伏」、「抵抗」に関しても物語られている。そもそもホロコースト映画の先駆けとなった『ホロコースト』ですでにこの五つの物語が網羅されている。しかし、ヴァイス家で唯一生き残ったルディがパレスチナへ向かう決意を語って終わるこの映画は、ユダヤ人の苦難と犠牲の歴史から国家樹立という未来の目的にむかう能動的犠牲者の物語に収斂されている。つまり、映画の物語が終了した時点を「現在」とすると、この映画は〈ナチス・ドイツによるユダヤ人の迫害と殺害としての過去 → ナチス・ドイツの敗北による迫害と殺害の終了としての現在 → その後としての未来〉という時間のクロノロジカルな流れを統合する物語によって構成され、そのことによってこの時点での「過去」と「現在」(＝ホロコーストとその結末)は、映画が鑑賞されている「現在」(＝ホロコースト以後)において意味(＝民族的マイノリティの状態から脱して自治・独立の国家のなかで生きることの必然性)をもち、メッセージ(＝ユダヤ人国家の樹立と保持と、それを支持・支援する道義的責任)を発することになる。

ところがドイツ版ではこの部分はカットされた。連合軍に拘束された大量殺戮の責任者エリックが強制収容所解放以後の写真を見せつけられたのちに自殺し、彼の叔父が家族に真実を告げたが、妻と子供はそれを涙ながらに否定し、夫と父の名誉を守ろうとするシーンで終わっているのである。つまり加害者の立場にあるドイツ人には〈ナチス・ドイツによるユダヤ人の迫害と殺害としての過去〉と〈迫害と殺害の終了としての現在〉のつながりは物語られているが、その〈現在〉から〈未来〉に向かう物語は明示されていない。こうして、物語が終了した時点での「過去」と「現在」において生じた出来事は、未来に大きな影響を与えうる重大なもの（＝ドイツ国家が数百万のユダヤ人を殺戮した／夫・父がその殺戮に直接的な責任を負う残虐な人間であった）であるにもかかわらず、映画をみている時点としての「現在」とのあいだにクロノロジカルな時間の流れに沿った関係を取り結んでいない。つまりこの映画のドイツ版は、この重大な出来事が何を意味するのかを物語によって提示せずに、その答えを視聴者に委ねているのである。このように肉体や精神に深く刻み込まれている過去のネガティヴな体験が現在との脈絡を欠き、物語を通してその意味が見出されないが、忘れ去られることもできない場合に、その過去がフラッシュバックして現在に飛び込んでくる記憶の現象、すなわちトラウマ(45)が生じうる。

このトラウマを第六の選択肢の物語としてこれから取り上げてみるが、そもそもトラウマは反物語的な記憶の様態である。すでに示唆したように、記憶において物語は過去と現在と未来を有機的に統合する機能を果たしているのに対して、トラウマはこのような物語の欠如によって生じる現象であるからだ。精神分析学ではこの二つの記憶の様態は「物語記憶」と「トラウマ性記憶」によって概念化されている(46)。まず「物語記憶」であるが、過去の体験が物語を通して語られ、編集され、解釈されることでその意味を伝えることができるこの記憶は、物語る主体が想起する能動的な記憶であるといえる。想起する主体の状況が変化し、その過去と現在との関係をそれまでの物語が取り結ぶことがなくなったとしても、物語に修正を加えることによって、あるいは物語を変更することによって、その過去は現在とのクロノロジカルな関係をふたたび回復することができる。あるいはその過去は意味を失い、忘却される。これに対して「トラウマ性記憶」において主体はまったく受動的である。この記憶において過去の体験は、ネガティヴなものであるにもかかわらず、忘却することができず、主体にその意志や意図とは無関係に襲いかかってくる。この記憶は、その体験を語る言葉が見出されていないために、強烈な視覚的印象や精神的・肉体的な痛みといった感覚的なレベルで生じる。さらに、この記憶は物語によってクロノロジカルに編集されておらず、過去と現在の時間的距離を無視するために、生々しい衝撃や苦痛を直接的に呼び起こす。また、物語記憶のように物語の変更によって過去が再編集されることはないために、トラウマ性記憶はつねに同一の形態でくり返される。

「トラウマ」概念はすでに一九世紀からの長い歴史をもっているが、アカデミズムの枠をこえて社会現象としても人口に膾炙することになったのは、「ＰＴＳＤ（心的外傷後ストレス障害）」（ドイツ語ではＰＴＢＳ）がアメリカ精神医学会の『精神疾患の診断・統計マニュアル』第三版に初めて登場した一九八〇年以後のことである。トラウマ性記憶が物語の欠如を特徴としているのであれば、物語が集団的に機能している時代にトラウマはけっして一般的な現象にはなりえず、実際に七〇年代にいたるまで戦後社会は、建国と国家建設、戦後復興、社会主義建設、自由主義体制と反共、高度経済成長、進歩といった物語に支えられていたのである。このような物語が成り立つためには、未来に達成されるべき集団的な「目的」（たとえば、イスラエル国家の建設／保持）が設定され、それによって現在（国家のない状態／敵に囲まれた国家）と未来（国家の建設／防衛）が必然的な関係を結んでいなければならない。この必然性を通して過去が解釈され（ホロコーストは独立国家をもたない民族の悲劇であった）、こうして過去も現在・未来と必然性によって結びつけられ、過去－現在－未来を有機的に統合する物語（ホロコーストの結果としてイスラエル国家は建設され、今後も防衛されつづけなければならない）が成立する。偶然性の要素を取り除くことによって過去－現在－未来を戦略的に組織していくフォーディズム的な国家・社会体制は、まさにこのような物語を支柱としていたといえよう。

ところが――先ほど示したように――ポストフォーディズム体制に移行するなかで、未来はできるかぎり現在を拘束しないよう、修正される可能性をあらかじめ取り込んで決定されるようになった。つまり未来の目的は現在の偶然的な状況によって決定され、くり返し変更されることになり、その意味で未来は「現在化」された。こうして現在と未来を結びつけていた必然性の鎖は引きちぎられ、その必然性にもとづく集団的な「目的」はもはや立てられなくなってしまった。現在と未来が必然性を喪失することで、過去の解釈もその必然性の拘束から解き放たれていく。こうして過去－現在－未来の時間は偶然性によって支配されることになり、集団的な物語が崩壊する。これが「大きな物語」の喪失であり、いまや個人が過去－現在－未来を統合する物語を紡ぐことで、時間的自己を形成しなければならなくなった。そのことは、衝撃的な体験が「トラウマ性記憶」となって個人に襲いかかることを回避するためには、個人が物語を通してその過去を意味づけなければならず、その衝撃的体験が集団的なものであっても、もはや集団的な物語を頼りにすることはできなくなったことを意味する。こうしてトラウマは、破局的な体験をした者だけにみられる病理というよりもむしろ大衆現象となり、社会問題として意識され、その概念は広く社会に浸透するようになった。そのような時期に、『ホロコースト』が放映され、ホロコーストが「唯一無二」の歴史的事件として認識され始めたとしても、それは偶然の一致ではないことはいうまでもない。どちらもポストフォーディズム体制への移行によって生み出された現象であるからだ。

実際に、八〇年代になってホロコースト生存者とトラウマの関係が「発見」され、トラウマ研究においてホロコーストはこの現象を引き起こす典型的な事例とみなされるようになった。[47] ホロコースト映画でも、八〇年代以降にトラウマを抱えるホロコースト生存者の物語があらわれている。その初期の代表的な作品が一九八二年のアメリカ映画『ソフィーの選択』（A・J・パクラ監督）であろう。この物語は、ニューヨークに住むポーランド系移民のソフィーがアメリカ人男性と精神的に破滅した生活をくり返し、最終的に心中にいたった背景として、娘と息子のいずれかしか助命しないという選択を迫られ、余儀なくその選択を受け入れ、結果として娘を死に追いやってしまったという彼女のアウシュヴィッツ体験が語られている。類似した結末は前述の『サラの鍵』でも展開されている。弟の死を確認したサラはその後、彼女を助けた農家の夫婦の養子として成長したが、ある日何も告げずに家を出て、その後ニューヨークに渡った。そこで結婚し、子供を授かったが、重い鬱病を患って、自殺していたのである。ホロコースト体験はソフィーとサラから意味を見出されることなく、トラウマとなって二人を苦しめつづけ、死に追いやったことがこの二つの映画で示唆されている。二〇〇七年のフランス映画『ある秘密』（C・ミレール監督）の物語はもっと複雑だ。夫の浮気が原因で精神に異常をきたした妻がユダヤ人である正体を隠さなかったために子供と一緒に強制収容所に送られ、死亡してしまうという過去が、夫と浮気相手とのあいだにできた子供にトラウマとして襲いかかるのである。

トラウマをもつということは受動的犠牲者であることの証明でもあるが、殺害されてしまった犠牲者からすれば、幸運にも生き残りえたことの証であるともいえる。ほかの犠牲者は死んだ、あるいは殺されたのに、なぜ自分は生き残ったのか——正当な理由なく殺害することができるゆえに、生死が偶然に委ねられてしまっている例外状態において、生き残った理由を、ましてや生き残ったことの意味を見出すことは困難である。しかし戦後社会は、「二度とこのような犠牲者を出さないような国家を建設することが私たち(=生存者)の義務だ／この尊い犠牲のうえに私たちの社会の繁栄がある」といったように、その意味を提示する物語も準備していたといえよう。このような物語が成立するためには、未来に達成されるべき集団的な「目的」が共有されていなければならないことは、すでに示した通りである。それによって現在と未来が必然性で結ばれ、その必然性を通して生死を分けた過去を解釈する物語が生み出され、生き残ったことの意味が提示されるからである。しかし、このような集団的な「目的」と物語が失われたときに生存者は、犠牲になった過去を意味づける集団的物語を喪失すると同時に、死者に対して自分が生き残ったことを道義的に説明する物語もなくしてしまう。上記の映画のように生存者は、自らが犠牲者であるにもかかわらず、死者に負い目を感じ、トラウマに襲われることになったのである。『ある秘密』はトラウマを実体験者の次世代に継承させることによって、ホロコーストをその世代に体験させているが、この実体験者の存在が絶え果てつつあるなか、このようなテーマは重みを増していくだろう。

これまで紹介してきたホロコースト映画で描かれた六つの物語の様式を、「ホロコースト・モデル」と呼ぶことを本章の最後に提唱したい。これらの物語の様式は、ホロコースト以外の歴史的な出来事や現在のさまざまな政治・社会的事象を物語り、解釈するモデルとして機能していると考えられるからである。実際にこの「ホロコースト・モデル」の確立とともに、第二次世界大戦とその直後にドイツ人が蒙った歴史的体験——敗北期の前線・捕虜体験、空襲、地上戦、集団レイプ、旧帝国内外の東部地区からの追放など——がこのモデルにしたがって盛んに想起されるようになり、それにともなって国民的主体が再編成されていくことになる。つまり、「ホロコースト・モデル」は国民的主体を構成していくモデルなのである。

そして、これらの物語には基軸となる二つの共通テーマが見出せる。「人権」と「セキュリティ」である。この二つの概念の関係を示唆するために、人権の擁護者であると同時に、その権利を保障する制度としての国家の擁護者でもあるカナダの政治学者M・イグナティエフの議論を紹介してみよう。

「というのは、これまで五〇年間にわたって、人権共同体の中では、国家こそが個々人の人権を侵害する最大の危険であると考えられてきたからである。それに、国家がいかに危険なものであるかは、全体主義的暴政の時代に証明されたとおりである。しかしながら今日では、人権に対する主要な脅威は、暴政からだけではなく内戦や無政府状態からももたらされている。それゆえに私たちは現在、権利の保証人として国家秩序がどうしてもなくてはならないという事態を再発見しているわけなのだ。〔……〕／そういうわけだから、今日の世界において人権を守るための最も有効な方策は、それでなくてもすでに過大な重荷にあえいでいる国家をさらに弱体化することではなく、可能なかぎりあらゆる面で国家を強化することであろう(48)」。

人間を種として差別化し、優劣をつける思想にもとづいて実行された人種絶滅政策であるホロコーストが人権侵害の歴史上もっとも悲惨で、深刻な出来事であることはいうまでもなく、その意味でもホロコーストは唯一無二の歴史的事件であるといえる。ホロコースト映画もまた、その人権侵害の究極的な実態をその受動的犠牲者——とくに子供——の身体を通して見せつけ、ナチ人種主義的国家を人権侵害の主体として描き出している。このような国家に対して人権を擁護する責務こそがホロコーストの体験から引き出されうるもっとも説得力ある歴史的教訓であることを、ホロコーストの物語は暗黙の前提として語っている。一方、このような人権侵害の対象になった個人と集団のセキュリティの確保を求める受動的犠牲者の声も、この物語ではつねに響きわたっている。この声に応じようとして逃亡を手助けし、隠れ家を提供し、保護者として匿うといった個人の人道主義や、わが身を犠牲にする友情や家族愛、夫婦愛がこれらの物語では感動的に描かれているが、そのような理念は強大な国家権力を前にしてはあまりにも無力であり、実際にその権力によって踏みにじられている。最終的にこの物語の主人公を救済し、例外状態から解放するのはやはり、ナチ国家を打倒した国家権力とその暴力装置である。国家権力は人権の侵害者であると同時に、その犠牲者と共同体にとってセキュリティの擁護者としても姿をあらわすアンビヴァレントな存在である。動物化された生身の人間が求める最小限の欲求としてセキュリティを希求する声は、さまざまな解釈を生みながら、生政治のなかで反響しているのである。

おわりに

　かつては沈黙され、抑圧され、忘却されていたユダヤ人やエスニック・性的・社会的マイノリティの大量虐殺、いわゆるホロコーストの出来事が、三〇年以上の歳月が経たのちになって呼び起こされ、その想起がいまや「ブーム」として政治・社会・文化現象となっているのはなぜなのか。本書の冒頭で引用したアスマンの言葉をもう一度用いるならば、この出来事が「時間の距離が遠ざかるにつれて精彩を失い、色あせていくのではなく、逆説的にますます接近し、具象的になってきた」のはなぜなのか。この「時間の経過の直線性に方向づけられるのではなく、その流れに逆らうロジック、遠ざかっていくものを突然、眼前に迫らせ、身近なものにしていくことができるロジック、このような記憶の気まぐれなロジック」を解明することが本書の目的であった。本書を閉じるにあたって、これまでの議論を整理することで結論を導き出してみよう。

　連合軍によってホロコーストの事実が発覚したとき、量的にも、質的にもこれまで歴史が経験しなかったような大量虐殺の実態に、連合軍も、ドイツの一般市民も驚愕した。やがて連合軍は、そこに対独戦争の意味をあとづけで見出して、解放者として自己を演出していくと同時に、ナチ体制を支持したドイツ国民全体にホロコーストの責任を負わせた。これに対してナチ体制を支え、あるいは少なくとも抵抗することなく同意していた「ドイツ人多数派」は、連合国の「集団的罪」テーゼに面して、その事実は知らなかったとその責任を回避し、それを一部のナチ党幹部に転嫁し、自らもナチ独裁体制と第二次世界大戦の犠牲者であることを強調した。建国後に西ドイツ国家を支えていくことになる「ドイツ人多数派」が「ナチス」を非国民化していくなかで、ホロコーストはこの「非国民」の仕業とみなされていく。つまり、ホロコーストがユダヤ人という他者に対してナチスという他者が行なった犯罪となることで、歴史的な自己理解のなかに建国後の西ドイツ国民は——加害者としても、犠牲者としても、解放者としても——ホロコーストを位置づけることができず、その記憶がナショナル・アイデンティティの構成要素として国民意識に参入することはなかったのである。

こうして建国後にホロコーストに関して語られることは少なく、「沈黙」が守られたが、一九五〇年代末になって、とりわけ戦後に社会化された若者が反ユダヤ主義的な言動をあからさまに発露し、それが西側同盟国との外交問題にまで進展するにいたった。こうしてこの「沈黙」が、ナチズムの否定によって歴史的に正統化されていた西ドイツ国家の民主主義の基盤と国際的信用を損ないかねない事態を招いていることが意識され始めたのである。そのため現代史教育の拡充が図られ、さまざまなレベルで啓蒙活動が展開されることになる。その結果、発覚時に明らかになった大量死が日常的な差別から迫害と追放、そして強制収容所でのガス殺にいたるまでの体系的に実践された民族殺戮の結末にすぎないことが認識されると同時に、この事件がドイツ国民史の一部であることが青少年から自覚されていった。しかしこの啓蒙活動の物語において、ホロコーストの責任はやはり一部のナチ幹部に帰せられ、あるいは「六八年」運動では「資本主義」がその主因とされた。また犠牲者のユダヤ人もこの物語においては他者のままであった。つまり、ホロコーストを国民史の一部として理解した西ドイツ国民は、加害者のナチスには憤慨の、犠牲者のユダヤ人には同情・哀れみの視線を向ける「第三者」として歴史的に自己同一化されていたのである。その意味で国民的主体が歴史的自己を形成する物語のなかにホロコーストは間接的な関与しか果たしていなかった。

七〇年代末に放映された『ホロコースト』は「第三者」が登場しない物語であり、加害者と犠牲者は明確に区分され、ここでドイツ人は前者に属するしかなかった。しかしこの物語は後者に感情的に自己同一化するように展開され、ドイツ人は犠牲者の視点からホロコーストをあらためて知ることになる。その後、ホロコーストは徐々にこの犠牲者の視点にもとづいて世界史的事件として深く記憶されていくようになるが、そこには歴史認識の大きな転換が関与していた。それが、「世界史的個人」(ヘーゲル)の「能動的犠牲者(Sacrifice)」から「受動的犠牲者(Victim)」への転換である。「能動的犠牲者」の物語として認識されることができなかったために、歴史的意義を見出されることが困難であったホロコーストは、この転換によって「受動的犠牲者」の史上最大の世界史的事件として歴史的価値が認識され、その記憶は「ブーム」となっていったのである。そしてこの転換にもとづいて国民的主体のモデルも変化していった。本書はこの変化を「ホロコースト・モデル」の確立としてとらえた。

このモデルの確立は同時期に進行していた社会構造的な転換によってもたらされた。それは、市場を組織に従属させることで市場原理が内包する偶然性を処理し、生産と消費を計算可能なものとして長期的な計画によって実行する体制としてのフォーディズムから、市場の偶然性を組織するのではなく、逆に市場の要求にしたがって経営を組織していく原理としてのポストフォーディズムへの国家・社会体制の移行である。この移行にともなって過去・現在・未来を必然性でつなぎ合わせて歴史を能動的に構築していく規律化された「世界史的個人」の英雄物語は魅力を失い、偶然性にそのつどフレキシブルに対応していく現在志向で時間を管理していく主体は、必然性に押し潰されながら、それを短期的な戦術によって克服していく主体に共感していくようになったからである。

国民形成の物語のプロットにホロコーストが参入する程度に応じて、ホロコーストの想起の強弱・濃淡も変化していく——本書はここに「記憶の気まぐれなロジック」を見出すが、そこには社会構造的な変化にともなう歴史的主体のモデルの変化という要因が不可欠であった。その意味でこの「ロジック」はクロノロジカルな時間の論理には従っていないが、まったく「気まぐれ」ではない。ほんらいの歴史的事件から時間的に遠ざかった時点において生じた「ホロコースト・ブーム」を私たちはけっして「気まぐれ」な一過性の現象としてではなく、社会構造の変化のなかから生み出され、国民的主体を新たに構築していく複合的で、構造的な現象として理解していかなければならない。そしてこの「ブーム」と同様に、国民的主体形成のモデルもまた、加害国のドイツだけではなく、ヨーロッパ諸国によって共有されつつある。したがってホロコーストの想起は、社会構造的な変化だけではなく、ヨーロッパ統合の過程にもともなう現象であるともいえる。

ドイツ国民にとって「ホロコースト・モデル」の確立が意味することは、この歴史的事件を自らの過去として歴史認識のなかに取り入れていくことだけにとどまるものではない。本書では詳述することはできなかったが、ドイツではとくに世紀転換以後に「ホロコースト・モデル」にしたがって戦中・戦後の歴史を再解釈する動きがみられるようになったからである。一例として、ドイツの敗戦にともない帝国内外のドイツ系住民が現在のドイツ国境内に強制移住させられ、約一二〇〇万人が故郷を失い、その過程で一〇〇万人以上の命が失われた「被追放」の歴史があげられる。それが受動的犠牲の歴史であったために、またナチズムの歴史的犯罪の相対化をもたらしかねないという政治的危惧から、とくに一九六〇年代以降にこの出来事の公的な想起は忌避されるようになった。しかし、世紀転換期に大きな変化がみられるようになった。たとえば、キリスト教民主同盟の連邦議会議員であったE・シュタインバッハが中心となって被追放者連盟はドイツ内外の追放の歴史をドキュメントするためのセンターとして「反追放センター」(1)をベルリンに設立するプロジェクトを推し進め、議論が呼び起こされた。また、〇二年に左翼として位置づけられてきたノーベル賞作家のG・グラスが、避難民であふれていたヴィルヘルム・グストロフ号がソ連潜水艦によって撃沈され、九〇〇〇人以上が死亡した事件を題材にした小説『蟹の横歩き』を公表したことは、ドイツ社会に衝撃を与えた。さらに〇七年に、九〇〇万ユーロの巨額な製作費をつぎ込んでARDがこの出来事の犠牲者である被追放者をドイツ国民として表象＝代表しようとするテレビ映画『避難』を製作し、二夜にわたって放映した。この映画は二夜とも一九七九年の『ホロコースト』に迫る一〇〇〇万人をこえる視聴者と三〇%に近い視聴率を獲得し(2)、ここ一〇年でもっとも成功した映画となった。ZDFもこれに対抗してJ・フィルスマイヤーを監督に抜擢して翌年に『シップ・オブ・ノーリターン～グストロフ号の悲劇～』(原題『グストロフ号』)を製作し、八〇〇万人以上の視聴者を得ている(3)。

ドイツ人が受動的犠牲者として体験したこのほぼ半世紀前の歴史的出来事を想起しようとする被追放者連盟やメディアの試みに対して、やはりナチズムの歴史的犯罪を相対化しようとするものではないかという疑念と批判の声がポーランドからだけではなく、国内の政治家からもあがった。しかし「ホロコースト・モデル」の確立によってこの自らの受動的犠牲の歴史の想起は可能になったのであるから、このような現象はホロコーストの否定論や相対化論と同一視されてはならない。否定論や相対化論はその想起を可能にした「ホロコースト・モデル」の前提を覆すものだからである。したがって私たちはこの現象の本質を、「ホロコースト・モデル」を駆使することによってヨーロッパ人としてドイツ国民を再構築しようとする試みであるとみなすべきであろう。

そして日本においても、「ホロコースト・モデル」は間接的に歴史認識問題とかかわっているようである。その一例として「従軍慰安婦」問題を取り上げてみよう。事実は知られていたにもかかわらず、想起する価値を認められなかったが、戦後数十年ののちに忘却から呼びさまされた受動的犠牲者の歴史的記憶という点で、「従軍慰安婦」の問題はホロコーストのそれと類似した構造をもっている。しかし、これはたんなる類似性の問題ではないようだ。ある韓国人が二〇一二年五月二九日号の『ニューヨーク・タイムズ』紙に「憶えていますか?」と題して一九七〇年にブラント首相がワルシャワ・ゲットー蜂起記念碑の前で跪いている写真を広告に載せ、「〔このようなドイツにおける和解の試みとは〕対照的に日本政府は第二次世界大戦中に日本兵のために性奴隷として働くことを強要された「慰安婦」に対して十分に謝罪してこなかった」ことを指摘し、「日本政府はドイツ人の行動から学ぶ必要がある」と訴えているからである。その年の一〇月にもニューヨークのタイムズスクエアに同様の内容の大型広告が掲げられ、数カ月のあいだ通行人の目を引くことになった。いうまでもなくブラントの「跪き」は「ホロコースト・モデル」が義務とする道徳的態度の模範として象徴的価値を帯びるにいたっているが、このことは韓国側がこの問題に関して——明確に意識していないとしても——「ホロコースト・モデル」を戦略的に駆使していることを暗示している。

二〇一七年八月に読売新聞[4]や産経新聞[5]は、伊藤博文を暗殺しようと懐からピストルを抜き出そうとする勇壮な姿の安重根像が韓国の議政府市に中国から贈られ、同じ像が暗殺現場となったハルビンにも設置されると伝えている。しかしいま問題の中心にいるのは、そのような能動的犠牲の人物像ではない。周知のように二〇一五年の「慰安婦」問題をめぐる日韓合意後もソウルの日本大使館前の「従軍慰安婦」像は撤去されず、一六年には釜山の日本領事館前に新たな像が市民団体によって設置された。無言のまま加害者の責任を問いつづけているかのようなまなざしをもつこのような受動的犠牲者像は、いまやアメリカなどの国外にも設置され、韓国国内でもミニチュア版が社会生活にも入り込もうとしている。安倍晋三をはじめとする日本の右翼的な政治家やジャーナリズムが彼女たちの「慰安」行為に日本軍による「強制」が働いていなかったことをことさら強調し、この犠牲者を金銭目的の「能動的」な売春婦に貶めようとしているのは、この犠牲者たちの「受動性」を恐れているからにほかならない。

左右が逆になった鏡像を見ているかのような事象が韓国では起こっている。二〇一三年に韓国で出版され、翌年に邦訳が刊行された朴裕河《パクユハ》の『帝国の慰安婦』が「慰安婦」が強制的に連行された性奴隷だとする「公的記憶」に疑念をはさむと、韓国社会の一部は名誉毀損の刑事告訴や出版と販売の禁止を求める仮処分申請、損害賠償を求める民事訴訟などで激しく反応したからである。ここからは、韓国社会の「公的な記憶」において「慰安婦」はすでに歴史的に自己同一化された国民的主体として立ち上げられており、その「受動性」がこの国民的な主体にアウラを付与していることが理解できよう。

ドイツにおける「過去の克服」やホロコーストの記憶の問題は、日本における歴史認識を映し出す鏡として頻繁に取り上げられてきた。しかしこの問題を日独どちらの国民が歴史を真摯に見つめているのか、どちらが歴史から教訓を真剣にくみ取っているのか、どちらが正しい歴史認識をもっているのかといったような道徳的な基準で判断するときに、その議論は「八勝二敗で日本の勝ち」のような国民間の優劣を競う居酒屋論争に陥ってしまうであろう。それは日韓や日中の歴史認識をめぐって国民間の優劣を競うとうようなネット上で頻繁にみられる発想と同じレベルの議論にすぎない。

このレベルにおいて、歴史的な想起はナショナリスティックな憎悪や排除の契機へと容易に陥ってしまう。むしろ私たちは、社会構造の大きな変化とともに、歴史認識と記憶の文化も構造的に変容していること、これは国民的主体の形成・編成と表裏一体の事象であること、そしてこのことは世界レベルで生じていることを明確に認識することが必要である。このような認識のもとで、いま自国と外国においてどのような国民が形成・編成されようとしているのかを冷静に観察・分析しながら、「私たち」はいかなる世界史認識のなかで歴史的主体としてどのように自己を構築していくべきなのかという議論を民主的な討議の場に持ち込むことが課題となるべきであろう。先に示した「従軍慰安婦」問題でいうならば、国境線に沿って歴史認識の差異を確認し、強力な国民意識と強固なセキュリティの必要性を訴えることで国民を堅固に編成していくための道具としてこの悲劇的な歴史を想起する、あるいは忘却するのではなく、この「受動的犠牲者」を生み出してきた植民地帝国や国民国家、資本主義体制の構造そのものを問題にしながら、「受動的犠牲者」の国境をこえた連帯によって歴史的主体を立ち上げ、それを「私たち」の主体のモデルへと鍛え上げていくことが求められているのである。

「私たち」はけっして所与のものではない。過去の記憶のありかたによって日々、形成されていくものだからである。この「私たち」は、課題として、闘争として、つねに私たちの前にある。

あとがき

岩波書店の吉田浩一さんから単著の執筆に関してお声をかけていただいたのは、もう一〇年ほども前のことになる。期待に応えるようなものにしたいという思いもあって、戦後ドイツにおける記憶や「過去の克服」の政治・社会・文化的現象を、時間／空間の変容とそれにともなう国民的主体の変遷という構造的なアプローチを通して分析するという重々しい研究課題に取りかかった。

この課題には個人的な経験もかかわっている。歴史学、とくにドイツ現代史の研究者は記憶の問題に熱心に取り組んできたが、若い世代もこの問題には関心があるようで、私が担当している卒論ゼミにおいても、ドイツにおける過去との取り組みをテーマに取り上げる学生は少なくない。しかしそこでの議論の大半は、ドイツの過去との取り組みは日本にとって模範となりうるのかという問題をめぐって展開され、結局のところ日独間の取り組みと意識の相違を確認することでその議論は閉じられている。そのために、このテーマに取り組んだ学生たちが知的欲求を満たさないまま卒論を書き終えていることを、私は実感しつづけた。その最大の原因は、〈過去への取り組みがどのようなものであったのか〉だけを論じ、〈そもそもなぜ過去への取り組みがなされるのか〉といった議論にまで踏み込んでいないことに、そしてそのような研究課題に取り組んでいる専門研究が少なすぎることにあるように私には思えた。ゼミでこのようなテーマの報告がなされると、必ずといっていいほど日中・日韓間での歴史認識問題にまで議論は及んでいくが、そこでも学生たちの多くは、〈どのように歴史認識は異なるのか〉を問題にしても、〈なぜ歴史認識は異なるのか〉といったことを問う発想へなかなか向かわない。言い換えれば、日中・日韓間の対立を確認するが、〈なぜ〉という対立の根本原因を突き止める発想が希薄であるために、対立はいかに克服されうるのかといった考察にはいたらぬままに議論は終わってしまっている。この〈なぜ〉を理解するためには、国民国家、主権、産業構造、知・言説といった社会構造上の問題を分析に取り入れなければならず、その分析視角として時間／空間の構造的変容というアプローチは有益ではないのか――これがそのような経験から私が行きついた結論だった。

しかし、このテーマは私が扱うには広大すぎ、また困難なものだった。そのために執筆は遅々として進まず、ようやく完成した原稿も出版事情をまったく無視した膨大な量となってしまい、吉田さんの頭を抱えさせることとなってしまった。そこで、その原稿を一つの主要なテーマに絞り込むことで四分の一の量でまとめてみてはどうかという提案を受けて、ようやくこのような形で刊行に漕ぎつけることができた。もともとは「三、四年後ということではなく」という約束だったのだが、吉田さんにはほんとうに申し訳ない気持ちと同時に、感謝の念でいっぱいである。

執筆中に私の故郷が東日本大震災に見舞われ、そこに原発事故によって流出した放射能が降り注ぐ事態に直面して、著作の当初の構想は再検討せざるをえなくなった。しかも、この震災で露呈した政治・社会的な矛盾を突き止めて、抜本的に解消していくことがめざされるのではなく、「がんばろう、日本」のかけ声のもとに復興が叫ばれ、矛盾を放置したまま旧来の状態の回復が推し進められるなか、政治と社会が右傾化していくという事態に呆然とした日々を送らざるをえなかった。とくに、「アンダー・コントロール」という虚妄が政治家のトップの口から公言されてオリンピックの誘致が決定したときには、憤激をこえて、もはや無力感しか残らなかった。この理由もあって原稿の完成は大幅に遅れたが、そのような思いを本書に十分に盛り込むことができたとは、残念ながらまったく言い難い。今後の課題としたい。

修正を加えているものの、本書の第1章は以下の論文にもとづいている。

「ホロコーストの物語——占領期ドイツにおける記憶と表象」『立命館文学』六〇四号(二〇〇八年)

「アンネ・フランクの笑顔——五〇年代以降におけるホロコーストの表象」『立命館史学』二九号(二〇〇八年)

また、第4章第2節の一部は次の論文と部分的に重複している。

「ポスト・フォーディズムの時間・歴史意識——〈ホロコースト〉の誕生」『ゲシヒテ』二号(二〇〇九年)

それ以外の章と節はすべて書き下ろしである。

最初の単著を刊行していただいた梶田孝道先生の早すぎる逝去の知らせには驚いたが、そのあとも本書の執筆中に恩師というべき先生方を次々に失うことになった。大学入学からずっと指導教員であり、人前で恥ずかしがることなく私を「愛弟子」と呼んでくれた末川清先生。学内の研究所の役職に私を指名していただき、また編者として私の名前を連ねて論集を刊行していただくなど、多くの機会を通して知的な刺激をたえず与えてくれた西川長夫先生。留学時代の指導教員であり、その後も数日間もの自宅での宿泊滞在や、メールのやり取りなどを通して、ドイツ歴史学に関するさまざまな情報を伝えていただいたオットー・ダン先生。さらにはドイツ現代史研究会でお世話になりつづけただけではなく、編著の執筆者に加えていただき、また博士号の審査委員もしていただいた山口定先生。立命館大学の退職後も私の研究を見守っていただいた瀬原義生先生。これらの先生方には本書をぜひとも読んでいただきたかったが、果たすことができずに断腸の思いである。いつか再会することになったときには、本書を手土産として持っていくつもりであるが、手招きされてもすぐそちらへ馳せ参じるわけにはいかない。もっと手土産を増やしてからお会いしたいと思うので、まだしばらくお待ちいただきたい。

本書では多くの映画作品が研究資料として用いられているが、最初に吉田さんと東京でお会いしたときの宿泊先の住人であり、その後に妻となった静には、映画関係者との出会いの機会を作り、興味深い映画を紹介するなど、映画への関心を喚起してくれたことに感謝したい。

最後に、六年間の保育園の送り迎えを経験させてくれ、私が作った平日のまずい晩ご飯をいまでもずっと食べてくれているなど、周回遅れの父親の役割を私に担わせてくれた息子の岬生《みさき》に感謝したい。たしかに、本に張りつけた付箋を全部抜き取ったり、図書館の本を落書帳にしてしまったり、ベッドの上で勉強することを常とする私の布団に入り込んでテレビアニメを見始めたりするなど、たくさんの研究妨害を実践してくれた。でも、私が体験することがない二一世紀後半も生きることになる二〇〇九年生まれの君が、いつか本書を読んでくれる日のその姿を想像することで研究に励むことができたし、君にとって恥ずかしくない本にすることが執筆の最大のモチベーションだった。だからこの本を高橋岬生、君に捧げることにする。

二〇一七年一一月、京都・太秦の自宅にて

著　者

高橋秀寿
1957年宮城県生まれ．立命館大学大学院文学研究科博士課程後期単位取得退学．文学博士．立命館大学文学部教授．ドイツ現代史・記憶文化論．
著書に『再帰化する近代――ドイツ現代史試論』(国際書院，1997年)，『ナショナル・アイデンティティ論の現在』(共編，晃洋書房，2003年)，『東欧の20世紀』(共編，人文書院，2006年)，『グローバリゼーションと植民地主義』(共編，人文書院，2009年)など．

ホロコーストと戦後ドイツ――表象・物語・主体

2017年12月21日　第1刷発行

著　者　高橋秀寿《たかはしひでとし》

発行者　岡本　厚

発行所　株式会社 岩波書店
〒101-8002 東京都千代田区一ツ橋2-5-5
電話案内 03-5210-4000
http://www.iwanami.co.jp/

印刷・三秀舎　製本・牧製本

ISBN 978-4-00-024799-3　Printed in Japan

索　引

・節題・項題に含む語句については，該当節(項)全体の頁を記した．

人名索引

ア 行

カ 行

サ 行

タ 行

ナ 行

ハ 行

ヤ 行

ラ 行

ワ 行

事項索引

欧 文

ア 行

カ 行

サ 行

タ 行

ナ 行

ハ 行

マ 行

ヤ 行

ラ 行

ワ 行

注

史料・略語一覧

APuZ	*Aus Politik und Zeitgeschichte*
FAZ	*Frankfurter Allgemeine Zeitung*
FR	*Frankfurter Rundschau*
GWU	*Geschichte in Wissenschaft und Unterricht*
SZ	*Süddeutsche Zeitung*

［はじめに］

(1) *Der Denkmalstreit-das Denkmal? Die Debatte um das "Denkmal für die ermordeten Juden Europas,"* Eine Dokumentation, Berlin 1999, S. 1111. 米沢薫『記念碑論争――ナチスの過去をめぐる共同想起の闘い［1988〜2006年］』社会評論社，2009年.

(2) たとえば，石田勇治『過去の克服――ヒトラー後のドイツ』白水社，2002年（新装復刊2014年）．佐藤健生／ノルベルト・フライ編『過ぎ去らぬ過去との取り組み――日本とドイツ』岩波書店，2011年.

(3) 米沢『記念碑論争』．香川檀『想起のかたち 記憶アートの歴史意識』水声社，2012年.

(4) 石田，309-324頁.

(5) 武井彩佳『〈和解〉のリアルポリティクス――ドイツ人とユダヤ人』みすず書房，2017年，220-225頁.

［第1章］

(1) Vgl., Barbie Zelizer, *Remembering to forget: Holocaust Memory through the Camera's Eye*, Chicago 1998, PP. 49-85.

(2) Harold Marcuse, *Legacies of Dachau: The Uses and Abuses of a Concentration Camp, 1933-2001*, Cambridge 2001, PP. 52-55. Norbert Frei, ›Wir waren blind, ungläubig und langsam‹. Buchenwald, Dachau und die amerikanischen Medien 1945, in: *Vierteljahrshefte für Zeitgeschichte*, H. 3, 35 (1987). 英米連合軍による強制収容所の解放に関しては，Robert H. Abzug, *Inside the Vicious Heart: Americans and the Liberation of Nazi Concentration Camps*, New York 1985.

(3) Eli A. Bohnnen, Als sich das Blatt gewendet hatte. Erinnerung eines

amerikanischen Militär-Rabbiners an die Befreiung Dachaus, in: *Dachauer Hefte*, H. 1, 1985, S. 204 f.
(4) Percy Knauth, Buchenwald, in: *Time*, April 30, 1945, PP. 40-43.
(5) Harold Denny, The World Must Not Forget, in: *The New York Times Magazine*, May 6, 1945, P. 8.
(6) David Max Eichhorn, Sabbath-Gottesdienst im Lager Dachau. Bericht des US-Militärrabbiners über die erste Maiwoche 1945, in: *Dachauer Hefte*, H. 1, 1985, S. 206.
(7) Bohnnen, S. 205.
(8) Margaret Bourke-White, *Deutschland, April 1945*, München 1979, S. 91.
(9) Eichhorn, S. 216-218.
(10) 注2を参照.
(11) *Public Opinion Quarterly*, June 1941, P. 326.
(12) *Public Opinion Quarterly*, Winter 1941, P. 674.
(13) *Public Opinion Quarterly*, Spring 1943, P. 173.
(14) U. S. Editors back, urge harsh peace, *The New York Times*, May 9, 1945.
(15) 解放報道に関しては, Hermann Weiß, Dachau und die internationale Öffentlichkeit. Reaktionen auf die Befreiung des Lagers, in: *Dachauer Hefte*, H. 1, 1985.
(16) Cornelia Brink, *Ikonen der Vernichtung. Öffentlicher Gebrauch von Fotografien aus nationalsozialistischen Konzentrationslagern nach 1945*, Berlin 1998, S. 64. Vgl., Zelizer, S. 112.
(17) *Life*, Vol. 18, No. 19 (May 7, 1945), P. 36.
(18) たとえば, *The New York Times*, April 24, 1945.
(19) たとえば, *Time*, April 30, 1945におけるベルゲン・ベルゼン強制収容所旧所長のJ. クラーマー.
(20) Brink, S. 64. Vgl., Zelizer, P. 101.
(21) Denny, P. 42.
(22) *Life*, Vol. 18, No. 19 (May 7, 1945), P. 32.
(23) Dachau Captured by Americans Who Kill Guards, Liberate 32,000, in: *The New York Times*, May 1, 1945.
(24) Denny, P. 8.
(25) U. S. Editors back, urge harsh peace. *The New York Times*, May 9, 1945.
(26) Brink, S. 62. Vgl., Zelizer, PP. 109-110.
(27) ドイツ語版ナレーションは, Michael Hoenisch u.a. (Hg.), *USA und*

Deutschland. Amerikanische Kulturpolitik 1942–1949, Berlin 1980. 英語版は, David Culbert, American film policy in the reeducation of Germany, in: Nicholas Pronay/Keith Wilson, *The Political Reeducation of Germany & Her Allies after World War II*, London/Sydney 1985 を参照.

(28) Brewster S. Chamberlin, Todesmühlen. Ein früher Versuch zur Massen – "Umerziehung" im besetzten Deutschland 1945–1946, in: *Vierteljahrshefte für Zeitgeschichte*, H. 3, 29 (1981), S. 422.

(29) *Public Opinion Quarterly*, Summer 1945, P. 246. *Public Opinion Quarterly*, Fall 1945, P. 533.

(30) *Public Opinion Quarterly*, Fall 1945, P. 533. *Public Opinion Quarterly*, Summer 1945, P. 247.

(31) Vgl., Detlef Hoffmann, Fotografierte Lager. Überlegungen zu einer Fotogeschichte deutscher Konzentrationslager, in: *Fotogeschichte. Beiträge zur Geschichte und Ästhetik der Fotografie*, H. 59, 1994, S. 3–20. Sybil Milton, Argument oder Illustration. Die Bedeutung von Fotodokumenten als Quelle, in: ibid., H. 28, 1988.

(32) Moris Janowitz, German Reactions to Nazi Atrocities, in: *American Journal of Sociology*, Vol. 52, No. 2, 1946, P. 142.

(33) インゲ・ドイッチュクローン(馬場謙一訳)『黄色い星を背負って――ナチ支配下を生きたユダヤ人女性の証言』岩波書店, 1991年, 12頁.

(34) Janowitz, P. 142.

(35) この問題に関しては, Hans Mommsen, Was haben die Deutschen vom Völkermord an den Juden gewußt?, in: Walter H. Pehle (Hg.), *Der Judenpogrom 1938. Von der ›Reichskristallnacht‹ zum Völkermord*, Frankfurt am Main 1988. Volker Ullrich, Wir haben nichts gewusst – Ein deutsches Trauma, in: *1999. Zeitschrift für Sozialgeschichte des 20. und 21. Jahrhunderts*, H. 4, 6 (1991). David Bankier, *Die öffentliche Meinung im Hitler-Staat. Die "Endlösung" und die Deutschen. Eine Berichtigung*, Berlin 1995, S. 139–158.

(36) インゲ・ショル(内垣啓一訳)『白バラは散らず――ドイツの良心ショル兄妹』未来社, 1964年.

(37) Herbert Obenaus, Haben sie wirklich nichts gewußt? Ein Tagebuch zum Alltag von 1933–45 gibt eine deutliche Antwort, in: *Journal für Geschichte*, H. 1, 2 (1980), S. 29.

(38) Saul K. Padover, *Experiment in Germany: The Story an American Intelligence Officer*, New York 1946, P. 18.

(39) Gerhard Hirschfeld/Irina Renz (Hg.), *›Vormittags die ersten Ameri-*

kaner‹ Stimmen und Bilder vom Kriegsende 1945, Stuttgart 2005, S. 92.

(40) ドイッチュクローン, 158頁.

(41) Charles E. Egan, All Reich to see Camp Atrocities, in: *The New York Times*, April 24, 1945.

(42) Brink, S. 73.

(43) Chamberlin, S. 435.

(44) Janowitz, P. 143.

(45) James Stern, *Die unsichtbaren Trümmer. Eine Reise im besetzten Deutschland 1945*, Frankfurt am Main 2004, S. 49 f.

(46) Dagmar Barnouw, *Ansichten von Deutschland (1945). Krieg und Gewalt in zeitgenössischen Photographie*, Basel/Frankfurt am Main 1997, S. 55より引用.

(47) Bourke-White, S. 90.

(48) Patricia Lochridge, Are Germans Human?, in: *Woman's home companion*, July 1945, P. 96.

(49) Chamberlin, S. 435.

(50) Janowitz, PP. 143-144.

(51) Denny, P. 43.

(52) Eugen Kogon, Gericht und Gewissen, in: *Frankfurter Hefte*, Jg. 1, Heft 1, 1946, S. 28.

(53) Lochridge, P. 96.

(54) Moses Moskowitz, The Germans and the Jews: Postwar Report, in: *Commentary* 2 (July 1946), P. 11.

(55) Padover, PP. 63-64.

(56) Lochridge, PP. 4, 96.

(57) Moskowitz, P. 10.

(58) Padover, P. 62.

(59) Bourke-White, S. 27.

(60) Padover, P. 41.

(61) Ibid., P. 92.

(62) Ibid., PP. 97-98.

(63) Ibid., PP. 56-58.

(64) Ulrich Borsdorf/Lutz Niethammer (Hg.), *Zwischen Befreiung und Besatzung. Analysen des US-Geheimdienstes über Positionen und Strukturen deutscher Politik 1945*, Wuppertal 1976, S. 38.

(65) Denny, P. 42.

(66) Padover, P. 160.

(67) Janowitz, P. 144.
(68) Bourke-White, S. 146.
(69) Kogon, S. 29.
(70) Janowitz, P. 143.
(71) Hirschfeld/Renz (Hg.), S. 179.
(72) Chamberlin, S. 434.
(73) レニ・リーフェンシュタール(椛島則子訳)『回想(上)』文藝春秋, 1991年, 429-430頁.
(74) Hadley Cantril (ed.), *Public Opinion 1935-46*, Princeton/NJ 1951, Neudruck 1978, PP. 1035-1039.
(75) Helmut Regel, Der Film als Instrument alliierter Besatzungspolitik in Westdeutschland, in: Klaus Jaeger/Helmut Regel (Hg.), *Deutschland in Trümmern. Filmdokumente der Jahre 1945-1949*, Oberhausen 1976.
(76) James O'Donnell, German on der Strasse: What War Guilt Trials, in: *Newsweek*, December 10, 1945, P. 52.
(77) Robert M. Kempner, Impact of Nuremberg on the German Mind, in: *The New York Times Magazine*, October 6, 1946, P. 66.
(78) Felix Hirsch, Lessons of Nuremberg, in: *Current History*, October 1946, P. 313.
(79) Paul Kohlhöfer, Die Angeklagten vor dem KZ-Film, *FR* vom 4. 12. 1945.
(80) O'Donnell, P. 52.
(81) Vgl., Anneke de Rudder, ›Warum das ganze Theater‹ Der Nürnberger Prozeß in den Augen der Zeitgenossen, in: *Jahrbuch für Antisemitismusforschung* 6, 1997. Peter Steinbach, Nationalsozialistische Gewaltverbrechen in der deutschen Öffentlichkeit nach 1945, in: J. Weber/P. Steinbach (Hg.), *Vergangenheitsbewältigung durch Strafverfahren? NS-Prozesse in der Bundesrepublik Deutschland*, München 1984, S. 13-39.
(82) Cantril (ed.), *Public Opinion*, P. 1037.
(83) Ibid., P. 1040.
(84) Richard L. Merritt, Digesting the past: views of National Socialism in semi-sovereign Germany, in: *SOCIETAS – A Review of Social History* VII, No. 2 (Spring 1977), PP. 105, 107.
(85) Elisabeth Noelle/Erich Peter Neumann (Hg.), *Jahrbuch der öffentlichen Meinung 1947-1955*, Band 1, 1956, S. 146.
(86) Ibid., S. 142.
(87) Ibid., S. 140.
(88) Wolfgang Benz, Etappen bundesdeutscher Geschichte am Leitfaden

unterledigter deutscher Vergangenheit, in: Brigitte Rauschenbach (Hg.), *Erinnern, Wiederholen, Durcharbeiten. Zur Psycho-Analyse deutscher Wenden*, Berlin 1992. Norbert Frei, Von deutscher Erfindungskraft. Oder: Die Kollektivschuldthese in der Nachkriegszeit, in: ders., *1945 und WIR. Das Dritte Reich im Bewußtsein der Deutschen*, München 2005.

(89) Klaus Stüwe (Hg.), *Die großen Regierungserklärungen der deutschen Bundeskanzler von Adenauer bis Schröder*, Opladen 2002, S. 42 f.

(90) Herry Stein (Hg.), *Konzentrationslager Buchenwald 1937–1945*, Göttingen 1999, S. 224–226.

(91) Ibid., S. 78, 237.

(92) Vgl., Jürgen Wilke u.a., *Holocaust und NS-Prozesse. Die Presseberichterstattung in Israel und Deutschland zwischen Aneignung und Abwehr*, Köln/Weimar/Wien/Böhlau 1995, S. 121. 「ホロコースト」概念については, Norbert Frei, Auschwitz und Holocaust. Begriff und Historiographie, in: Hanno Loewy (Hg.), *Holocaust: Die Grenzen des Verstehens*, Reinbek 1992.

(93) Peter Novick, *Nach dem Holocaust. Der Umgang mit dem Massenmord*, Stuttgart/München 2001, S. 150 f.

(94) この問題に関しては, Harald Welzer, Die Bilder der Macht und die Ohnmacht der Bilder. Über Besetzung und Auslöschung von Erinnerung, in: ders. (Hg.), *Das Gedächtnis der Bilder. Ästhetik und Nationalsozialismus*, Tübingen 1995.

(95) Abzug, P. 144.

(96) Peter Seewald, ›Gruess Gott, ihr seid frei‹: Passau 1945, in: Wolfgang Malanowski (Hg.), *1945. Deutschland in der Stunde Null*, Reinbek 1985, S. 117.

(97) Vgl., Wolfgang Jacobmeyer, Jüdische Überlebende als "Displaced Persons," in: *Geschichte und Gesellschaft*, H. 3, 9 (1983).

(98) Koppel S. Pinson, Jewish Life in Liberated Germany: A Study of the Jewish DP's, in: *Jewish Social Studies*, Vol. IX, No. 2 (April 1947), P. 110.

(99) Ibid., PP. 114–118.

(100) 拙稿「社会主義国家の建国神話——『戦艦ポチョムキン』から『グッバイ・レーニン！』まで」高橋秀寿／西成彦編『東欧の20世紀』人文書院, 2006年を参照.

(101) 『アンネの日記』出版の経緯と反響, その後のアンネ・フランクに関するさまざまな現象に関しては, Marion Siems, *Erläuterungen und Dokumente. Anne Frank. Tagebuch*, Stuttgart 2003, S. 72–85. Wolfgang Benz, Mythos Anne Frank, in: ders., *Bilder vom Juden. Studien zum alltäglichen*

Antisemitismus, München 2001. David Barnouw, *Anne Frank. Vom Mädchen zum Mythos*, München 1998. Alvin H. Rosenfeld, ›Popularization and Memory: the Case of Anne Frank‹, in: Peter Hayes (ed.), *Lessons and Legacies: The Meaning of the Holocaust in a changing World*, Evanston 1991.

(102) Vgl., Alvin H. Rosenfeld, The Americanization of the Holocaust, in: *Commentary*, Vol. 99, No. 6, June 1995, P. 38.

(103) Meyer Levin, The child behind the secret door, in: *The New York Times Book Review*, June 15, 1952, PP. 1, 22.

(104) Gulie Ne'eman Arad, Der Holocaust in der amerikanisierten Erinnerung, in: Gertrud Koch (Hg.), *Bruchlinien. Tendenzen der Holocaustforschung*, Köln/Weimar/Wien/Böhlau 1999, S. 233 f.

(105) Siems, S. 89–98.

(106) Frances Goodrich/Albert Hackett, *Das Tagebuch der Anne Frank. Ein Schauspiel*, Frankfurt am Main 1958.

(107) Vgl., Hanno Loewy, Das gerettete Kind. Die ›Universalisierung‹ der Anne Frank, in: Stephan Braese u.a., *Deutsche Nachkriegsliteratur und der Holocaust*, Frankfurt am Main/New York 1998.

(108) Hans Gresmann, Anne Frank rief die Jugend. Bergen-Belsen wurde am letzten Sonntag zum Wallfahrtsort, in: *Die Zeit* vom 21. 3. 1957. Volkmar Hoffmann, In der Stadt der Tränen und des Todes, in: *FR* vom 18. 3. 1957.

(109) Norbert Muhlen, The Return of Anne Frank, in: *The ADL Bulletin* 2 (June 1957).

(110) Isabella Rüttenauer, Bemerkungen zum "Tagebuch der Anne Frank" im Geschichts-und Deutschunterricht, in: *GWU*, H. 9 (1958), S. 35.

(111) Muhlen, P. 2.

(112) Siems, S. 80–82. Cynthia Ozick, Who owns Anne Frank?, in: *The New Yorker*, October 6, 1997.

(113) Muhlen, P. 8.

(114) Habbo Knoch, *Die Tat als Bild. Fotografien des Holocaust in der deutschen Erinnerungskultur*, Hamburg 2001, S. 502.

(115) Vgl., Juduth E. Doneson, The American History of Anne Frank's Diary, in: *Holocaust and Genocide Studies*, Vol. 2, No. 1, 1987, PP. 149–160.

(116) Hanna Arendt, Comment, in: *Midstream*, Vol. 8, No. 2 (Spring 1962).

(117) Bruno Bettelheim, The Ignored Lesson of Anne Frank, in: *Harper's* 221, November 1960(ブルーノ・ベテルハイム(高尾利数訳)「アンネ・フランクの無視された教訓」『生き残ること』法政大学出版局, 1992年). Bruno Bettelheim, Freedom from Ghetto Thinking, in: *Midstream*, Vol. 8, No. 2

(Spring 1962).

[第2章]

(1) この事件に関しては，石田勇治『過去の克服――ヒトラー後のドイツ』白水社，2002年，141-143頁を参照．Werner Bergmann, *Antisemitismus in öffentlichen Konflikten. Kollektives Lernen in der politischen Kultur der Bundesrepublik 1949-1989*, Frankfurt am Main 1997, S. 192 ff. Peter Reichel, *Vergangenheitsbewältigung in Deutschland. Die Auseinandersetzung mit der NS-Diktatur von 1945 bis heute*, München 2001, S. 144 f.(ペーター・ライヒェル(小川保博／芝野由和訳)『ドイツ 過去の克服――ナチ独裁に対する1945年以降の政治的・法的取り組み』八朔社，2006年，185-186頁)．*Der Spiegel* vom 18. 12. 1957, S. 35.

(2) *Der Spiegel* vom 29. 1. 1958, S. 22 f.

(3) *FR* vom 11. 4. 1958.

(4) この問題に関しては以下を参照．Werner Bergmann, Die antisemitische Welle im Winter 1959/1960, in: Werner Bergmann/Rainer Erb (Hg.), *Antisemitismus in der politischen Kultur nach 1945*, Opladen 1990. Ders., *Antisemitismus in öffentlichen Konflikten*, S. 235 ff. Reichel, S. 147-149(ライヒェル，189-190頁). Ulrich Brochhagen, *Nach Nürnberg. Vergangenheitsbewältigung und Westintegration in der Ära Adenauer*, Hamburg 1994, S. 276 ff.

(5) *FAZ* vom 7. 1. 1960.

(6) Vgl., Peter Dudek, „Aufarbeitung der Vergangenheit" als Erziehungsprogram? Über die Schwierigkeit, antifaschistische Jugendarbeit zu begründen, in: *Neue Praxis*, H. 4, 12 (1982).

(7) *SZ, FR, FAZ* vom 14. 1. 1960. *SZ, FR* vom 15. 1. 1960.

(8) *SZ* vom 21. 1. 1960.

(9) Gerhard Schoenberner, *Der gelbe Stern. Die Judenverfolgung in Europa 1933 bis 1945*, Hamburg 1960. 以下，改訂版ではなく，この初版によって分析を進めていく．この写真集に関しては次の文献で詳細な分析がなされている．Cornelia Brink, *Ikonen der Vernichtung. Öffentlicher Gebrauch von Fotografien aus nationalsozialistischen Konzentrationslagern nach 1945*, Berlin 1988, S. 143-177. Habbo Knoch, *Die Tat als Bild. Fotografien des Holocaust in der deutschen Erinnerungskltur*, Hamburg 2001, S. 699-721.

(10) Gerhard Schoenberner, Das Menetekel von Köln. Die unbewältigte Gegenwart, in: *Das Argument* 16, 1960.

(11) Schoenberner, *Der gelbe Stern*, S. 13.

(12) Ibid., S. 212.

(13) Ibid., S. 5.

(14) Ibid., S. 5.

(15) *Der Spiegel* vom 30. 3. 1960, S. 61.

(16) *Der Spiegel* vom 2. 5. 1956, S. 50 f. *FAZ* vom 13. 4. 1956. *FR* vom 23. 4. 1956. *Die Zeit* vom 10. 5. 1956. Vgl., Christoph Classen, *Bilder der Vergangenheit. Die Zeit des Nationalsozialismus im Fernsehen der Bundesrepublik Deutschland 1955–1965*, Köln 1999, S. 91. Walter Euchner, Unterdrücke Vergangenheitsbewältigung. Motiv der Filmpolitik in der Äre Adenauer, in: Rainer Eisfeld/Ingo Müller (Hg.), *Gegen Barbarei*, Frankfurt am Main 1989, S. 347 f.

(17) *Die Zeit* vom 19. 4. 1956.

(18) *FR* vom 2. 6. 1956.

(19) この翻訳はフランス語の原文と対訳で，Paul Celan, *Gesammelte Werke in fünf Bänden*, Band 4, Frankfurt am Main 1986, S. 76–99 に掲載されている.

(20) Classen, *Bilder der Vergangenheit.*

(21) このドラマに関しては，Lars Koch, Das Fernsehenbild der Wehrmacht am Ende der fünfziger Jahre. Zu Fritz Umgelters Fernsehmehrteiler Am grünen Strand der Spree, in: Waltraud ›Wara‹ Wende (Hg.), *Der Holocaust im Film. Mediale Inszenierung und kulturelles Gedächtnis*, Heidelberg 2007.

(22) Ibid., S. 72.

(23) 以上に関しては，Knut Hickethier, Der Zweite Weltkrieg und der Holocaust im Fernsehen der Bundesrepublik der fünfziger und frühen sechziger Jahre, in: Michael Th. Greven/Oliber von Wrochem (Hg.), *Der Krieg in der Nachkriegszeit. Die Zweite Weltkrieg in Politik und Gesellschaft der Bundesrepublik*, Opladen 2000.

(24) *Der Spiegel* vom 2. 11. 1960, S. 88.

(25) Ibid, S. 89.

(26) *SZ* vom 23. 5. 1961.

(27) Christiane Fritsche, *Vergangenheitsbewältigung im Fernsehen. Westdeutsche Filme über den Nationalsozialismus in den 1950 er und 60 er Jähren*, München 2003, S. 129.

(28) *SZ* vom 23. 5. 1961.

(29) *SZ* vom 25. 10. 1960.

(30) *FAZ* vom 19. 12. 1960.

(31) Knut Hickethier, Nur Histotainment? Das Dritte Reich im bundesdeutschen Fernsehen, in: Peter Reichel/Harald Schmid/Peter Steinbach

(Hg.), *Der Nationalsozialismus – Die zweite Geschichte. Überwindung – Deutung – Erinnerung*, München 2009.

(32) *Der Spiegel* vom 24. 5. 1961.

(33) *SZ* vom 23. 5. 1961.

(34) *SZ* vom 23. 5. 1961.

(35) *Die Zeit* vom 28. 10. 1960.

(36) Fritsche, S. 130 f.

(37) Celan, *Gesammelte Werke in fünf Bänden*, Band 4, S. 96 f. このことに関しては，水上藤悦「パウル・ツェラーンとともに『夜と霧』を読み直す」『人文研究(千葉大学)』38号，2009年，83-84頁から知った．

(38) *Der Spiegel* vom 2. 5. 1956, S. 50.

(39) Karl-Hermann Tjaden, Reaktionen von Schülern auf die Behandlung des Themas Nationalsozialismus im Unterricht des Gymnasiums, in: *Gesellschaft, Staat, Erziehung* 7, 1962, S. 242.

(40) Schoenberner, *Der gelbe Stern*, S. 8.

(41) Ibid., S. 5.

(42) Heinz Huber/Artur Müller (Hg.), *Das Dritte Reich. Seine Geschichte in Texten, Bildern und Dokumenten*, Band 2, München 1964, S. 483.

(43) Ibid., Band 1, S. 145.

(44) Ibid., Band 2, S. 811. 『我が闘争』もまた——その題名が示唆しているように——ヒトラーが主役である．この映画が扱っている時代は1933年ではなく，第一次世界大戦が勃発した1914年から始まっており，それによってナチ党が台頭し，ヒトラーが政権を獲得する背景も説明されている．しかし，その背景のなかで政権を掌握したヒトラーの意志にドイツ国民がしたがったことが強調され，第三帝国の歴史は彼の意図と試み，その挫折によって説明されている．

(45) Ibid., Band 2, S. 495.

(46) Schoenberner, *Der gelbe Stern*, S. 33.

(47) Ibid., S. 6.

(48) Ibid., S. 17.

(49) Gerhard Schoenberner, *Der gelbe Stern. Die Judenverfolgung in Europa 1933 bis 1945*, erw. Neuausg., Frankfurt am Main 1991, S. 29.

(50) この写真の問題に関しては，Jürgen Hannig, Bilder, die Geschichte machen. Anmerkungen zum Umgang mit „Dokumentarfotos“ in Geschichtslehrbüchern, in: *GWU*, H. 1, 40 (1989). Harald Walzer, Die Bilder der Macht und Ohnmacht der Bilder. Über Besetzung und Auslösung von Erinnerung, in: ders. (Hg.), *Das Gedächtnis der Bilder. Ästhetik und Natio-*

nalsozialismus, Tübingen 1995. Anntte Krings, *Die Macht der Bilder*, Münster 2006.

(51) Schoenberner, *Der gelbe Stern*, S. 6 f.

(52) Jürgen Stroop, *Es gibt keinen jüdischen Wohnbezirk in Warschau mehr*, Neuwied 1960.

(53) Schoenberner, *Der gelbe Stern*, S. 175.

(54) Stroop, *Es gibt keinen jüdischen Wohnbezirk*.

(55) この写真に関しては，Hannig, Bilder, die Geschichte machten. Christoph Hamann, Die Wendung aufs Subjekt. Zum Foto des Jungen aus dem Warschauer Ghetto 1943, in: *GWU*, H. 12, 51 (2000). Krings, *Die Macht der Bilder*, S. 57 ff.

(56) Ibid., S. 99.

(57) Schoenberner, *Der gelbe Stern* の表紙.

(58) Ibid., S. 66.

(59) 臼杵陽『イスラエル』岩波新書，2009年，114-120頁.

(60) Ludwig von Friedeburg/Peter Hübner, *Das Geschichtsbild der Jugend*, München 1964, S. 40-43.

(61) Tjaden, S. 240.

(62) Elisabeth Pfeil, *Die 23 Jährigen. Eine Generationenuntersuchung am Geburtenjahrgang 1941*, Tübingen 1968, S. 321-323.

(63) Walter Jaide, *Das Verhältnis der Jugend zur Politik. Empirische Untersuchungen zur politischen Anteilnahme und Meinungsbildung junger Menschen der Geburtsjahrgänge 1940-1946*, S. 96 ff., 168.

(64) Ibid., S. 102.

(65) Ibid., S. 105.

(66) Ibid., S. 34.

(67) Ibid., S. 34.

(68) Ibid., S. 110.

(69) Ibid., S. 21.

(70) Vgl., Brink, S. 171.

(71) この問題に関しては，Walzer を参照.

(72) Friedeburg/Hübner, S. 11 f.

(73) Ibid., S. 11-15.

(74) この裁判に関しては次を参照. Norbert Frei, Der Frankfurter Auschwitz-Prozeß und die deutsche Zeitgeschichtsforschung, in: Fritz Bauer Institut (Hg.), *Auschwitz: Geschichte, Rezeption und Wirkung. Jahrbuch 1996 zur Geschichte und Wirkung des Holocaust*, Frankfurt am Main/New York

1996. Irmtrud Wojak, Die Verschmelzung von Geschichte und Kriminologie. Historische Gutachten im ersten Frankfurter Auschwitz-Prozeß, in: Norbert Frei/Dirk van Laak/Michael Stolleis (Hg.), *Geschichte vor Gericht*, München 2000. Werner Renz, Der erste Frankfurter Auschwitz-Prozeß. Völkermord als Strafsache, in: *1999. Zeitschrift für Sozialgeschichte des 20. und 21. Jahrhunderts*, H. 2, 15 (2000). Devin O. Pendas, "I didn't know what Auschwitz was": The Frankfurt Auschwitz Trial and the German Press, 1963–1965, in: *Yale Journal of Law & the Humanities*, Vol. 12, No. 2 (Summer 2000). Marc von Miquel, ›Wir müssen mit den Mördern zusammenleben!‹ NS-Prozesse und politische Öffentlichkeit in den sechziger Jahren, in: Irmtrud Wojak (Hg.), *›Gerichtstag halten über uns selbst...‹ Geschichte und Wirkung des ersten Frankfurter Auschwitz-Prozesses*, Frankfurt am Main/New York 2001. Irmtrud Wojak, ›Die Mauer des Schweigens durchbrochen‹. Der erste Frankfurter Auschwitz-Prozess 1963–1965, in: ibid. Sabine Horn, ›Jetzt aber zu einem Thema, das uns in dieser Woche alle beschäftigt.‹ Die Westdeutsche Fernsehberichterstattung über den Frankfurter Auschwitz-Prozess (1963–1965) und den Düsseldorfer Majdanek-Prozeß (1975–1981) – Vergleich, in: *1999. Zeitschrift für Sozialgeschichte des 20. und 21. Jahrhunderts*, H. 2, 17 (2002). Werner Renz, Der erste Frankfurter Auschwitz-Prozeß. Zwei Vorgeschichten, in: *Zeitschrift für Geschichtswissenschaft*, H. 7, 50 (2002). Devin O. Pendas, *Der Auschwitz-Prozess. Völkermord vor Gericht*, München 2013.

(75) *FR* vom 14. 12. 1964.

(76) *FAZ* vom 15. 12. 1964. さらに，*SZ* vom 15. 12. 1964. *Der Spiegel* vom 23. 12. 1964.

(77) Brink, S. 135 f.

(78) 被告の経歴については，Bernd Naumann, *Auschwitz. Bericht über die Strafsache gegen Mulka und andere vor dem Schwurgericht Frankfurt*, Frankfurt am Main/Bonn 1965, S. 17 ff.

(79) Vgl., Wolfgang Benz, Bürger als Mörder und die Unfähigkeit zur Einsicht: Der Auschwitz-Prozeß, in: Uwe Schultz (Hg.), *Große Prozesse: Recht und Gerechtigkeit in der Geschichte*, München 1996.

(80) Naumann, *Auschwitz*, S. 130.

(81) Regina Schmidt/Egon Becker, *Reaktionen auf politische Vorgänge. Drei Meinungsstudien aus der Bundesrepublik*, Frankfurt am Main 1967, S. 111 ff.

(82) Elisabeth Noelle/Erich Peter Neumann (Hg.), *Jahrbuch der öffentlichen*

Meinung 1965-1967, Band 4, 1967, S. 165.

(83) Elisabeth Noelle/Erich Peter Neumann (Hg.), *Jahrbuch der öffentlichen Meinung 1968-1973*, Band 5, 1974, S. 232.

(84) Elisabeth Noelle-Neumann/Edgar Piel (Hg.), *Allensbacher Jahrbuch der Demoskopie 1978-1983*, Band 8, 1983, S. 194.

(85) Peter Weiss, *Die Ermittlung*. Taschenbuch, Frankfurt am Main 1969 (ペーター・ヴァイス(岩淵達治訳)『追究——アウシュヴィツの歌』白水社, 1966年. 引用した訳語は邦訳から変更している). この戯曲と公演に関しては次を参照. *Der Spiegel* vom 20. 10. 1965, S. 152 ff. Auschwitz auf der Bühne, in: *Die Zeit* vom 29. 10. 1965. Peter Reichel, *Erfundene Erinnerung. Weltkrieg und Judenmord in Film und Theater*, München 2004, S. 228 ff. Hanna Rasch, *Studien zum Oratorium "Die Ermittlung" von Peter Weiss unter Einbezug seines Essays "Meine Ortschaft,"* München 2012.

(86) Weiss, S. 8(ヴァイス, 7頁).

(87) Ibid., S. 185 f.(ヴァイス, 247-248頁).

(88) Dieter Hildebrandt, Ohne Applaus. Piscators Inszenierung der „Ermittlung," in: *FAZ* vom 21. 10. 1965.

(89) *FR* vom 26. 10. 1965.

(90) *Der Spiegel* vom 29. 9. 1965, S. 154.

(91) Vgl., Drei Fragen an fünf Intendanten, in: *Die Welt* vom 29. 10. 1965.

(92) Günther Rühle, Der Auschwitz-Prozeß auf der Bühne. Peter Weiß' „Ermittlung" in 16 deutschen Theater, in: *FAZ* vom 21. 10. 1965.

(93) *SZ* vom 4/5. 9. 1965.

(94) *FR* vom 26. 10. 1965.

(95) Weiss, S. 92 f.(ヴァイス, 121-122頁).

(96) Ibid., S. 182(ヴァイス, 244頁).

(97) たとえば, Peter Steinbach, Nationalsozialistische Gewaltverbrechen in der deutschen Öffentlichkeit nach 1945, in: Jürgen Weber/Peter Steinbach (Hg.), *Vergangenheitsbewältigung durch Strafverfahren? NS-Prozesse in der Bundesrepublik Deutschland*, München 1984, S. 26.

(98) Horst Krüger, Im Labyrinth der Schuld, in: *Der Monat*, H. 188, 16 (1964), S. 20.

(99) Norbert Frei, Auschwitz und Holocaust. Begriff und Historiographie, in: Hnmmo Loewy (Hg.), *Holocaust: Die Grenzen des Verstehens. Eine Debatte über die Bedeutung der Geschichte*, Hamburg 1992.

(100) Martin Walser, ›Unser Auschwitz‹, in: *Kursbuch* 1, 1965, S. 189 f.

(101) Jürgen Wilke/Birgit Schenk/Akiba A. Cohen/Tamar Zemach, *Holo-*

caust und NS-Prozesse. Die Presseberichterstattung in Israel und Deutschland zwischen Aneignung und Abwehr, Köln/Weimar/Wien/Böhlau 1995, S. 87, 90, 123 f.

(102) Fritz Bauer, In unserem Namen. Justiz und Strafvollzug, in: Helmut Hammerschmidt (Hg.), *Zwanzig Jahre danach. Eine deutsche Bilanz 1945–1965*, München u.a. 1965, S. 307.

(103) Wilke/Schenk/Cohen/Zemach, S. 70.

(104) *FR* vom 14. 8. 1964. *FAZ* vom 14. 8. 1964.

(105) Noelle/Neumann (Hg.), *Jahrbuch der öffentliche Meinung 1965–1967*, Band 5, S. 232.

(106) この事件に関しては以下を参照. Martina Althoff, Kiesinger, die APO und der Nationalsozialismus: Zur Dynamik eines NS-Konfliktes, in: *Jahrbuch für Antisemitismusforschung* 5, 1992. *Der Spiegel* vom 11. 11. 1968. *SZ* vom 8. 11. 1968. *FR* vom 8. 11. 1968. *FAZ* vom 8. 11. 1968.

(107) 本節では, のちに「六八年世代」と呼ばれることになるこの「世代」が展開した運動を,「六八年」と表記することにする.

(108) Friedrich H. Tenbruck, Moderne Jugend als soziale Gruppe (1962), in: Ludwig von Friedeburg (Hg.), *Jugend in der modernen Gesellschaft*, Köln/Berlin 1965, S. 87–98.

(109) Jürgen Miermeister/Jochen Staadt (Hg.), *Provokationen. Die Studenten und Jugendrevolte in ihren Flugblättern 1965–1971*, Darmstadt 1980, S. 54. *Protest! Literatur um 1968. Eine Ausstellung des Deutschen Literaturarchivs in Verbindung mit dem Germanistischen Seminar der Universität Heidelberg und dem Deutschen Rundfunkarchiv im Schiller-Nationalmuseum Marbach am Neckar vom 9. Mai bis 30. November 1998* (Marbacher Kataloge 51, hrsg. v. Ulrich Ott und Friedrich Pfäfflin), Marbach am Neckar 1998, S. 43.

(110) Miermeister/Staadt (Hg.), S. 111.

(111) Ibid., S. 144.

(112) *Protest! Literatur um 1968*, S. 44.

(113) Vgl., Bern-A. Rusinek, Von der Entdeckung der NS-Vergangenheit zum generellen Faschismusverdacht – akademische Diskurse in der Bundesrepublik der 60er Jahre, in: Axel Schildt/Detlef Siegfried/Karl Christian Lammers (Hg.), *Dynamische Zeiten. Die 60er Jahre in den beiden deutschen Gesellschaften*, Hamburg 2000. Hans-Ulrich Thamer, Die NS-Vergangenheit im politischen Diskurs der 68er Bewegung, in: *Westfälische Forschungen* 48, 1998.

(114) Miermeister/Staadt (Hg.), S. 77.

(115) Tilmann Fischer, Der Staat und die neue Linke in Deutschland, in: Karlheinz Schneider/Nikolaus Simon (Hg.), *Solidarität und deutsche Geschichte. Die Linke zwischen Antisemitismuskritik und Israelkritik. Dokumentation einer Arbeitstagung in der Ev. Akademie Arnoldshaim. August 1984*, Berlin 1987, S. 92.

(116) Inge Deutschkron, *Israel und Deutschen*, Köln 1983, S. 342 f.

(117) Rudi Dutschke, *Geschichte ist machbar. Texte über das herrschende Falsche und die Radikalität des Friedens*, herausgegeben von Jürgen Miermeister, Berlin 1980, S. 76.

(118) Rudi Dutschke, *Mein langer Marsch*, herausgegeben von Gretchen Dutschke-Klotz u.a., Reinbek 1980, S. 52.

(119) Axel Schildt, Die Eltern auf der Anklagebank? Zur Thematisierung der NS-Vergangenheit im Generationenkonflikt der Bundesrepublikanischen 1960 er Jahre, in: Christoph Cornelißen/Lutz Klinkhammer/Wolfgang Schwentker (Hg.), *Erinnerungskulturen. Deutschland, Italien und Japan seit 1945*, Frankfurt am Main 2003, S. 325.

(120) Vgl., Guido Grünewald, Zur Geschichte des Ostermarsches der Atomwaffengegner, in: *Blätter für deutsche und internationale Politik*, H. 3, 27 (1982). Holger Nehring, Angst, Gewalterfahrungen und das Ende des Pazifismus. Die britischen und westdeutschen Proteste gegen Atomwaffen, 1957-1964, in: Bernd Greiner/Christian Th. Müller/Dierk Walter (Hg.), *Angst im Kalten Krieg*, Hamburg 2009.

(121) Ulrich Herbert, Der Holocaust in der Geschichtsschreibung der Bundesrepublik Deutschland, in: Ulrich Herbert/Olaf Groehler, *Zweierlei Bewältigung. Vier Beiträge über den Umgang mit der NS-Vergangenheit in den beiden deutschen Staaten*, Hamburg 1992, S. 77.

[第3章]

(1) Uwe Magnus, Die Einschaltquoten und Sehbeteiligungen, in: Peter Märthesheiner/Ivo Frenzel (Hg.), *Im Kreuzfeuer. Der Fernsehfilm "Holocaust": Eine Nation ist betroffen*, Frankfurt am Main 1979. Julius H. Schoeps, Angst vor der Vergangenheit? Notizen zu den Reaktionen auf ›Holocaust‹, in: ibid. Jürgen Wilke, Die Fernsehserie „Holocaust" als Medienereignis, in: *Historical Social Research*, Vol. 30, No. 4, 2005. Andrei S. Markovits/Rebecca S. Hayden, "Holocaust." Before and after the event: Reaction in West Germany and Austria, in: *New German Critique* 19 (Winter

1980).

(2) *FR* vom 31. 1. 1979.

(3) Tilman Ernst, "Holocaust" in der Bundesrepublik: Impulse, Reaktionen und Konsequenzen der Fernsehserie aus der Sicht politischer Bildung, in: *Rundfunk und Fernsehen*, H. 4, 28 (1980). Tilman Ernst, "HOLOCAUST." Impulse – Reaktion – Konsequenzen. Das Fernsehereignis aus der Sicht politischer Bildung, in: *APuZ*, B 34, 1981.

(4) *FR* vom 30. 1. 1979.

(5) Ernst, 1981, S. 15.

(6) *Der Spiegel* vom 29. 1. 1979, S. 17.

(7) Vgl., Markovits/Hayden.

(8) *Die Zeit* vom 2. 2. 1979, S. 1.

(9) Eugen Kogon, Der Neonazismus in Bedrängnis und Angriff, in: *Frankfurter Hefte. Zeitschrift für Kultur und Politik*, H. 3, 34 (1979), S. 2–4.

(10) 『ホロコースト』の放映とその反応・反響に関しては以下を参照. Märthesheiner/Frenzel (Hg.), *Im Kreuzfeuer*. Markovits/Hayden, "Holocaust." Mattias Weiß, Sinnliche Erinnerung. Die Filme ›Holocaust‹ und ›Schindlers Liste‹ in der bundesdeutschen Vergangenheitsbewältigung der NS-Zeit, in: Norbert Frei/Sybille Steinbacher (Hg.), *Beschweigen und Bekennen. Die deutsche Nachkriegsgesellschaft und der Holocaust*, Göttingen 2001. Peter Reichel, *Erfundene Erinnerung. Weltkrieg und Judenmord in Film und Theater*, München 2004, S. 250 ff. Jürgen Wilke, Die Fernsehserie „Holocaust" als Medienereignis. Georg-Michael Schulz: Docu-dramas – oder: Die Sehnsucht nach der ›Authentizität‹. Rückblicke auf Holocaust von Marvin Chomsky und Schindlers Liste von Steven Spielberg, in: Waltraud ›Wara‹ Wende (Hg.), *Der Holocaust im Film. Mediale Inszenierung und kulturelles Gedächtnis*, Heidelberg 2007.

(11) *FAZ* vom 17. 1. 1979.

(12) *Der Spiegel* vom 15. 1. 1979, S. 134.

(13) *Die Zeit* vom 19. 1. 1979.

(14) Dieter Weichert, „Holocaust" in der Bundesrepublik: Design, Methode und zentrale Ergebnisse der Begleituntersuchung, in: *Rundfunk und Fernsehen*, H. 4, 28 (1980), S. 495 f.

(15) Ibid., S. 498.

(16) *SZ* vom 1. 2. 1979.

(17) *FAZ* vom 23. 1. 1979.

(18) Heiner Lichtenstein/Michael Schmid-Ospach (Hg.), *Holocaust. Briefe*

an den WDR, Wuppertal 1982, S. 51.
(19) Ibid., S. 31.
(20) *SZ* vom 1. 2. 1979.
(21) *Holocaust. Briefe an den WDR*, S. 42.
(22) *Holocaust. Briefe an den WDR*, S. 34.
(23) *Der Spiegel* vom 29. 1. 1979.
(24) *SZ* vom 25. 1. 1979.
(25) *Die Zeit* vom 2. 2. 1979.
(26) Ernst, 1981, S. 513 ff.
(27) Ibid., S. 515
(28) *Der Spiegel* vom 29. 1. 1979, S. 17.
(29) *Die Zeit* vom 2. 2. 1979.
(30) *Holocaust. Briefe an den WDR*, S. 98.
(31) Ibid., S. 88.
(32) *Die Zeit* vom 9. 3. 1979.
(33) *Die Zeit* vom 23. 2. 1979.
(34) *SZ* vom 9. 2. 1979.
(35) *Der Spiegel* vom 5. 2. 1979, S. 7 ff.
(36) *Der Spiegel* vom 29. 1. 1975, S. 8.
(37) *SZ* vom 1. 2. 1979.
(38) *Holocaust. Briefe an den WDR*, S. 65.
(39) *SZ* vom 9. 2. 1979.
(40) *Holocaust. Briefe an den WDR*, S. 56.
(41) Ibid., S. 65.
(42) Ibid., S. 70.
(43) Ibid., S. 56.
(44) *Der Spiegel* vom 5. 2. 1979, S. 8.
(45) *SZ* vom 5. 2. 1979.
(46) *Der Spiegel* vom 29. 1. 1979, S. 23.
(47) *FR* vom 2. 2. 1979. *SZ* vom 2. 2. 1979.
(48) 西ドイツにおける『ショア』の放映と反響に関しては, Reichel, *Erfundene Erinnerung*, S. 286–301.
(49) Daniel Passent, Die Fahne beschmutzt, in: *Die Zeit* vom 7. 3. 1986.
(50) Die Tränen sind der Einbruch der Wahrheit, in: *SZ* vom 5. 4. 1986.
(51) Reichel, *Erfundene Erinnerung*, S. 295.
(52) Vgl., Der zahe Schaum der Verdrängung, in: *Der Spiegel* vom 17. 2. 1986, S. 197. Von Gott verlassen, in: *Die Zeit* vom 21. 2. 1986.

(53) Wiederverwertung der Betroffenheit, in: *FAZ* vom 29. 1. 1922. Andreas Kilb, Ohne Oscar. Kein Skandal: der Kino-Streit um „Hitlerjunge Salomon," in: *Die Zeit* vom 31. 1. 1992.

(54) Vgl., Blamage mit Folgen. SPIEGEL-REDAKTEUR Seidl über den Umgang mit dem Film „Hitlerjunge Salomon," in: *Der Spiegel* vom 27. 1. 1992, S. 177. H. G. Pflaum, Keine Zeit für Trauer. Agnieszka Hollands zum Politikum gewordener Film „Hitlerjunge Salomon," in: *SZ* vom 8/9. 2. 1992.

(55) ドイツにおける『シンドラーのリスト』の反響に関しては, Manuel Köppen, Von Effekten des Authentischen – Schindlers Liste, in: Manuel Köppen/Klaus R. Scherpe (Hg.), *Bilder des Holocaust. Literatur. Film. Bildende Kunst*, Köln/Weimar/Wien 1997. Liliane Weissberg, The Tale of a Good German. Reflections on the German Reception of Schindler's List, in: Yosefa Loshitzky (ed.), *Spielberg's Holocaust: Critical Perspectives on Schindler's List*, Bloomington/Indianapolis 1997. William J. Niven, The Reception of Steven Spielberg's ›Schindler's List‹ in the German Media, in: *Journal of European Studies*, No. 98, 25 (1995). Helmut Korte, Hollywoodästhetik und die deutsche Geschichte: ›Schindlers Liste‹ (Spilberg 1993), in: ders., *Einführung in die systematische Filmanalyse*, Berlin 2001.

(56) Billy Wilder, ›Man sah überall nur Taschentücher‹, in: Christoph Weiß (Hg.), *›Der gute Deutsche‹. Dokumente zur Diskussion um Steven Spielbergs ›Schindlers Liste‹ in Deutschland*, Röhrig 1995, S. 43.

(57) Vgl., Matías Martínez, Zur Einführung: Authentizität und Medialität in künstlerischen Darstellungen des Holocaust, in: ders. (Hg.), *Der Holocaust und die Künste. Medialität und Authentizität von Holocaust-Darstellungen in Literatur, Film, Video, Malerei, Denkmälern, Comic und Musik*, Bielefeld 2004.

(58) „Es ist unsere Geschichte," in: *Der Spiegel* vom 21. 3. 1994, S. 97–100.

(59) Vgl., Frank Schirrmacher, Schindlers Liste, in: Weiß (Hg.), *›Der gute Deutsche‹*, S. 105.

(60) Zündlers Liste, in: *FAZ* vom 31. 3. 1994. Alfons Zündler – ein „Schindler" in München, in: *SZ* vom 6. 4. 1994. „Er hatte so gütige Augen" SPIEGEL-Reporter Erich Wiedemann über den SS-Mann und Judenretter Alfons Zündler, in: *Der Spiegel* vom 4. 4. 1994, S. 94–97. Thomas Kleine-Brockhoff, Berthold Beitz, in: *Die Zeit* vom 1. 4. 1994.

(61) Thomas Kleine-Brockhoff/Dirk Kurbjuweit, Die anderen Schindlers, in: *Die Zeit* vom 1. 4. 1994.

(62) Lothar Baier, Wir die Judenretter. Über den neuen ›Volkseigenen

Film‹ der Deutschen, in: Weiß (Hg.), *›Der gute Deutsche‹*, S. 237.

(63) Thomas Kleine-Brockhoff/Dirk Kurbjuweit, Die anderen Schindlers, in: *Die Zeit* vom 1. 4. 1994.

(64) Josef Joffe, Schindler's List, in: *SZ* vom 19. 3. 1994. さらに, Michael Wolffsohn, Wo bleibt der Mut zum Widerstand?, in: Weiß (Hg.), *›Der gute Deutsche‹*, S. 167 f. Hans-Ulrich Jörges, Ein Film packte die Deutschen. Schindlers Liste konfrontiert die Nation auf neue, erschütternde Weise mit ihrer Nazi-Vergangenheit, in: ibid., S. 132.

(65) Donald Kuspit, Director's Guilt, in: *Artforum* 32 (Feb. 1994), PP. 11-12. Frank Rich, Extras in the Shadows, in: *The New York Times*, 2 January, 1994.

(66) Die ganze Wahrheit schwarz auf weiß. Regisseur Steven Spielberg über seinen Film „Schindlers Liste," in: *Der Spiegel* vom 21. 2. 1994, S. 185.

(67) Claude Landzmann, Ihr sollt nicht weinen. Einspruch gegen Schindlers Liste, in: Weiß (Hg.), *›Der gute Deutsche‹*, S. 175.

(68) Vgl., Andreas Kilb, Stichelei. Noch einmal zu Schindlers Liste, in: ibid., S. 208.

(69) SPIEGEL-Report über die neue Geschichtsbewegung in der Bundesrepublik, in: *Der Spiegel* vom 6. 6. 1983, S. 36 f. 井上茂子「西ドイツにおけるナチ時代の日常史研究――背景・有効性・問題点」『東京大学・教養学科紀要』19号, 1986年.

(70) この地区の歴史と「テロの地誌」展の成立過程に関しては, Reinhard Rürup (Hg.), *Topographie des Terrors. Gestapo, SS und RSHA auf dem ‚Prinz-Albrecht-Gelände,‘* Eine Dokumentation, Berlin 1987. James E. Young, *The Texture of Memory*, New Heaven/London 1993, PP. 81-90. Frank Dingel, Das Prinz-Albrecht-Gelände: Ein Ort deutscher Geschichte, in: Jürgen Danyel (Hg.), *Die geteilte Vergangenheit. Zum Umgang mit Nationalsozialismus und Widerstand in beiden deutschen Staaten*, Berlin 1995, S. 197-204. Stefanie Endlich/Thomas Lutz, *Gedenken und Lernen an historischen Orten*, Berlin 1995, S. 49-56. Peter Reichel, *Politik mit der Erinnerung, Gedächtnisorte im Streit um die nationalsozialistische Vergangenheit*, München/Wien 1995, S. 196-202. *Gedenkstätten für die Opfer des Nationalsozialismus*, Band II, Eine Dokumentation 2, überarbeitete und erweiterte Auflage, Bonn 1999, S. 71-73. Hans-Georg Stavginski, *Das Holocaust-Denkmal*, Paderborn/München/Wien/Zürich 2002, S. 26 f. 米沢薫『記念碑論争――ナチスの過去をめぐる共同想起の闘い[1988〜2006年]』社会評論社, 2009年, 27-29頁. さらに, Berliner Adressen, in: *Die Zeit* vom 28.

11. 1986. Der Ort, der stört, in: *Die Zeit* vom 2. 9. 1988.

（71） Rürup（Hg.）, *Topographie des Terrors*, S. 13 より作成.

（72） Stiftung Topographie des Terros（Hg.）, *Geländerundgang „Topographie des Terrors“* 2, durchgesehene Auflage, Berlin 2010, S. 97 ff.

（73） *Gedenkstätten*, S. 175. Endlich/Lutz, S. 140.

（74） *Gedenkstätten*, S. 181 f. Endlich/Lutz, S. 142 f.

（75） *Gedenkstätten*, S. 210–211. Endlich/Lutz, S. 149–150.

（76） *Der Denkmalstreit-das Denkmal? Die Debatte um das “Denkmal für die ermordeten Juden Europas,”* Eine Dokumentation, Berlin, 1999, S. 1111.

（77） Ibid., S. 27 ff.　米沢，31–187 頁.

（78） 米沢，197–198 頁．さらに，城達也「統一ドイツのナショナル・アイデンティティ形成――ホロコースト慰霊碑論争にみる戦争の記憶」中久郎編『戦後日本のなかの「戦争」』世界思想社，2004 年も参照.

（79） *Der Denkmalstreit-das Denkmal?*, S. 881 f., 986 f., 1111 ff. James E. Young, *At Memory's Edge. After-Image of the Holocaust in Contemporary Art and Architecture*, New Haven/London 2000, PP. 210 ff.

（80） *Das Parlament* vom 9. 7. 1999, S. 3.

（81） Ibid., S. 6.

（82） Ibid., S. 5.

（83） 米沢，199 頁.

（84） *Das Parlament* vom 9. 7. 1999, S. 3.

（85） Ibid., S. 6.

（86） Ibid., S. 5.

（87） Ibid., S. 7.

（88） Vgl., Norbert Frei, Auschwitz und Holocaust. Begriff und Historiographie, in: Hanno Loewy（Hg.）, *Holocaust: Die Grenze des Verstehens*, Reinbek 1992. Ulrich Wyrwa, ›Holocaust‹. Notizen zur Begriffsgeschichte, in: *Jahrbuch für Antisemitismusforschung* 8, 1999. Jürgen Wilke/Birgit Schenk/Akiba A. Cohen/Tamar Zemach, *Holocaust und NS-Prozesse. Die Presseberichterstattung in Israel und Deutschland zwischen Aneignung und Abwehr*, Köln/Weimar/Wien/Böhlau 1995, S. 121. Daniel Levy/Natan Sznaider, *Erinnerung im globalen Zeitalter: Der Holocaust*, Frankfurt am Main 2001.　とくに S. 61.

（89） 中村登志哉「ドイツの安全保障規範の変容――1999–2011 年の海外派兵政策」『名古屋大学・言語文化論集』35 巻 1 号，2013 年，109–113 頁.

（90） Eberhard Jäckel, Holokaust, sagte Herr K. Bescheidener Vorschlag, einen Begriff einzudeutschen, in: *FAZ* vom 18. 8. 2000.

(91) この番組に関しては，Hanno Loewy, Bei Vollmond: Holokaust. Genretheoretische Bemerkungen zu einer Dokumentation des ZDF, in: *1999. Zeitschrift für Sozialgeschichte des 20. und 21. Jahrhunderts*, H. 2, 17 (2002). Ole Frahm, Von Holocaust zu Holokaust. Guido Knopps, Aneignung der Vernichtung der europäischen Juden, in: ibid. Judith Keilbach, Zeugen, deutsche Opfer und traumatisierte Täter – Zur Inszenierung von Zeitzeugen in bundesdeutschen Fernsehdokumentationen über den Nationalsozialismus, in: Mosha Zuckermann (Hg.), *Medien – Politik – Geschichte, Tel Aviver Jahrbuch für deutsche Geschichte* 31, Göttingen 2003.

(92) クノップのドキュメンタリー番組に関しては，Wulf Kansteiner, Die Radikalisierung des deutschen Gedächtnisses im Zeitalter seiner kommerziellen Reproduktion: Hitler und das ›Dritte Reich‹ in den Fernsehdokumentationen von Guido Knopp, in: *Zeitschrift für Geschichtswissenschaft*, H. 7, 51 (2003). Wulf Kansteiner, Ein Völkermord ohne Täter? Die Darstellung der ›Endlösung‹ in den Sendungen des Zweiten Deutschen Fernsehens, in: Zuckermann (Hg.), *Medien – Politik – Geschichte*. Gerd Wiegel, Familiengeschichte vor dem Fernseher. Erinnerte NS-Geschichte in den Dokumentationen Guido Knopps, in: Michael Klundt (Hg.), *Heldenmythos und Opfertaumel. Der Zweite Weltkrieg und seine Folgen im deutschen Geschichtsdiskurs*, Köln 2004.

(93) Guido Knopp, *Holokaust*, München 2000.

(94) Kerstin Decker, Holocaust. Ganz verbrennen, in: *Tagesspiegel* vom 13. 10. 2000.

(95) Norbert Frei, Vom Hinsehen und vom Wegsehen, in: *SZ* vom 21. 11. 2000.

(96) *Der Spiegel* vom 20. 11. 2000, S. 138.

(97) *Der Spiegel* vom 30. 4. 2001, S. 130.

(98) Vgl., Karsten Linne, Hitler als Quotenbringer – Guido Knopps mediale Erfolg, in: *1999. Zeitschrift für Sozialgeschichte des 20. und 21. Jahrhunderts*, H. 2, 17 (2002).

[第4章]

(1) Georg Wilhelm Friedrich Hegel, *Vorlesungen über die Philosophie der Weltgeschichte*, Berlin 1822/1823, Hamburg 1996 (Vorlesungen: ausgewählte Nachschriften und Manuskripte/Georg Wilhelm Friedrich Hegel Band 12/b; Band 12, S. 49)(ヘーゲル(長谷川宏訳)『歴史哲学講義(上)』岩波文庫，1994年).

(2) Georg Simmel, Das Problem des Schicksals, in: ders., *Brücke und Tür. Essays des Philosophen zur Geschichte, Religion, Kunst und Gesellschaft*, Stuttgart 1957, S. 14(「運命の問題」『ジンメル著作集 12』白水社, 1976 年).
(3) http://www.filmposter-archiv.de/filmplakat.php?id=5221
(4) ナチズムの身体表象に関しては, ジョージ・L. モッセ(細谷実/小玉亮子/海妻径子訳)『男のイメージ——男性性の創造と近代社会』作品社, 2005 年を参照.
(5) Anne Frank Stichting, *Anne Frank in the world, 1929-1945=Die Welt der Anne Frank, 1929-1945*, Amsterdam 1985.
(6) ナチズムと同性愛者の問題とその戦後に関しては邦語では, 星乃治彦「ナチズムとホモセクシュアリティ」『思想』955 号, 2003 年, さらに同『男たちの帝国——ヴィルヘルム 2 世からナチスへ』岩波書店, 2006 年を参照.
(7) ナチス期までの有罪判決数に関しては, Hans-Georg Stümke, *Homosexuelle in Deutschland*, München 1989, S. 26, 90, 118 f.
(8) Rüdiger Lautmann, *Seminar: Gesellschaft und Homosexualität*, Frankfurt am Main 1977, S. 333. Hans-Georg Stümke/Rudi Finkler, *Rosa Winkel, Rosa Listen – Homosexuelle und „Gesundes Volksempfinden" von Auschwitz bis heute*, Hamburg 1981, S. 268 ff. さらにハインツ・ヘーガー(伊藤明子訳)『ピンク・トライアングルの男たち——ナチ強制収容所を生き残ったあるゲイの記録 1939-1945』現代書館, 1997 年.
(9) Ibid., S. 350 f.
(10) Susanne zur Nieden, "...als 'Opfer des Faschismus' nicht tragbar." Ausgrenzung verfolgter Homosexueller in Berlin 1945-1949, in: KZ-Gedenkstätte Neuengamme (Hg.), *Verfolgung Homosexueller im Nationalsozialismus*, Bremen 1999, S. 93 ff.
(11) Vgl., Hans-Georg Stümke, Wiedergutmachung an homosexuellen NS-Opfern von 1945 bis heute, in: Burkhard Jellonnek/Rüdiger Lautmann, *Nationalsozialistischer Terror gegen Homosexuelle*, Paderborn 2002.
(12) Stümke, *Homosexuelle*, S. 148.
(13) Johannes Wasmuth, Strafrechtliche Verfolgung Homosexueller in BDR und DDR, in: Jellonnek/Lautmann, S. 180.
(14) Stümke, Homosexuelle, S. 152 f. 最終的にドイツ再統一以後にこの条項は刑法典から消えた. Vgl., Volkmar Sigusch, Homosexuelle zwischen Verfolgung und Emanzipation, in: *APuZ*, B. 15-16, 2010.
(15) この映画に関しては, Rosa von Praunheim: Seelisch verkümmert, in: *Der Spiegel* vom 1. 2. 1971. Günter Rohrbach, Ohne Maske und Tarnkappe, in: *Der Spiegel* vom 24. 1. 1972. Credo einer neuen Klasse, in: *Die Zeit* vom

28. 1. 1972. „Bekennt, daß ihr anders seid," in: *Der Spiegel* vom 12. 3. 1973. Michael Holy, Der entliehene rasa Winkel, in: Initiative Mahnmal Homosexuellenverfolgung e.V. (Hg.), *Der Frankfurter Engel. Mahnmal Homosexuellenverfolgung. Ein Lesebuch*, Frankfurt am Main 1997, S. 78 ff.

(16) リヒャルト・フォン・ヴァイツゼッカー(永井清彦訳)『荒れ野の40年——ヴァイツゼッカー大統領ドイツ終戦40周年記念演説(新版)』岩波書店, 2009年.

(17) Stümke, *Homosexuelle*, S. 152. *Gedenkstätten für die Opfer des Nationalsozialismus*, Band I, Eine Dokumentation 2, überarbeitete und erw. Aufl., Bonn 1995, S. 237 f.

(18) *Gedenkstätten für die Opfer des Nationalsozialismus*, Band I, S. 126.

(19) *Gedenkstätten für die Opfer des Nationalsozialismus*, Band II, Eine Dokumentation 2, überarbeitete und erweiterte Auflage, Bonn 1999, S. 155 f.

(20) *Gedenkstätten für die Opfer des Nationalsozialismus*, Band I, S. 590.

(21) この記念碑に関しては, *Gedenkstätten für die Opfer des Nationalsozialismus*, Band I, S. 298 f. Initiative Mahnmal Homosexuellenverfolgung e.V. (Hg.), *Der Frankfurter Engel*.

(22) *Der Frankfurter Engel*, S. 182.

(23) Rosemarie Trockel, ›Engel‹, in: *Der Frankfurter Engel*, S. 156 ff.

(24) この記念碑に関しては, 米沢薫『記念碑論争——ナチスの過去をめぐる共同想起の闘い[1988〜2006年]』社会評論社, 2009年, 419-420頁.

(25) この演劇と映画に関しては, Theater Rosa Winkel, in: *Der Spiegel* vom 21. 8. 1980. Kino in Kürze Bent, in: *Der Spiegel* vom 9. 11. 1998.

(26) Anthony Giddens, *Modernity and self-identity*, Stanford 1991, PP. 210-211(アンソニー・ギデンズ(秋吉美都他訳)『モダニティと自己アイデンティティ——後期近代における自己と社会』ハーベスト社, 2005年, 239頁).

(27) ジョルジョ・アガンベン(高桑和巳訳)『ホモ・サケル——主権権力と剝き出しの生』以文社, 2003年. 引用は31-32頁. さらに, 同(上村忠男/中村勝己訳)『例外状態』未来社, 2007年.

(28) ジル・ドゥルーズ(宮林寛訳)『記号と事件——1972-1990年の対話』河出文庫, 2007年, 356-366頁.

(29) (ポスト)フォーディズムの分析全体に使用した参考文献として独語文献だけをあげると, G. Günter Voß, Die Entgrenzung von Arbeit und Arbeitskraft. Eine subjektorientierte Interpretation des Wandels der Arbeit, in: *Mitteilungen aus der Arbeitsmarkt-und Berufsforschung*, H. 3, 31 (1998). Günter Bechtle/Dieter Sauer, Kapitalismus als Übergang – Heterogenität und Ambivalenz, in: *FiAB Jahrbuch Arbeit, Bildung, Kultur*, Band 19/20,

2001/02. Günter Bechtle, Dieter Sauer, Postfordismus als Inkubationszeit einer neuen Herrschaftsform, in: Klaus Dörre/Bernd Röttger (Hg.), *Das neue Marktregime – Konturen eines nachfordischen Produktionsmodells*, Hamburg 2003. Klaus Peters/Dieter Sauer, Indirekte Steuerung – eine neue Herschaftsform. Zur revolutionären Qualität des gegenwärtigen Umbruchprozesses, in: Hilde Wagner (Hg.), *›Rentier' ich mich noch?‹ Neue Steuerungskonzepte im Betrieb*, Hamburg 2005. Jenna Voss/Günter Warsewa, Reflexive Arbeitsgestaltung – neue Grundlagen der Regulierung von Arbeit in der post-industriellen Gesellschaft, in: *Soziale Welt*, H. 2, 57 (2006).

(30) このように国民経済・社会の組織化をめざすフォーディズムは,経営領域の合理化であるテーラーリズム(=経営フォーディズム)だけではなく,その領域をこえた生産と消費を組織しようとするケインジアニズム的な福祉国家体制(=社会フォーディズム)としても理解されなければならない.この区分に関しては,Bechtle/Sauer, Kapitalismus als Übergang. Peters/Sauer, Indirekte Steuerung を参照.

(31) この概念と「労働力企業家」概念については,G. Günter Voß, Beruf und alltägliche Lebensfürung – zwei subjektnahe Instanzen der Vermittlung von Individuum und Gesellschaft, in: G. Günter Voß/H. J. Pongratz (Hg.), *Subjektorientierte Soziologie. Karl Martin Bolte zum siebzigsten Geburtstag*, Opladen 1997. G. Günter Voß/Hans. J. Pongratz, Der Arbeitskraftunternehmer. Eine neue Grundform der Ware Arbeitskraft?, in: *Kölner Zeitschrift für Soziologie und Sozialpsychologie*, H. 1, 50 (1998).その批判として,Gerd Mutz, Der souveräne Arbeitsgestalter in der zivilen Arbeitsgesellschaft, in: *APuZ*, B 21, 2001.

(32) 「職業」とその変化に関して,Karlheinz A. Geißler, Vom Lebensberuf zur Erwerbskarriere. Erosionen im Bereich der beruflichen Bildung, in: *Zeitschrift für Berufs-und Wirtschaftspädagogik*, H. 6, 90 (1994) を参照.

(33) Gerhard Schmidtchen, Die neue Arbeitsmoral. Veränderte Aufgaben und Techniken verlangen auch neue Tugenden im Beruf, in: *Die Zeit*, vom 5. 10. 84. 労働倫理および労働観一般に関しては,Mario Helfert, *Wertwandel, Arbeit, technischer Fortschritt, Wachstum*, Köln 1986, S14–43 を参照.

(34) Kerstin Jürgen, G. Günter Voß, Gesellschaftliche Arbeitsteilung als Leistung der Person, in: *APuZ*, B 34, 2007. Voß, Die Entgrenzung, 1998.

(35) Voß, Die Entgrenzung, 1998.

(36) ミシェル・フーコー(渡辺守章訳)『性の歴史I 知への意志』新潮社,1986年,とくに第5章.同(高桑和巳訳)『安全・領土・人口——コレージュ・ド・フランス講義1977–1978年度』筑摩書房,2007年,とくに69–108

頁．同(石田英敬／小野正嗣訳)『社会は防衛しなければならない――コレージュ・ド・フランス講義1975-1976年度』筑摩書房，2007年，とくに239-262頁．

(37) フーコー『性の歴史Ⅰ 知への意志』181頁．

(38) フーコー『社会は防衛しなければならない』252-259頁．

(39) ジョック・ヤング(青木秀男ほか訳)『排除型社会――後期近代における犯罪・雇用・差異』洛北出版，2007年．

(40) Zygmunt Bauman, Social uses of law and order, in: David Garland/Richard Sparks (eds.), *Criminology and social theory*, Oxford 2000, P. 45(福本圭介訳「法と秩序の社会的効用」『現代思想』2001年6月号，103頁)．

(41) ジョルジョ・アガンベン(上村忠男／廣石正和訳)『アウシュヴィッツの残りのもの――アルシーヴと証人』月曜社，2001年，51, 52, 54頁．

(42) アントニオ・ネグリ／マイケル・ハート(水嶋一憲監訳)『コモンウェルス――〈帝国〉を超える革命論(上)』NHK出版，2012年，107-109頁．

(43) Vgl., Wolfram Wette, Der Verweigerer, in: *Die Zeit* vom 8. 7. 2004. Henryk M. Broder, „Man übt Vergeltung," in: *Der Spiegel* vom 19. 7. 2004, S. 132 ff.

(44) Vgl., Witzig bis in den Tod, in: *Der Spiegel* vom 9. 11. 1998. Fabeln hinterm Flammenkreis, in: *Der Spiegel* vom 29. 3. 1999.

(45) トラウマに関しては以下を参照．ジュディス・L.ハーマン(中井久夫訳)『心的外傷と回復(増補版)』みすず書房，1999年．ベセル・A.ヴァン・デア・コルクほか編(西澤哲監訳)『トラウマティック・ストレス――PTSDおよびトラウマ反応の臨床と研究のすべて』誠信書房，2001年．キャシー・カルース編(下河辺美知子監訳)『トラウマへの探究――証言の不可能性と可能性』作品社，2000年．宮地尚子『トラウマ』岩波新書，2013年．Jeffrey C. Alexander/Ron Eyerman/Bernhard Giesen/Neil J. Smelser/Piotr Sztompka, *Cultural Trauma and Collective Identity*, Berkeley/Los Angels/London 2004．森茂起『トラウマの発見』講談社選書メチエ，2005年．

(46) トラウマと物語の関係およびこの2つの概念に関しては次を参照のこと．Bessel A. van der Kolk/Rita Fisler, Dissociation and the Fragmentary Natur of Traumatic Memories: Overview and Exploratory Study, in: *Journal of Traumatic Stress*, Vol. 8, No. 4, 1995．江口重幸「語る主体はこころか身体か――ジャネの「物語＝行動」理論をめぐって」『言語』34輯，1997年．同「多重人格の文化的背景――Janetの多重人格と外傷性記憶理論を再読する」『精神科治療学』12巻10号，1997年．同「心的外傷と記憶をめぐって――Janetの議論を手がかりに」『精神医学研究所業績集』3巻6号，2003年．

(47) Vgl., José Brunner/Nathalie Zajde (Hg.), Holocaust und Trauma. Kri-

tische Perspektiven zur Entstehung und Wirkung eines Paradigmas, in: *Tel Aviver Jahrbuch für deutsche Geschichte* 39, Göttingen 2011. Boaz Kahana/Zev Harel/Eva Kahana, Predictor of psychological well-being among survivors of the Holocaust, in: J. P. Wilson/Z. Harel/B. Kahana (eds.), *Human adaptation to extreme stress. From the Holocaust to Vietnam*, New York 1988.

(48) マイケル・イグナティエフ(添谷育志/金田耕一訳)『人権の政治学』風行社, 2006年, 77-78頁.

[おわりに]

(1) このセンターとそれをめぐる論争に関しては, Samuel Salzborn, Geschichtspolitik in den Medien: Die Kontroverse über ein „Zentrum gegen Vertreibungen," in: *Zeitschrift für Geschichtswissenschaft*, H. 12, 51 (2003).

(2) Elf Millionen Zuschauer. „Die Flucht" bring ARD Quoten, in: *FAZ* vom 6. 3. 2007. Zuschauermagnet. Zehn Millionen sehen „Die Flucht," in: *FAZ* vom 7. 3. 2007.

(3) 8. 45 Millionen, in: *FAZ* vom 4. 3. 2008.

(4) http://www.yomiuri.co.jp/world/20170810-OYT1T50073.html

(5) http://www.sankei.com/world/news/170809/wor1708090067-n1.html